鄭堰
塩倉
望京
甬水
子城
県治
白衣
教場
雄節営?
府学
資聖院
天寧
能仁
州社壇
王参政府?
後市
崇教
史太師府
牢城営
剰員営
崇節営?
史丞相府?
天慶観
崇節営
全捷営
聖功
趙学士宅
不隷将営
皇親宮
王尚書府
天封
県社壇
回回堂?
波斯団?
東嶽廟
楼太師府
威果営
作院営?
開元
延慶
南

瀕海之都

――宋代海港都市研究

山崎覚士

汲古書院

瀕海之都——宋代海港都市研究

目次

おわりに――宋代都市民と専制国家……一九五

第八章　唐五代都市における毬場（鞠場）の社会的機能

はじめに……二〇三

第一節　毬場概観……二〇四

（a）撃毬について……二〇四

（b）毬場について……二〇六

第二節　毬場の機能……二〇九

（a）宴会の場……二〇九

（b）処刑の場……二一一

（c）宣言・演説の場……二一三

第三節　毬場の歴史的意義……二一六

おわりに……二一九

附章　海商とその妻――十一世紀中国の沿海地域と東アジア海域貿易

はじめに……二二五

第一節「敕封魏國夫人施氏節行碑」について……二二六

第二節　海商周良史と妻施氏……二三五

（a）夫周良史、妻施氏……二三五

（b）母施氏……二三八

導言

一

中国北宋の嘉祐年間（一〇五六—一〇六三）、明州の知事として赴任した銭公輔（常州武進の人）は、明州城の人々（「衆人」）の楽しみを共にするという目的で、城内西南の月湖の真ん中に「衆楽亭」を建てた。銭公輔は建立にあたり、友人であった秀才の邵亢（揚州丹陽の人）に記念碑の文章を寄せてもらうことにした。

邵亢はその銭公輔の偉業をたたえる「衆楽亭記」の文章のなかで、明州の来歴を略述し、明州城のことを「瀕海之都」と表現した。海上に面した大都市と言うのである[1]。

こうした認識は、宋代を通じて共有されたものであった。「明州は、海道輻輳の地であって、南は閩・広、東は日本、北は高麗に通じ、商船が往来して物資にあふれ、……東南の要衝である[2]」などと述べる詩文には枚挙にいとまがない[3]。

三江口／2003年著者撮影

本書は、そうした宋代を代表する海港都市——明州城を考察の舞台とする。

考察するにあたって、まずは宋代明州城（とりわけ十二世紀ごろ）の中を、ちょっと散策してみたい（表の見返し「宋代明州城全図」および裏見返し「宋代明州城橋梁図」を参照）。

明州は唐の開元二十六年（七三八）に越州より独立した。当初、州の役所は阿育王山の西に置かれていたが、長慶元年（八二一）に今の三江口へと移設された。唐末になって在地自衛団出身の明州刺史黄晟が羅城を築き、城郭都市としてのかたちを整えた。五代の呉越国時代には外港として重視され、北宋咸平二年（九九九）には、城内に貿易機関である市舶司が設置され、

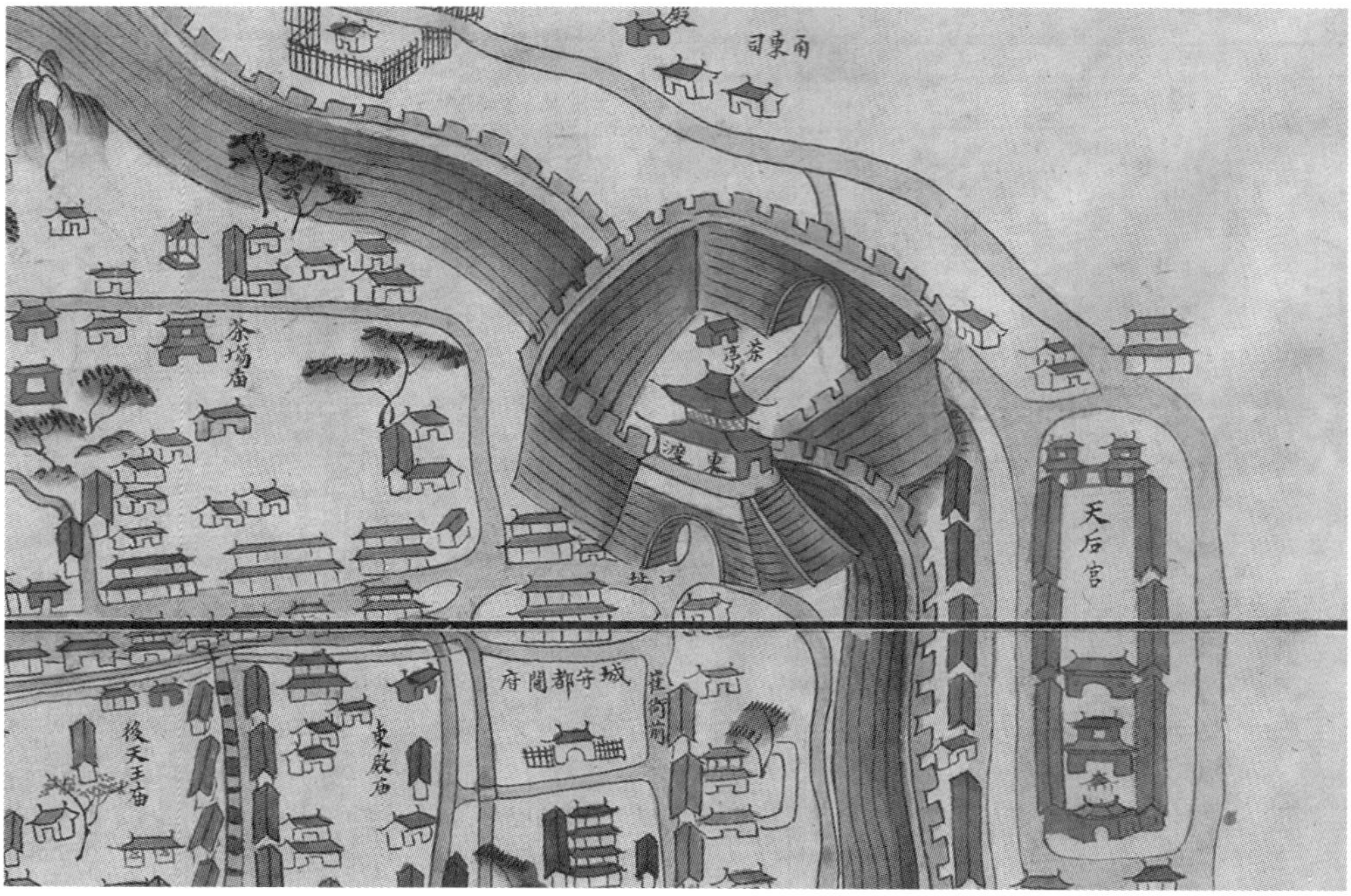

東西街路に多くの軒を連ねた屋宅がずらりと並んでいることが分かる。

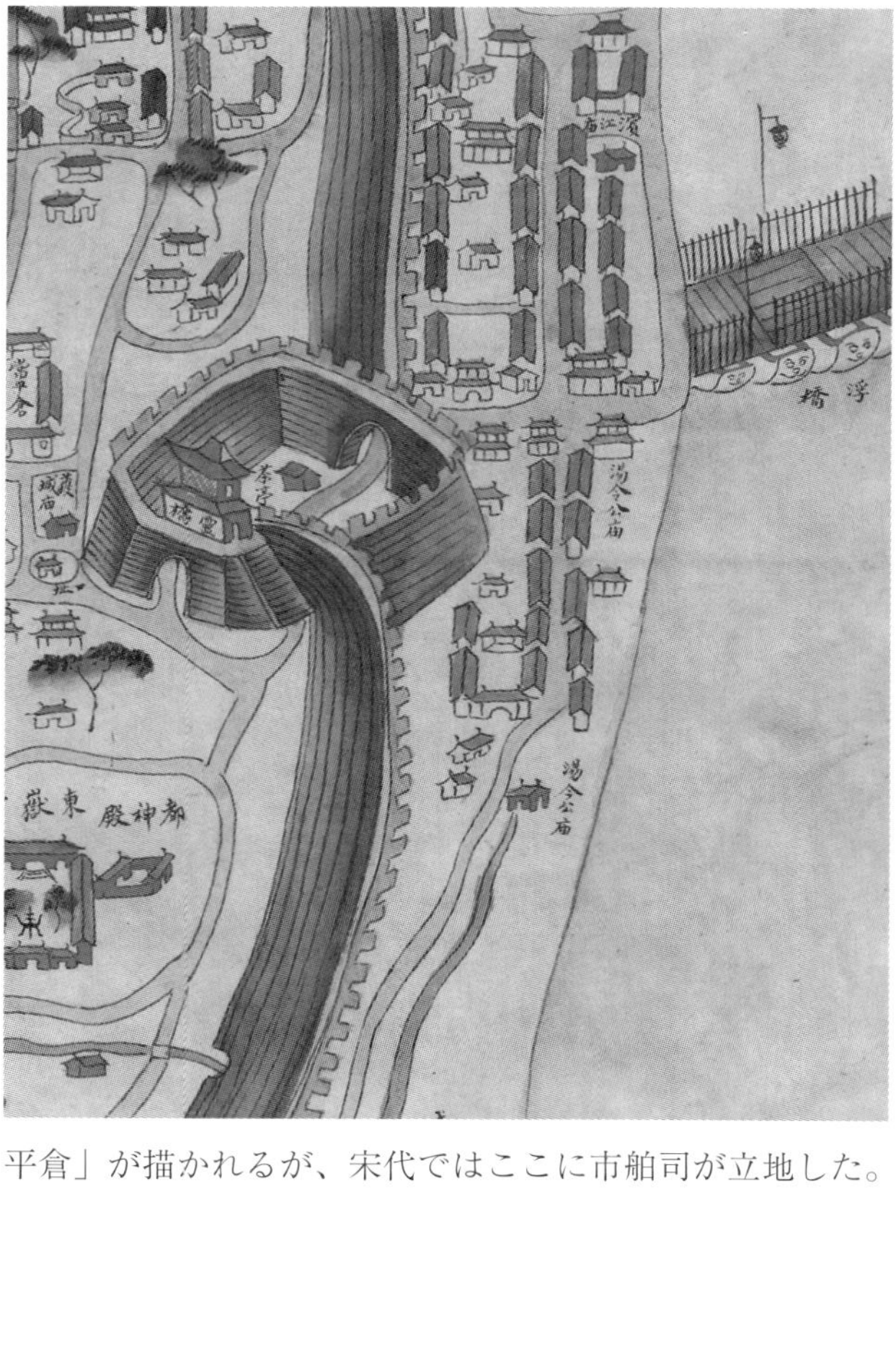

平倉」が描かれるが、宋代ではここに市舶司が立地した。

海外貿易の窓口として発展した。

外洋から明州城を目指すと、まずは甬江を二〇キロメートルほどさかのぼり、奉化江と慈渓江の交わる三江口へと到着する。

三江口に位置する東渡門は、まさしく明州城の玄関口である。城門を入ってすぐの場所に、商品の通行税などを徴収する都税務が置かれていたことからも分かるとおり、日常的に東渡門を通じて商品が流通していた。瀕海の海港都市であっただけに、地元で取れる鮮魚やエ

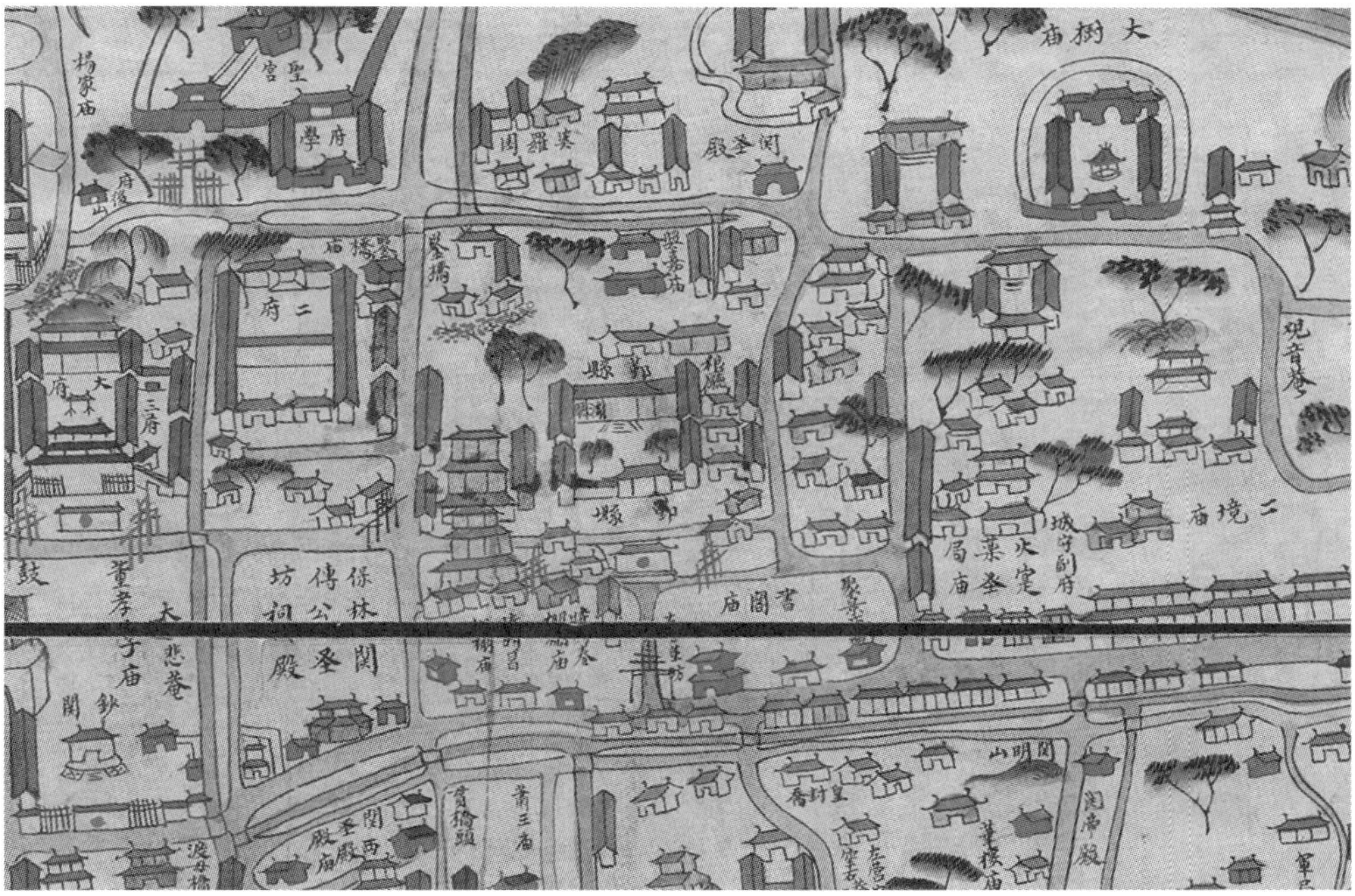

参考：『寧郡地輿圖』東渡門付近。19世紀半ば頃を描いたものだが、変わらず東渡門からの

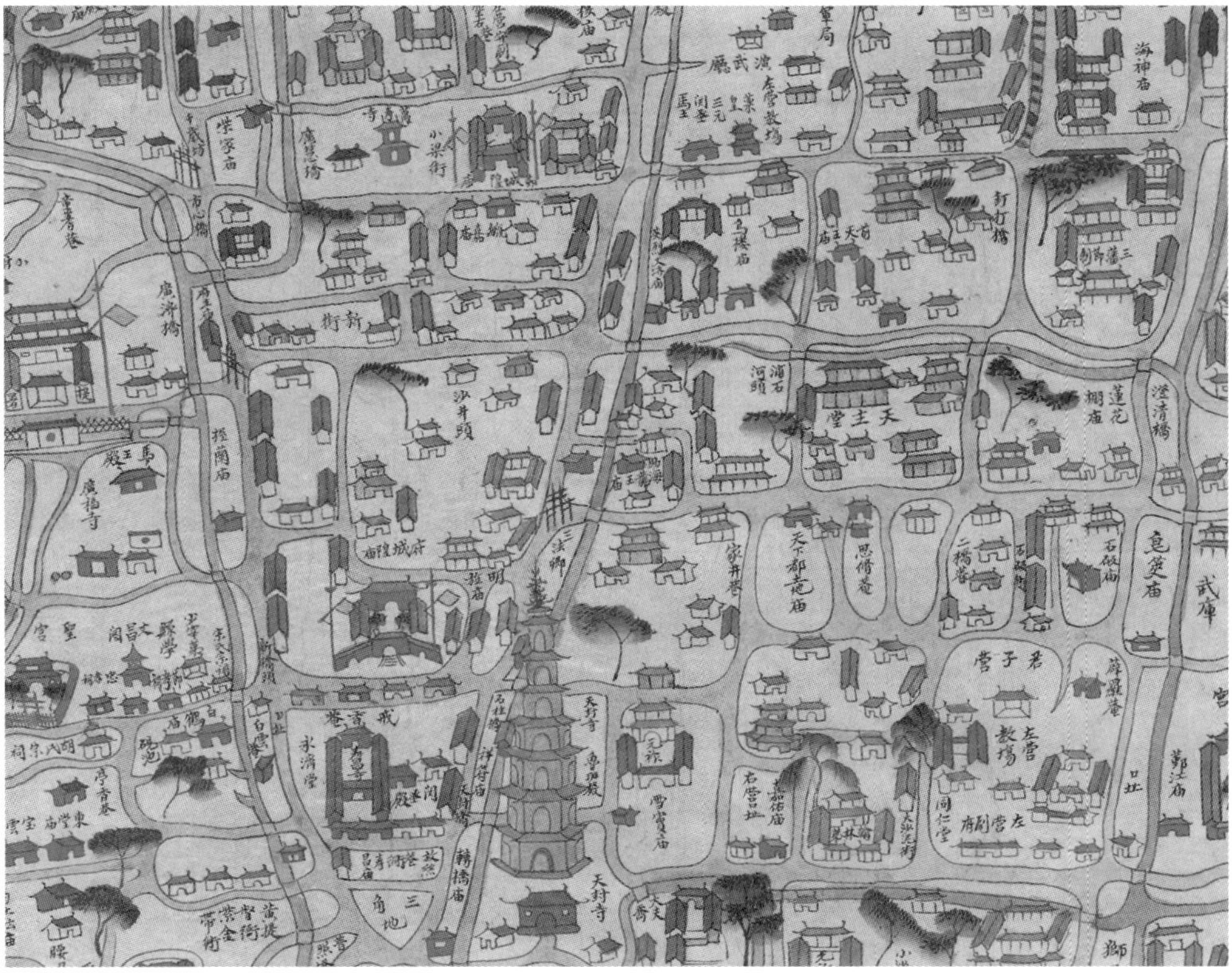

参考：『寧郡地輿圖』霊橋門付近。霊橋門の右に浮橋が描かれている。また門すぐ左に「常

ビ・ハマグリだけでなく（『寶慶四明志』巻四、叙産に載せる魚介類は六十種類を数える）、近海で大量に捕れるイシモチを塩漬けにして干した干物（「鯗」）であったり、ダイコンやイモなどが運び込まれ、また余所から柑橘・橄欖なども もたらされた。東渡門から鄞県庁前辺りまでの東西の大通りは「市廊」と呼ばれて、商店などが立ち並ぶにぎやかな街路であった。この辺りは、まさしく明州城の「台所」とも呼べる市街地であった。

東渡門から南へしばらく歩を進めると、やがて霊橋門へと差しかかる。霊橋門外には、奉化江をまたぐように、船を連ねて橋とする浮橋が架けられている。そして霊橋門内すぐの北側に市舶司が立地する。

当時では、霊橋門のすぐ北に来安門が設けられており、その門を通って市舶司から直接に城外へ出ることができた（八三頁図5を参照）。来安門を出た城外の川岸には来安亭が備わっており、そこはこれから海外貿易に向かう船舶や、無事貿易を終えた華人の貿易船、南蕃からの貿易船、さらには外国の使節が乗った朝貢船などがもやう場所であった。来安門は普段閉ざされていたが、貿易船が来安亭に停泊し、貿易品に対して徴税（「抽解」）や官による先買い（「博買」）が行われると、来安門は開門され、徴税品・先買い品が来安門を通じて直接に市舶司へと運ばれた。舶来された海外貿易品は、乳香・沈香・丁香・龍涎香・麝香や象牙・犀角・珊瑚・玳瑁・蘇木・綿布・薔薇水などの南海物産、砂金・鹿茸・水銀・硫黄・羅板など日本の物産、人参・松子・甘草・遠志・漆などの朝鮮物産などであった。

この霊橋門を南に行くと、獅子橋付近に波斯団や回回堂などアラブ・イスラーム系商人の活動拠点があり、霊橋門近辺は、門外に海外貿易船が集うなど、東渡門付近の街並みとは違った異国の雰囲気が漂っていた。

霊橋門を西に進んでいくと、二本の水路（「東河」と「西河」）に挟まれた逆三角形の街区（のちに「地塔」と呼ばれる）に出る。ここは明州城の住宅街であり、邸宅や貸家、また寺院が多く立ち並んでいた。十七世紀後半ごろに描かれた『地塔圖』を見ても、やはり住宅街であったことがうかがえる。

住宅街をさらに西に抜けてしばらく進むと、明州城の名所「月湖」に出る。湖の中心には冒頭で見た衆楽亭があるなど風致があり、司馬光や王安石、楼鑰など多くの宋人が詩を創作した場所であった。住宅街があまり展開していないことも、この場所の風致のひとつだが、一方でこの近辺には都市下層民が多く見られることも特徴である。ほんのわずかな資産を持ちあばら家に暮らす者や、無産の都市民が、東渡門近辺や天封塔近隣の住宅街に比べ、格段に多く住む場所でもあった。都市生活用水を確保する井戸は東渡門近辺に多かったが、都市下層民は繁華な場所の井戸の利用が難しく、月湖の湖水を利用していたために多く居住していたかのようである。とりわけ月湖からさらに西に進んだ西端の望京門内付近には、孤老や孤児、身体的弱者を収容する養済院が置かれていた。また貧しい病人を収容する安済坊も近くに位置した。これらの収容施設が東の市街地の対極である西端に位置付けられていたのも、治安・衛生の維持が目的であったように思われる。

またそうした中に、風致を求めて上層都市民（官僚など）が邸宅を構えるなどの都市開発も進んでおり、ここは複雑な都市空間であった。

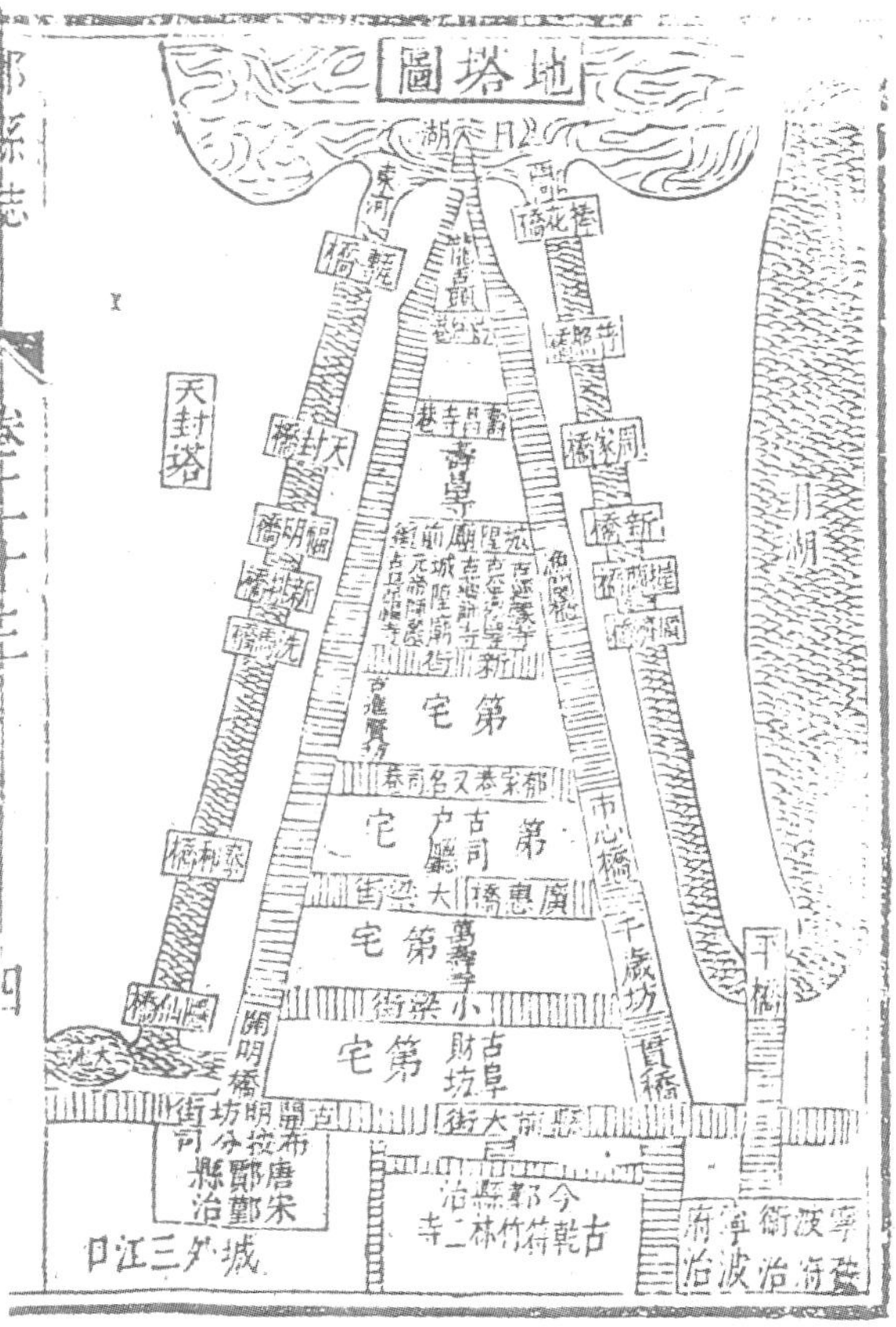

参考：『康熙鄞縣志』巻23、古蹟、地塔図。実際の地形が南北縣逆転して描かれている。三角のなかに「第宅」が書き込まれているのが分かる［17世紀後半］。

月湖から北に上がると、明州城の西北部に出てくる。ここには明州の役所（「子城」）があり、またその西側には、軍隊の生活空間である「軍営」が多く見られるところである。軍営には垣などの囲いがしてあり、中には兵士やその家族が住む家屋が立ち並んでいた。独り者の場合には、数人で一家屋に暮らしていたらしい(4)。また近所には兵士たちの軍事訓練場（「教場」）も立地している。いっぽうで、この近辺には商店などがあまり立ち並んでいない。明州城東側のにぎやかさとは、うって変わった風景であった。

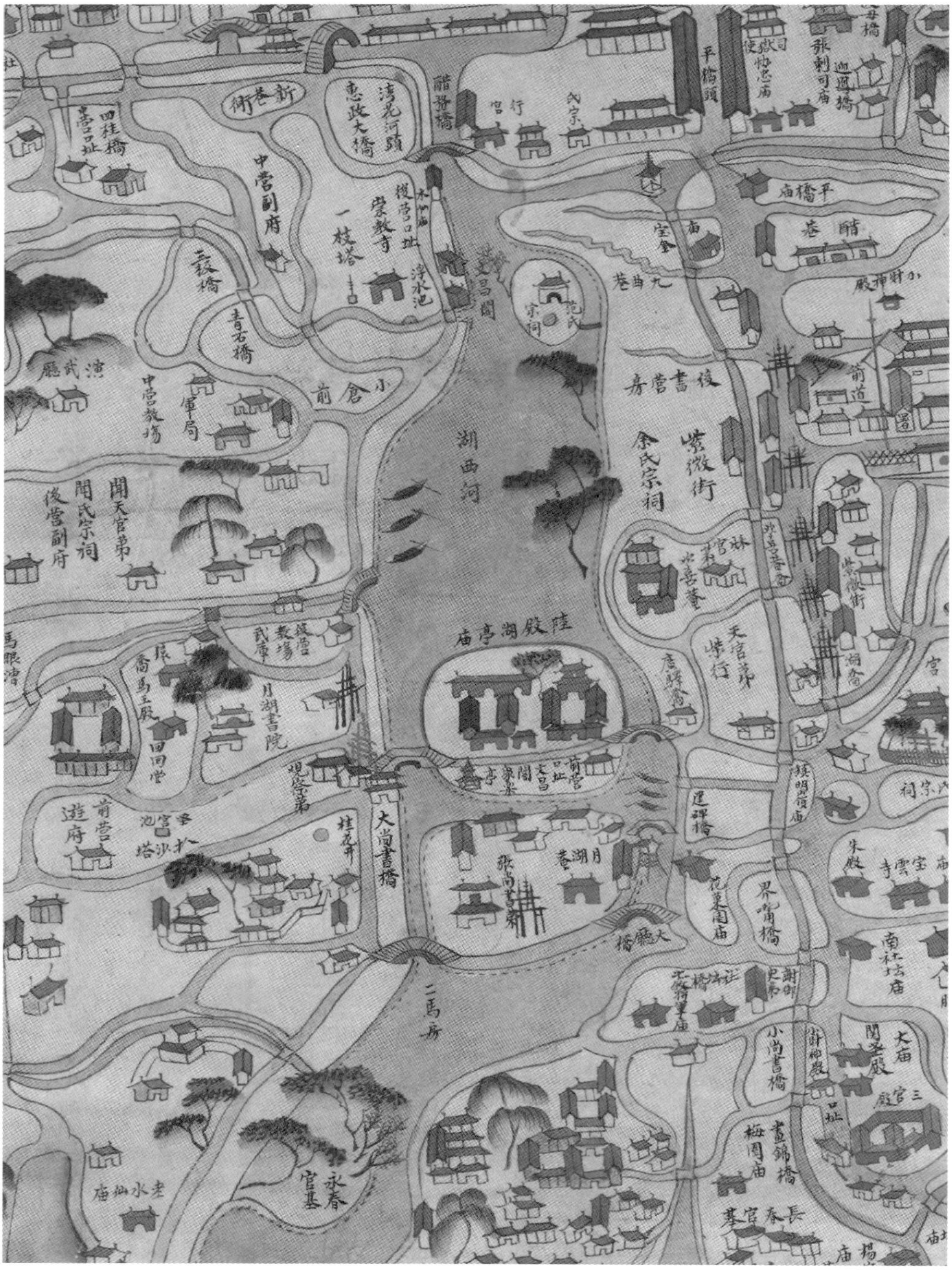

参考：『寧郡地輿圖』月湖周辺。とりわけ湖の西側には屋宅があまり描かれていない。湖中心の島西南に「衆楽亭」が描かれている。

これで本書の舞台である「瀕海之都」——宋代明州城を、東の東渡門を出発点に時計回りにぐるりと一周した。より詳しい海港都市の解剖は、第一章より始められる。

二

宋代明州の代表的研究として、斯波義信氏の『宋代江南経済史の研究』(汲古書院、二〇〇一年)が挙げられる。本書は江南諸都市を経済史的に解剖し、諸都市を取り巻く後背地などの経済領域なども考察対象とし、時代も通史的に扱われており、都市研究の金字塔である。明州(寧波)に関しては、明州城を中心とする地域空間の経済統合を宋代から十九世紀にかけて分析し、また清末の明州城内を復元した。しかしながら、宋代明州城の都市空間の復元はされておらず、その空間分析もまだまだ進めることが可能である。(5) また明州城は海外国との貿易・外交の玄関口として機能したが、その点の考察も課題として残っている。なお梅原郁氏は宋代明州城の橋梁・主要建物等の復元を試みているが、(6) 市舶司が城外に描かれるなど、なお考察の余地を残している。

二〇〇五年度から二〇〇九年度までの五年間、科学研究費による特定領域研究「東アジアの海域交流と日本伝統文化の形成——寧波を焦点とする学際的創生——」が執り行われた。この研究は、寧波に焦点を当てて十世紀から十九世にいたる東アジア海域の様々な交流の諸相を明らかにし、日本の伝統文化形成を考察しようとするものであり、歴史学のみならず、自然科学など様々な学問分野の研究者が内外問わず参画し、膨大な研究成果を生み出した。その成果は、『東アジア海域叢書』(全二十巻、汲古書院)また『東アジア海域に漕ぎ出す』(全六巻、東京大学出版会)として刊行されている。また参画した研究者たちが、この研究(通称「にんプロ」)を受けて多くの業績を残すこととなった。

にんプロがまさしく寧波に焦点を当てているので、寧波にまつわる研究が多く残されることとなったが、宋代海港都市明州(寧波)の都市空間の復元・解剖、人口構成といった研究はなされなかった。また明州に焦点を当てた貿易のあり方や都市構造との関連、くわえて明州を通じた外交交渉といった課題は、にんプロの末席に参加させていただき、かつその余波で研究を進めてきた著者の課題でもあった。本書はその学恩に対して、ほんのわずかであるが報いんとするものである。

中国でも宋代明州の研究は多くあり、例えば通史的なものや、[7]文化を論じるもの、[8]また対外交流を論じるもの、[9]士大夫を扱ったもの、[10]考古遺物に基づくものなどがあるものの、[11]都市史としての先の課題については、依然残されている。

また近年では、宋代都市空間の復元や分析といった都市史研究として、北宋開封を扱った久保田和男氏の『宋代開封の研究』（汲古書院、二〇〇七年）また南宋臨安を扱った高橋弘臣氏の一連の研究がある。[12]これらの成果は有意義なものだが、開封や臨安はやはり都城である。それらの成果を宋代都市として相対化し、より活用するためにも、地方都市明州の分析は欠かせないと考える。

以上を受けて、本書は以下の章立てで構成される。

第一章「宋代明州城の復元――都市空間と楼店務地」・第二章「宋代都市の下層民とその分布」は、宋代明州城の都市空間の復元とその構成、および人口の分布（とりわけ貧下層と兵士）を扱う。復元にあたっては、南宋の紹興年間（十二世紀）に実施された土地調査である経界法の史料を基にしている。そこに十三世紀ごろの明州城のことを記載する地方志のデータを重ね合わせることで、その空間構成の特質を探る。そして土地調査による地価のランクやその分布状況、および東北・東南・西北・西南の各区域の特徴が分析される。そして各区域の特徴の上に、都市人口の分布（とりわけ、わずかな資産を有する微産下層民と、資産を有さない無産下層民、また軍隊の兵士）を重ね合わせることで、その特徴がより明確化するだろう。

第三章「貿易と都市――宋代市舶司と明州」・第四章「宋代両浙地域における市舶司行政」では、宋代明州城における貿易のありようと、それにまつわる文書行政を取り上げる。当時の海上貿易は、海港都市に設置された市舶司を通じて、民間の海商が海外に出向いたり、海外の海商が来訪するなどして展開された。都市空間を意識しつつ、市舶司貿易の手順を確認する。第四章の舞台は、必ずしも明州だけでなく杭州市舶司をも含む内容となっているが、当時の市舶司貿易にともなう文書行政の流れを見ていく。

第五章「書簡から見た宋代明州対日外交」・第六章「宋代明州と東アジア海域世界――外交と朝貢」は、海港都市であり、海外国との玄関口として機能した宋代明州城が舞台となった外交を扱う。この二つの章は、主たるテーマが都市よりも外交に重きを置いているけれども、明州城で執り行われた外交交渉の諸相を追う。明州は海外の日本の大宰府や高麗の礼賓省と外交文書を用いた外交交渉をおこない、かつ国家間関係である朝貢の受け付けや、回賜を執行するなど、当時の国際関係の一翼を担っていた。なお第五章については、旧稿の誤りを改めた箇所がある。

第七章「宋代都市の税と役」・第八章「唐五代都市における毬場（鞠場）の社会的機能」は明州城を離れて、広く唐宋時代の都市を対象とし、唐宋変革期の都市の問題を取り上げる。第七章は、当時の税制の根幹である両税と職役が都市民に対してどのように課されたのかを検討し、国家に登録される都市民「坊郭戸」が役制上による規定であることを論じる。第八章は唐末五代期に、都市に登場したポロのグランドである毬場の社会的な機能を取り上げる。唐宋変革における兵農一致から兵農分離の社会への変化による社会成員としての兵士の登場と、それにともなう都市内の毬場の成立とその役割を分析する。

最後の附章「海商とその妻——十一世紀中国の沿海地域と東アジア海域貿易」は研究史上の有名人である周良史の妻施氏の碑文を紹介する。施氏は明州の名族の出であり、台州の海辺の村落出身の周氏と婚姻した。その碑文から、当時の海商たちの婚姻戦略と、海外貿易のありようなどを探る。なお、施氏の生没年について、旧稿を改め一年早めた。

それでは「瀕海之都」、宋代海港都市明州の諸相を見ていこう。

注

（1）『延祐四明志』巻八、城邑攷上、衆楽亭。
（2）『乾道四明圖經』巻一、分野。
（3）『輿地紀勝』巻十一、慶元府を参照。
（4）王曽瑜『宋朝軍制初探（増訂本）』（中華書局、二〇一一年）四四二頁。
（5）斯波義信『中国都市史』（東京大学出版会、二〇〇二年）一八三―一九二頁。
（6）梅原郁「宋代都市の税賦」（『東洋史研究』二八―四、一九七〇年三月）。

（7）楽承耀『寧波古代史綱』（寧波出版社、一九九五年）、張偉・張如安・邢舒緒『寧波通史　宋代巻』（寧波出版社、二〇〇九年）。

（8）張如安『北宋寧波文化史』（海洋出版社、二〇〇九年）、同『南宋寧波文化史（上・下）』（浙江大学出版社、二〇一三年）。

（9）王力軍『宋代明州与高麗』（科学出版社、二〇一一年）。

（10）唐燮軍・孫旭紅『両宋四明楼氏的盛衰沈浮及其家族文化』（浙江大学出版社、二〇一二年）。

（11）林士民『再現昔日的文明――東方大港寧波考古研究』（上海三聯書店、二〇〇五年）、劉恒武『寧波古代対外文化交流――以歴史文化遺存為中心』（海洋出版社、二〇〇九年）。

（12）高橋弘臣「南宋臨安の住宅をめぐって」（『愛媛大学法文学部論集』人文科学編一九、二〇〇五年）、同「南宋臨安の下層民と都市行政」（『愛媛大学法文学部論集』人文科学編二一、二〇〇六年）、同「南宋臨安郊外における人口の増加と都市領域の拡大」（『愛媛大学法文学部論集』人文科学編二三、二〇〇七年）、同「南宋臨安の三衙」（『愛媛大学法文学部論集』人文科学編二六、二〇〇九年）、同「南宋臨安における禁軍の駐屯とその影響」（『愛媛大学法文学部論集』人文科学編二七、二〇〇九年）、同「南宋臨安における空間形態とその変遷」（『愛媛大学法文学部論集』人文科学編三三、二〇一二年）ほか。

瀕海之都——宋代海港都市研究

第一章　宋代明州城の復元――都市空間と楼店務地

はじめに

唐宋変革期における都市は、当該社会の経済的発展と商業・流通の全国的展開の基礎であり、そうした社会上の発展にともなって都市〈市鎮を含む〉も成長した。斯波義信氏は、こうした社会変革をあるいはまた〈社会の都市化〉とも称している[1]。そのように呼ぶことは別として、唐宋変革期において都市社会上、大きな変化が生じたことは確かである。いわゆる侵街等による坊牆制の崩壊、夜禁の実質的無能化と夜市の登場、邸店・酒楼・市場の増加、禁軍・廂軍の都市内設置と都市人口に占める軍人の増加、また貧窮・老病人などの増加と社会救済施設の設置、市鎮の簇生等々、唐から宋にかけて都市の景観[2]は大きく変化した。

したがって宋代の都市研究は中国の歴史上重要な課題であり、これまでも多くの成果が出されてきた。しかしながら史料状況などによって、取り上げられる都市は都城である開封や臨安であることが多い[3]。また都市研究の基礎となる都市空間の復元にあたっても、やはり開封や臨安が取り上げられ、地方都市がその対象となるのは「宋平江図」の残る蘇州[4]を除いてほとんどなかった。しかし都城は都市であっても、都市すべてが都城であるわけではない。皇帝が君臨し中央官府の集中する都城はやはり都市の中でも特殊であり、都城の特徴は全国の都市に一般ではない。都城である開封や臨安の性格を浮き彫りにするためにも、また宋代都市を一般化するためにも、地方都市の解剖が喫緊である。またアメリカの宋代史研究では、地方都市における文化・士大夫へ関心が向けられており、ますます宋代地方都市研究が重要な課題となっている[5]。

都市研究の第一歩は、対象とする都市空間の全体像を復元することである。もちろん、制度史的に都市税や救済施設などを追いかけてゆく方法もあるが、一都市全体としてどのような空間構造であるかを究明することによって、制度史とはまた違った都市社会全体の相貌を見ることができる。

本章では右のような視点に立ち、宋代の地方都市である明州（南宋では慶元府）城を取り上げ、宋代都市研究の一助としたい。明州城は、宋代には東アジア海域交易の玄関口として発展した海港都市である。その意味では都市一般ではなく特殊ではあるが、宋代に見られた都市発展の諸特徴を兼ね備えており、地方都市の一典型とみて差し支えない。明州城の復元に関しては、斯波氏が清末の都市空間を復元しており[6]、宋代の都市空間復元についても理解の助けとなる。そこで本章における復元図の下図は、斯波氏の作成したものを加工し利用した。また梅原郁氏は宋代都市の税賦を論ずる論考の中で、宋代明州城を大まかに復元している（水路・橋梁が中心）[7]。こちらも復元図作成に当たっては大いに参考となるが、一部理解を異にするところもある。

明州城は余姚江・奉化江・甬江によって周囲を取り囲まれており、時代を通じて都市区域の変動がほとんどないため復元しやすい。その点では、沙漲現象によって時代とともに都市区域が東に拡大していく杭州城とは大きく異なる。また『乾道四明圖經』をはじめとする宋元地方志が六種残っており、『嘉靖寧波府志』や『康熙鄞縣志』など明清時代の地方志も多いので、地名などの追跡調査が行いやすい。さらに清の順治年間に作成された『敬止錄』（『北京図書館古籍珍本叢刊』所収）もあり、寧波出身の清・全祖望撰『鮚埼亭外集』には寧波地理を考証しており有益で、清代の『乾隆鄞縣志』にも取り入れられている。そのほか、清・徐兆昺『四明談助』、『民國鄞縣通志』（『中国地方志集成』所収）、また『寧波市地名志（市区部分）』第一冊（寧波市地名委員会、一九九三年）[8]など、参考にしうる文献が豊富であり、宋代明州城を復元しやすい史料状況にある。

加えて地図史料として『寶慶四明志』に載せる図が参考になる[9]。そこでは、実際には卵型の都市空間が中国の伝統的都市空間である方形に描かれているが、街道や水路・施設などを描いており有益である。民国期の『寧波市全圖』（中華民国十八年［一九二九］、寧波市政府製）も大いに役立ってくれる。またアメリカの Library of Congress 所蔵の『寧郡地輿圖』（嘉慶年間［一七九六―一八二〇］作成。一一三cm×九六cm、二五〇〇分の一）はカラー刷りの寧波城図であり、官署や寺院・橋梁・水路などが描かれていて、復元図作成にあたって大いに参考とした。なお、本図は Library of Congress のホームページよりダウンロード可能である（https://www.loc.gov/item/gm7/002469/）。

それらの資史料を通じて明州城の復元が可能だが、その都市空間を解剖・理解する上でより一層重要なものが、『開慶四明續志』巻七「楼店務地」条に載せる、明州城楼店務地の三等九則（実際には十則）のランク付けである。楼店務地とは、都市内部における官有地および家屋であり、民間等に租賃に出して楼店務銭を徴収する土地のことである。[10] 紹興経界法の実施によって、明州城内の楼店務地が東半分の武康郷、西半分の東安郷にそれぞれ分かれて第一等地から第三等地にランク付けされ、さらに等内で上中下（第三等地のみ末則を加える）に区分された。これらのランク付けはおそらく楼店務銭の高下に影響したとみられるが、同条にはその地をくわしく書き残している。ありていに言えば、都市の地価のごときもので、こうした史料は宋代で他に例を見ず、貴重である。この史料から、明州城内において、どの地のランクが高く、どの地が低いのか、そしてそこにはどのような施設があり、また特徴があるのかを知ることができる。宋代地方都市であり海港都市の空間構造の解明に、大いなる進歩をもたらせてくれる。

よって本章ではまず、楼店務地条に注釈をほどこして各等地の復元を行ったうえで、宋代明州城の都市空間と楼店務地の分析を行うこととする。

第一節 『開慶四明續志』巻七「楼店務地」条注釈

〈凡例〉

一、地図の元図として、斯波義信「寧波の景況」附「図8 清末の寧波市」を使用したが、部分的に変更したところがある。

一、参考文献は以下のように略記する。『寶慶四明志』→『寶慶』、『開慶四明續志』→『開慶』、『延祐四明志』→『延祐』、『至正四明續志』→『至正』（以上『宋元方志叢刊』所収）、『嘉靖寧波府志』（『中国方志叢書』所収）→『嘉靖』、『敬止録』（『北京図書館古籍珍本叢刊』所収）→『敬止』、『康熙鄞縣志』→『康熙』（『中国地方志集成』所収）、『乾隆鄞縣志』（『続修四庫全書』史部地理類所収）→『乾隆』、『四明談助』（寧波出版社、二〇〇〇年）→『談助』。

また地図史料については『寶慶四明志』「羅城圖」（『中国方志叢書』所収）→〈羅城〉、「寧郡地輿圖」（Library of Congress 所蔵）→〈地輿〉、「寧波市全圖」→〈全圖〉。

一、地図上の楼店務地の復元線について、たとえば原文中に「市廊西街北岸」や「～東岸」などと表記されているが、復元にあたっては便宜上捨象することとした。

〈原文〉

樓店務地

紹興經界①內該載樓店務地②、計二萬九千九百三十丈二尺五寸、及分等則、今略具如后。

① 紹興經界　南宋時代に全国で実施された検地・検田事業であり、それにともない土地台帳・絵図の作成がなされた。紹興十二年（一一四二）に李椿年が蘇州で始めたのを皮切りに、ほぼ全土に実施された。

② 樓店務地　都市坊郭の官有地と家屋を管理する官署を楼店務（開封では店宅務ともいう）といい、楼店務地はその官有地をさす。おもには租賃に出され、借り受けた者は房銭（家屋賃貸料）・廊銭（倉庫使用料）・白地銭（土地の借地料）等（あわせて楼店務銭）を支払った。

第一等地

上則　東安鄉。自府前街[1]兩岸取四明橋[2]。自能仁寺[3]前市廊[4]西街北岸至貫前巷口[5]。自貫前巷口市廊南北岸止永濟橋[6]。

1　府前街　府とは州治あるいは州治の置かれた子城を指す。子城の正門である奉国軍門より南に延びる街路が府前街であろう

（『寶慶』巻三）。なお慶元元年（一一九五）に寧宗が登位すると、その年の十一月二十四日に明州は慶元府に昇格した（『寶慶』巻一）。

2　四明橋　府の南九十歩に位置する。唐の大和三年（八二九）に建設された。南宋の建炎年間に焼失したが乾道五年（一一六九）に再建された（『宝慶』巻四）。なお、開慶年間に呉潜が橋の西に水位を計る石を建てたのちには平橋と呼ばれたという（『嘉靖』巻五・『敬止』巻六）。〈全圖〉にあり。

3　能仁寺　または能仁羅漢院と称し、鄞県の西半里にあり。唐代には乾符寺と呼ばれ、咸通八年（八六七）の再建後には薬師院、またのちに承天寺とも称した（『寶慶』巻十一）。能仁寺巷口に富栄坊がある（『寶慶』巻三）。〈羅城〉にあり。

4　市廊　未詳。ただし東渡門・望京門を結ぶ東西街路のうち、東渡門より子城あるいは県治あたりまでを市廊と称すか。なお斯波義信編『中国社会経済史用語解』（東洋文庫、二〇一二年）には「商業の盛んな街巷を、市の房廊という意味で市廊と呼んだ」（三六三頁）と解する。

5　貫（橋）　または千歳橋・万歳橋ともいう。府の東南百歩に位置する。後周広順二年（九五二）に建設された（『寶慶』巻四）。〈地輿〉〈全圖〉にあり。

6　永濟橋　路分衙前の前、府より六十歩のところに位置する。景徳四年（一〇〇七）に僧惟一によって設立された（『寶慶』巻四）。〈羅城〉に「路分所」「永済坊」あり。

上則　武康郷。自能仁寺巷口市廊取東渡門南北岸[7]。及自税務橋[8]阿滿門首取羹團內[9]、歸西止團橋[10]林保門前住。幷靈橋門直取[11]宋端仁舊食店、今施崇住。及自車橋[12]北巷口入兩岸、取鄭允客店、今呉獻可住。

7　東渡門　羅城東門の一つ（『寶慶』巻三）。奉化江・余姚江・甬江の合わさる三江口につながり、商業・交通上の要所であった。宋代には門内側に都税務が置かれた（注8参照）。〈羅城〉〈地輿〉にあり。

8　税務橋　東渡門内側に位置する。景徳四年（一〇〇七）に設置された（『寶慶』巻三）。なお、門外に都税務の亭（「壞富亭」）が置かれ、商人の荷物チェックや徴税が行われた（『開慶』巻二）。〈羅城〉にあり。

9　鮝團　未詳。塩漬けにして干した魚（「鮝」）を扱う同業組織か。

10　團橋　東渡門内側に位置し、府より二里二十歩隔たる（『寶慶』巻三）。また北は大街にいたり、南は鹹塘匯街に達すという（『康熙』巻七）。

11　靈橋門　羅城東門の一つ（『寶慶』巻三）。門より東に奉化江を渡るために、船十数隻を並べて板を渡した浮橋が備えられた（『寶慶』巻十二）。〈羅城〉〈地輿〉〈全圖〉にあり。

12　車橋　霊橋門の西に位置し、府より四里四十五歩隔たる（『寶慶』巻四）。また東にでれば霊橋門、西に向かえば新排橋、南には獅子橋に達するという（『康熙』巻七）。〈全圖〉に「車橋街」あり。

中則　東安鄉。自貫前南西兩岸取市心橋[13]。自南湖頭[14]西取舊酒務橋[15]。自四明橋南取行衙前[16]、至君奢橋[17]幷舊瓦子[18]內。自永濟西街南北兩岸直取朝京門住[19]。

13　市心橋　南湖頭の南に位置し、府より一里隔たる（『寶慶』巻四）。また北には千歳坊、南には漁（呉）欄橋にいたる（『康熙』巻七）。〈地輿〉にあり、〈全圖〉には市心橋直街を載す。

14　南湖頭　千歳坊が位置する（『寶慶』巻三）。千歳坊については〈地輿〉〈全圖〉にあり。

15　舊酒務橋　都酒務は美祿坊に位置し、子城より西南百十歩の距離にある。天禧五年（一〇二一）に設置されたが、紹興五年（一一三五）にその地に通判南庁が置かれたために、酒務は平橋下街の高麗館（「高麗行衙」）に移された。淳熙七年（一一八〇）に宰相史浩にその地を下賜されたのちは、酒務は月湖西の観音寺側に再度移った。嘉定元年（一二〇八）に通判南庁が廃止されると、酒務は元の地に復活した（『寶慶』巻三）。また『嘉靖』巻五には醋務橋（旧名酒務橋）が見え、崇教寺側に位置したという。〈羅城〉には「美祿坊」「三酒務」「西醋庫」が見え、〈地輿〉〈全圖〉には「醋務橋」あり。

16　行衙前　未詳。あるいは高麗行衙か。高麗行衙は注15にあるように、平橋下街に位置し、のち宝奎精舎となった（『寶慶』巻三）。高麗行衙は政和七年（一一一七）に楼异の建議によって置かれ（「高麗司」）、高麗使の送迎等に利用された。〈羅城〉〈地輿〉に「寶奎廟」あり。

17　君奢橋　湖橋の東に位置し、府より二百歩隔たる（『寶慶』巻四）。また北には平橋、南には鎮明嶺に達す（『康熙』巻七）。

18　舊瓦子　未詳。瓦市とは盛り場をいい、芝居・講談・雑技などが催された。

19　朝京門　羅城西門の一つ。また望京門ともいう。漕運のための水門がある（『寶慶』巻三）。〈羅城〉〈地輿〉にあり。

中則　武康鄉。自貫橋南東岸一帶直取市心橋、復回東向南北兩岸至廣惠寺橋[20]曹承富門前住。對南岸自周孚門首、幷自縣南街[21]東西兩岸至大梁街[22]巷口西岸、係史武翼賃屋門前東岸街、止天慶觀橋[23]。及自丘家橋[24]北至車橋南趙漳門前。幷自宋端仁舊食店門前取新排橋[25]。

20　廣惠寺橋　広慧橋は大梁街にあり、府より一里五十歩隔たる（『寶慶』巻四）。『嘉靖』巻五には広恵橋は万寿寺の西にあるとする。〈地輿〉に「廣慧橋」、また〈全圖〉に「萬壽寺」あり。

21　縣南街　県とは鄞県治を指し、子城の東二百八十歩に位置した（『寶慶』巻十二）。なお元の至大二年（一三〇九）に県治が廉訪分司署となって以後、幾たびかの変遷を経て、県治は明の洪武六年（一三七三）に乾符・竹林寺の跡地（宋代県治の西）に落ち着いた（『康熙』巻三）。

22　大梁街　注20にあるように、大梁街には広慧橋が架かる。また大梁街は広恵坊・万寿坊とも言った（『開慶』巻一・『康熙』巻二十三）。〈全圖〉にあり。

23　天慶觀橋　天慶観は子城の東南一里にあり。唐の天宝二年（七四三）に置かれた（『寶慶』巻十一）。明代には冲虚観（清代には三元殿）と改められる（『談助』巻二十七）。〈地輿〉に「三元殿」、〈全圖〉に「冲虚觀」あり。

24　丘家橋　迪教坊の南にあり、府より四里半隔たる（『寶慶』巻四）。また『延祐』巻十六には興教寺があったとする。注124も参照。

25　新排橋　泥橋頭の西に位置し、府より二里半十二歩隔たる（「新牌橋」『寶慶』巻四）。また西は大街にいたり、東は車橋に達するという（『康熙』巻七）。

下則　東安鄉。自君奢橋南取倉橋[26]。自甬水門[27]取威果營[28]前細湖頭[29]、至奉化橋[30]。自花行[31]至飯行[32]五通巷新瓦子[33]。自太保衙[34]前寶雲寺[35]前至新排橋。自貫前巷北法場[36]東西岸至能仁寺西巷、以王彥升門前直至寺前西岸、西至東僉判衙前[37]廟住。

26　倉橋　振名坊の南に位置し、府より二里半隔たる。倉橋下には順成坊あり（『寶慶』巻四）。また東は大街にいたり、西は鎮明嶺に達するという（『康熙』巻七）。〈地輿〉〈全圖〉にあり。

27　甬水門　羅城南門の一つで漕運のための水門を備えた（『寶慶』巻三）。〈羅城〉〈地輿〉にあり。

28　威果營　西南廂順成坊の北に位置する。この軍営は威果三十営のことであり、嘉祐五年（一〇六〇）に荊南から派遣された就糧禁軍である（『寶慶』巻七）。〈羅城〉にあり。

29　細湖頭　日湖をまた細湖頭という（『寶慶』巻十二）。また採蓮橋より捧花橋一帯を小湖（あるいは細湖）といった（『談助』巻二十一）。

30　奉化橋　龍舌頭（後世には三角地という）に位置し、府より三里隔たる（『寶慶』巻四）。〈地輿〉にあり。

31　花行　未詳。行とは官の必要とする物資の調達（御用達）をおこなう同業組織をいう。

32　飯行　未詳。ただし『嘉靖』巻五には飯行橋の旧名を葱行橋とし、『敬止』巻六によると県前河に架かる橋として蕭家橋から西に行って貫橋、飯行橋（旧名恵行）と架かるという。

33　五通巷新瓦子　未詳。ただし『寶慶』巻四には、義井の一つとして西南廂「五通堂巷口」を挙げている。この義井について『嘉靖』巻五では「參議廟井」といい、県治（明代）の西四十歩に位置するという。

34　太保衙前　未詳。

35　寶雲寺　行春坊の東に位置する（『寶慶』巻三）。また『敬止』巻二十六には鄞学の東とし、『談助』巻二十二によれば明の弘治十三年（一五〇〇）に竹湖坊戒香寺跡地に移転したという。注97を参照。なお、以下に続けて「新排橋に至る」とするが、位置がずれることになる。あるいは「新橋」（注55）の誤りか。「新橋」ならば穏当である。

36　北法場　未詳。法場とは死刑執行の場所。なお貫橋の東側に蕭王廟があり、かつて行刑の地であったという（『延祐』巻十五、〈地輿〉）。この地をいうか。

37　東僉判衙前廟　未詳。僉（簽）判とは、州長官の政務を助け文書処理をあつかう僉書判官庁公事あるいはその役所をいう。なお『延祐』巻八には万戸府について西北隅永済坊（注6）、すなわち宋の僉判庁に位置するとし、〈羅城〉にも同地に「僉判所」が描かれているが、やはり東僉判衙前とは別であろう。

下則　武康鄉。自貫橋取東河[38]下南北兩岸、直至鹽蛤橋[39]曲轉取鹹塘街[40]東西兩岸、東至吳獻可客店元係鄭允屋。幷自蕭家橋[41]南街東西兩岸直取廣惠橋下曹承富門前、復轉曲西取縣學[42]前南北兩岸、至巷林岳賃屋及林家小巷縣西河下[43]。幷自新排橋東取景福巷口[44]。

38　東河　未詳。ただし『寶慶』巻四に「黃家橋」が東河の南のはてに位置し、府より二里半隔たるとする。

39　鹽蛤橋　府の東南二里半に位置し（『寶慶』巻四）、団橋の西にあたる（『嘉靖』巻五）。また『敬止』巻六では県前河の東側に架かる橋として、順に黄封橋・開明橋・積善・余慶二橋・琅邪橋・係家橋・塩蛤橋・団橋と並べている。

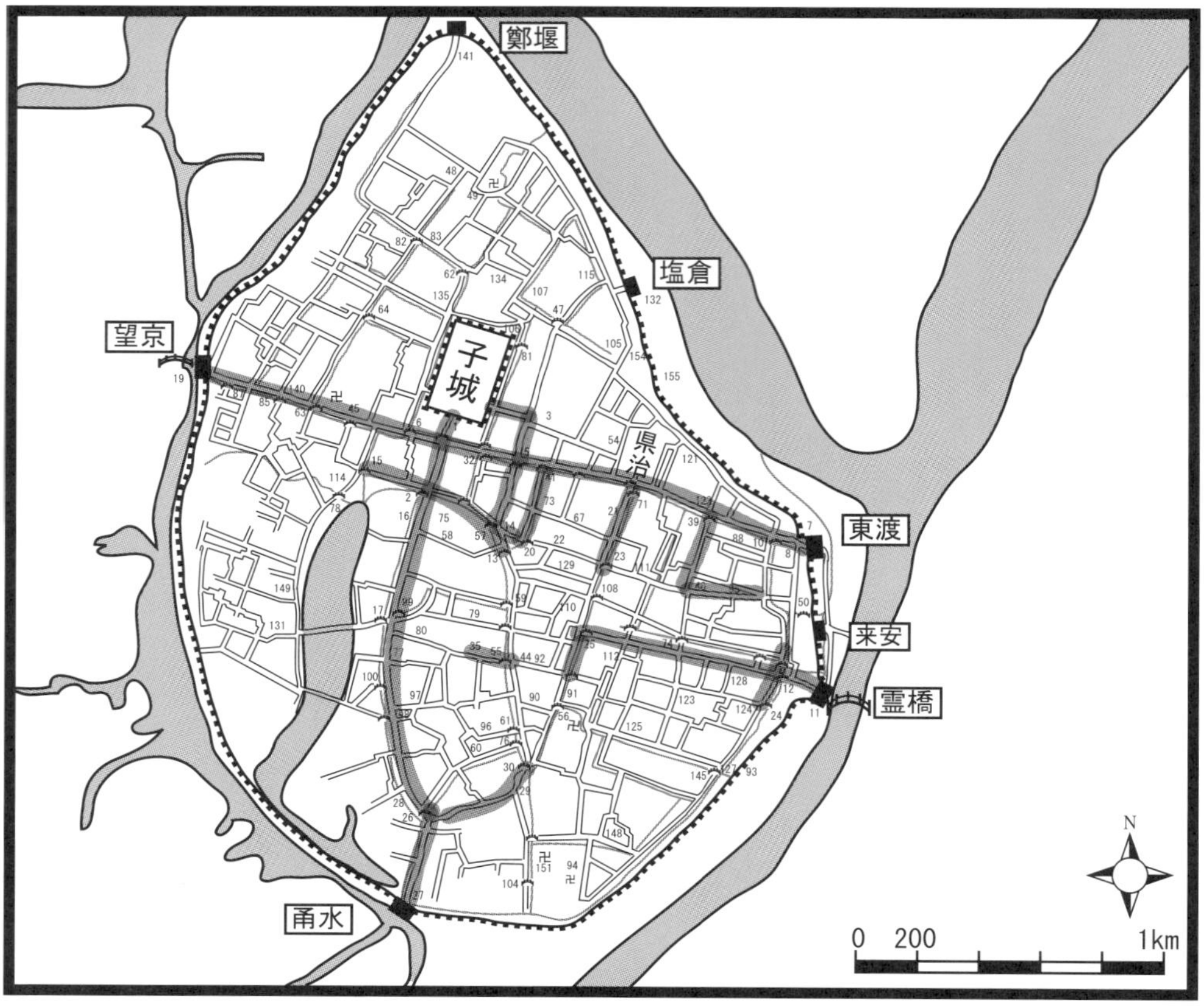

第一等地

40　鹹塘街　市舶司後橋の西に位置し（『寶慶』巻四）、『康熙』巻七では、鹹塘匯橋は東は東城壁にいたり、西は冲虚観前街にいたるとし、また海神廟があるとする。〈地輿〉〈全圖〉に「海神廟」あり。

41　蕭家橋　市心にあり、府より二百十歩隔たり（『寶慶』巻四）、『嘉靖』巻五では宣化坊の西南に位置する。『敬止』巻六では県前河の西側に架かる橋として、順に蕭家橋・貫橋・飯行橋を挙げる。また『康熙』巻七では北には県前街（清代）、南には大梁街にいたるという。

42　縣學　県学が唐の元和九年（八一四）に創建された時は、もともと県の東に位置していた。宋の崇寧二年（一一〇三、『康熙』巻三では三年）には県の西南に移設されたという（『延祐』巻十三）。その後、丞相史彌遠によって、嘉定十三年（一二二〇）に宝雲寺（注35）の西、不隷将威果指揮廢営の地に新たな県学が建設された（新県学については〈地輿〉〈全圖〉にあり）。ここにいう県学は県治の西南に位置していた時代のものと思われるが、位置は未詳。

43　縣西河　未詳。あるいはのちの県前河の西側をいうか。

44　景福巷　未詳。なお景福院は子城の南二里半に位置し、もと水陸蓮花院といった（『寶慶』巻十一）。その西に新橋が位置する（『寶慶』巻四）。よって前文の「新排橋」は「新橋」（注55）の誤りか。注92を参照。

第二等地

［上則］　東安郷。自奉化橋北西岸至市心橋。自舊酒務西曲取天寧寺橋[45]。自添差僉判廳鑒街[46]西岸至鑒橋[47]。自渡母橋[48]東岸北巷沿河東西兩岸直至廣仁巷[49]口南岸住。

45　天寧寺橋　天寧寺は恵政坊の北に位置し（『寶慶』巻四、〈地輿〉〈全圖〉にあり）、『嘉靖』巻五では天寧寺橋は旧名を恵政橋といった。〈地輿〉に「恵政大橋」、〈全圖〉に「恵政橋」あり。

46　添差僉判廳鑒街　添差僉判庁は未詳。鑒街は注47に見える鑒橋に連なる街衢であろう。

47　鑒橋　状元坊下にあり、府より東北に一里隔たる。〈地輿〉〈全圖〉にあり。

48　渡母橋　別名董孝橋とも呼ばれ、府より六十歩隔たる（『寶慶』巻四）。

49　廣仁巷　白衣広仁院は子城の西に位置し（『寶慶』巻十一）、広仁坊は白衣寺巷口にある（同巻三）。白衣寺はもと子城内（府橋街）にあったが、明の洪武初年に知府の張琪が白衣寺の跡地に府宅を建設してのち、白衣寺は西北の普寧寺・奉聖寺の地に再建された。

［上則］　武康郷。自後團翁仲門前歸東取南、直至市舶司後橋[50]住。幷自清水碶[51]西取蓋家橋[52]曲北両岸、至鹽蛤橋西岸河下住油車巷[53]。及自市

廊能仁寺巷陳康時門前東岸取北曲東西兩岸直衝魏家巷[54]肚。幷自市心橋南取新橋[55]南王居隱賃屋。及自塔下橋[56]方安仁門前大梁街巷口方安仁賃屋。

50　市舶司後橋　鹹塘（注40）の東、府より三里二十歩隔たる（『寳慶』巻四）。市舶務は霊橋門裏に位置し（『寳慶』巻三）、〈羅城〉にあり。

51　清水碶　未詳。ただし羅城東側には、城内水路を城外へ流す水門に水喉碶・食喉碶・気喉碶の三つがある。水喉碶は東渡門城壁下、都税務の前に位置する。食喉碶は市舶務の南壁下に位置し、気喉碶は獅子橋東、旧鄞江廟の傍らに位置する。あるいは水喉碶のことか。〈羅城〉に「水喉碶」「食喉碶」「気喉碶」あり。

52　蓋家橋　未詳。

53　油車巷　未詳。

54　魏家巷　魏家巷口に宣化坊が位置する（『寳慶』巻三）。〈羅城〉には鄞県治の西に宣化坊を描く。

55　新橋　景福寺の西に位置し、府より二里半隔たる（『寳慶』巻四）。また『敬止』巻六には平橋河に架かる橋として、順に南にくだって竹行橋・章耆巷橋・永安橋（広済橋）・握蘭橋・新橋・周家橋と列記する。〈地輿〉〈全圖〉に「新橋頭」あり。

56　塔下橋　連桂坊の東にあり、府より二里三十歩隔たる（『寳慶』巻四）。あるいは後の天封橋のことか。連桂坊については注60を参照。ただし『嘉靖』巻五では連桂坊の東に位置する橋を塔児橋とする。塔児橋については『康熙』巻七には日湖に架かる橋として挙がり、傍らに石塔があり、南には明州橋、北には獅子橋にいたるといい、『寳慶』巻四と符合しない。

中則　東安鄉。自四明橋下取竹行河下、[57]至章耆巷[58]口曾家匯[59]一帶。自蔣家帶[60]取福明橋[61]及倉橋頭。自永濟橋西岸北沿河下東西兩岸、直至東上橋。[62]自河利橋[63]西岸北街兩岸至方家橋。[64]自天寧寺後巷南北兩岸方家橋至李明橋[65]住。

57 竹行河　未詳。なお『寶慶』巻四では竹行橋（千歳坊にあり。『敬止』巻六では別称元祿橋）を挙げる。

58 章耆巷　千歳坊の南、府より二百二十歩隔たる（『寶慶』巻四）。『敬止』巻六では章耆巷橋について一名都憲橋、東は千歳坊、西は平橋街にいたるとする。〈地輿〉にあり、〈全圖〉には「章耆弄」あり。

59 曾家匯　永安橋の東に位置する（『寶慶』巻四）。また永安橋について『敬止』巻六では広済橋のこととする。〈地輿〉に「廣濟橋」あり。

60 蔣家帶　褚家橋の西に位置する（『寶慶』巻四）。蔣家帯は北宋神宗期の人で紫金光祿大夫にのぼった蔣浚明の園地（および池水）をいう（『乾隆』巻七）。蔣浚明の息子蔣璿・蔣琉が陳瓘に学んで前後して進士及第したことにより、蔣家帯の東に連桂坊が掲げられた（『乾隆』巻十二）。〈地輿〉に「紫金帯衖」、〈全圖〉に「蔣家塘弄」あり。

61 福明橋　一般に福明橋は景福寺の東に位置し（『寶慶』巻四）、石柱橋と俗称され、西に新橋、東に皀角巷にいたる橋をいう（『敬止』巻六・『康熙』巻七）が、本文の前後の脈絡とうまく符合しない。蔣家帯（注60）の北に位置する普照橋は普照院から名づけられたと思われるが、この寺院は創建当時、福明院と呼ばれた（大中祥符元年［一〇〇八］に普照院と改称。『寶慶』巻十一）。あるいは紹興経界の当時では、普照橋を福明橋と呼んでいたのではないか。そのように理解すると、のちに出てくる三等上則・東安郷の「福明橋の西より普照院巷を取る」も無理なく穏当である。

62 東上橋　府の西北一里に位置する（『寶慶』巻四）。また北に孝聞坊街、南には頂戴橋にいたるという（『康熙』巻七）。〈地輿〉には「東雙橋衕」、〈全圖〉には「東雙橋」あり。

63 河利橋　項家巷口にあり、府より西南に半里隔たる（『寶慶』巻四）。また東には行用庫橋、西には望京門にいたるという（『康熙』巻七）。〈地輿〉に「河利市橋」あり。

64 方家橋　報恩寺の後ろ、府より半里隔たる（『寶慶』巻四）。『敬止』巻六では方家橋を芳嘉橋と記す。〈地輿〉〈全圖〉に「芳嘉橋」あり。

65　李明橋　未詳。

中則　武康郷。自廣惠橋南戴述門前取東西兩岸、直至天慶觀前止棺材巷。[66] 幷自廣惠寺後橋蔡涇門前入小梁巷[67]兩岸、至邊太丞屋後住。及自陸博橋[68]取東北兩岸、至新河頭[69]小洞橋[70]住。幷隱仙橋[71]下及天慶觀後街取紀鋭香店後住。孔家巷[72]口牢城營巷[73]內許家小屋、幷新橋南楊從政賃屋前取樓宗博宅前、幷取塔下西岸黄卿賃屋、及泥橋[74]下取新河頭戚新門前住。

66　棺材巷　未詳。

67　小梁巷　小梁街巷口に阜財坊あり（『寶慶』巻三）。〈地輿〉〈全圖〉にあり。

68　陸博橋　未詳。

69　新河頭　新河頭に洞橋（東北廂）があり、府より一里半隔たる（『寶慶』巻四）。また新河について『談助』巻三十二では演武場東に位置するとする。〈地輿〉に冲虚観（注23）の北に「演武廳」を描く。

70　小洞橋　未詳。あるいは注69にある洞橋のことか。

71　隱仙橋　天慶観の後ろにあり、府より二里半隔たる（『寶慶』巻四）。また東は大池頭、西は大街に至るという（『康熙』巻七）。

72　孔家巷　未詳。

73　牢城營巷　『康熙』巻七では黄封橋について、北は県前街、南は牢城営巷に達すといい、『談助』巻二十五では小梁街の北に牢城營巷があるという。もとは罪人を配隷したが、紹興十一年（一一四一）、諸軍のうち老病・傷害の者を牢城指揮に編入した。また乾道九年（一一七三）閏正月に寧節指揮に改名された。〈羅城〉にあり。

74　泥橋　新牌橋の東に位置し、府より三里二十四歩隔たる（『寶慶』巻四）。また北は搬柴巷、南は江心巷にいたるという（『敬止』巻六）。『談助』巻二十七によれば、泥橋巷口大街にはもと天主堂があったという。〈地輿〉に「天主堂」あり。なお、後には音通によって霓橋と呼ばれた（『康熙』巻七）。

下則　東安鄉。自章耆巷醋坊巷[75]新橋南河下褚家巷[76]。自西岸。自甬水門裏河下北岸直取河一帶止四明嶺後[77]。自舊酒務西南街取保聖橋[78]。自廣福巷[79]取不隷將營[80]後、取君奢橋。能仁寺前巷東取西曲北取阮家橋[81]、幷添差僉判廳後巷[82]。方家橋至西上橋孝文巷[83]、直至西河頭[84]南北兩岸。虹橋[85]五通巷東西兩岸取壯城營[86]王通判宅前周眞家後。天寧寺橋下南岸沿河取王參政府後[87]、曲南取州社壇幷朝京水門。

75　醋坊巷　『嘉靖』巻九によれば、宋代に醋務が設けられていたのでその名が付いたという。『寶慶』巻三には美祿坊に西醋庫があり、酒務の東に位置するとする（注15を参照）。〈羅城〉に「西醋庫」あり、〈地輿〉には章耆巷の北に「醋巷」あり、あるいはこの地を言うか。

76　褚家巷　注60にあるように、褚家橋は蔣家帯の東に位置する。そこから延びる街巷のことか。

77　四明嶺　おそらく鎮明嶺を言うのであろう。鎮明嶺は府治前より一里三十歩に位置する（『寶慶』巻四）。〈羅城〉に「鎮明嶺」、〈地輿〉に「鎮明嶺廟」、〈全圖〉に「鎮明嶺大街」あり。

78　保聖橋　未詳。ただし『敬止』巻六によれば、水仙橋河（〈地輿〉に水仙廟あり）に架かる橋として感聖橋（正しくは衮繡橋。『乾隆』巻二）を挙げ、その近隣に保聖寺・崇教寺があるとする。崇教寺は〈羅城〉〈地輿〉に描かれているように、月湖の北端西側に位置している。保聖橋は保聖寺近隣に架かる橋で衮繡橋のことか。

79　廣福巷　未詳。ただし〈地輿〉には県学から街巷を挟んだ北側に広福寺を描く。あるいはこの街巷をいうか。

80　不隷將營　禁軍の威果五十五指揮営をいう。嘉祐五年（一〇六〇）に荊南から移った就糧禁軍で、営は居養坊に位置した。嘉定十三年（一二二〇）に西北廂の忠順官寨（〈羅城〉にあり）に移設される（『寶慶』巻七）と、その跡地に新県学が創建された。注42を参照。

81　阮家橋　西北廂にあり、一名を斜橋といい、府の東北半里に位置した（『寶慶』巻四）。

82　西上橋　府より西北に一里半隔たる（『寶慶』巻四）。また北は北門に達し、南は河利橋巷にいたるという（『康熙』巻七）。〈地輿〉〈全圖〉に「西雙橋」あり。

83　孝文巷　孝文巷口に修文坊あり（『寶慶』巻三）。なお『康熙』巻二では「孝聞坊」につくる。〈全圖〉に「孝聞坊」あり。

84　西河　前後の脈絡からして、天寧寺西河を指すか。

85　虹橋　寿寧坊（〈羅城〉にあり）の南に位置し、府より二百十歩隔たる（『寶慶』巻四）。『敬止』巻六では西水門裏河に架かる橋を挙げ、迎恩橋・府社壇橋・虹橋・恵政橋という。なお、虹橋は月湖畔の西側にもあるが、ここでは本文の脈絡からして西水門裏河に架かる虹橋を言うのであろう。〈全圖〉に「虹橋巷」あり。

86　壯城營　西北廂の影泉坊（蔡家巷口）北に位置する（『寶慶』巻七）。廂軍の壯城指揮はもっぱら城壁の修理にあたる。〈羅城〉に「影衆（泉の誤りか？）坊」「北（壮の誤りか？）城營」を描くも位置は未詳。

87　州社壇　府社壇橋は望京門内にあり（『寶慶』巻四）、子城の西南一里に位置する（『延祐』巻十五）。〈地輿〉には「社壇橋」あり。

下則　武康郷。自姚家巷[88]穿庵廟巷[89]。幷自新橋南蔣璉廨宇屋頭小巷屋底。及自新橋南西壽昌寺巷[90]入王中大廨宇屋。自福明橋下直取樓宗博宅後巷。自祥符寺[91]前取景福寺[92]。鄞江門[93]止丘家橋。自戚喜門前止南寺[94]後門周信門前。自車橋下北取楊安常庫前小橋下巷取全捷營[95]前。

88　姚家巷　姚家巷口に葛家橋があり、府より二里三百歩隔たる（『寶慶』巻四）。元代には姚家巷に慶元路市舶提挙司が位置した。なお寧波市民政局・寧波市地名委員会作成のホームページ「寧波地名図」（www.nbdm.gov.cn）内の「地名文化」内「地名遡源」に載せる「棋杆巷」のページでは棋杆巷の旧名を姚家巷としている。棋杆巷は〈全圖〉にあり。

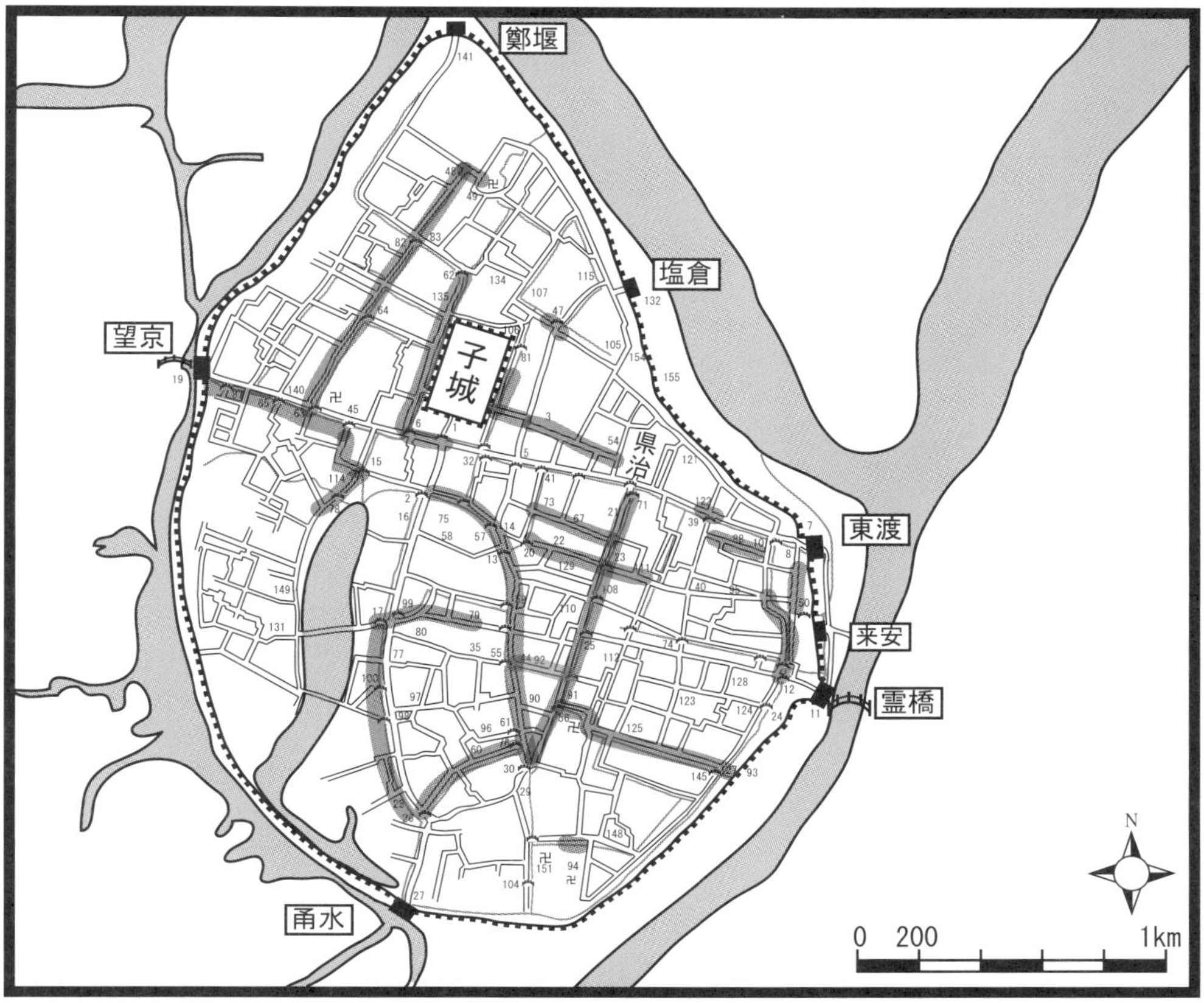

第二等地

89　庵廟巷　未詳。

90　西壽昌寺巷　『延祐』巻十六によれば西寿昌寺は東南隅に位置し、東寿昌寺の下院であるという。ただし乾道五年（一一六九）に建設されたといい（『嘉靖』巻十八・『談助』巻二十六）、紹興経界法の施行時期とのずれがあるが不明。寿昌巷について東には天封橋があるとし（『康熙』巻七）、〈地輿〉に「壽昌寺」、〈全圖〉に「壽昌寺弄」あり。なお〈羅城〉内の鄞県治より右下にある「壽昌寺」は東寿昌寺である。

91　祥符寺　子城の南一里半に位置し、もと崇福寺といった（『寶慶』巻十一）。また天封塔の北にあるという（『延祐』巻十六）。〈地輿〉に「祥符廟」あり、あるいはこの地か。

92　景福寺　景福寺の東に福明橋、西に新橋あり（『寶慶』巻四）。旧名水陸蓮花院といい、宋の建隆二年（九六一）に建設された（『延祐』巻十六）。〈羅城〉にあり。注44を参照。

93　鄞江門　羅城東門の一であったが、宝慶年間には利用されず閉ざされていた（『寶慶』巻三）。鄞江門にちなんで鄞江廟が建てられたが、それは東南隅獅子橋の東に位置した（『延祐』巻十五）。〈羅城〉にあり、〈地輿〉には東嶽宮の左に「鄞江廟」あり。〈全圖〉に「東嶽宮」あり。

94　南寺　南寺後橋は戚家橋の南にあり、府より一里半五歩隔たる。また南寺前に明州橋あり（『寶慶』巻四）。

95　全捷營　大観元年（一一〇七）に増設された不隷将禁軍の全捷指揮営。もとは威果五十五指揮営（注80）とともに居養坊に営があったが、のちに小江橋側に移動した（『寶慶』巻七）。本文直前にある「小橋」はあるいは小江橋のことか。『談助』巻十四には、海神廟が明の洪武年間に宋の威果全捷営（全捷営の誤り）の跡地に移設されたという。〈羅城〉にあり、〈地輿〉〈全圖〉に「海神廟」あり（なお〈羅城〉にある「海神廟」は移設前）。

第三等地

上則　東安郷。自福明橋西取普照院巷[96]、至戒香寺[97]縣社壇[98]。自保聖橋取湖橋頭[99]。自韓家橋[100]裏鑄冶巷[101]勞家橋[102]。自小頭湖[103]取水月橋[104]。自鑑橋東巷口取石碶頭[105]毛慶家住。自鑑橋西至桃源洞[106]後、并州學[107]西西河頭。林迪功宅西四家、元係第二等下則、無出入路、降入此等。

96　普照院巷　普照院は子城の西南二里半に位置し、旧名を福明院といった（『寶慶』巻十一）。〈羅城〉に「普照寺」あり。注61を参照。

97　戒香寺　戒香十方寺は子城の西南二里半に位置し、もと白檀寺といった（『寶慶』巻十一）。弘治十三年（一五〇〇）にはその跡地に宝雲寺が建設された（『敬止』巻二十六）。〈地輿〉に「寶雲寺」あり。注35を参照。

98　縣社壇　県治の南二里にあり（『寶慶』巻十二）。〈羅城〉に「縣社」、〈地輿〉に「南社壇廟」、〈全圖〉に「社壇廟」あり。

99　湖橋　君奢橋の西に位置するとする（『寶慶』巻四）が、〈地輿〉には君奢橋の東に位置する。あるいは是ならん。

100　韓家橋　廨院のすぐ南に位置し、府より百三十歩隔たる（『寶慶』巻四）。また俗名を階嘴橋といい、東は鎮明嶺大街、西は鋳冶坊巷口にいたるという（『敬止』巻六）。〈地輿〉に「界嘴橋」あり。

101　鑄治巷　未詳。韓家橋の西に位置するという（『敬止』巻六）。注100・102を参照。

102　勞家橋　未詳。ただし『嘉靖』巻五では、県社檀橋について鋳治巷の東とし、一名を牢家橋とする。牢家橋は『寶慶』巻四では、府より百五十歩隔たり鋳治坊巷に位置するとする。よって県社檀橋のことか。

103　小頭湖　未詳。あるいは小湖頭のことか。注29を参照。

104　水月橋　延慶寺の前に位置し、府より三里十五歩隔たる（『寶慶』巻四）。〈地輿〉にあり。

105　石碶頭　石碶橋は府の東北一里三十歩に位置する（『寶慶』巻四）。前後の脈絡よりして、鑒橋より東に流れる水路の先を言うのであろう。

106　桃源洞　子城内の射亭よりやや西北に出て、子城を穿って北に出るところに位置する（『寶慶』巻三）。〈羅城〉では子城東北角に描く。

107　州學　天禧二年（一〇一八）、知明州事の李夷庚によって子城の東北一里半の地に移設された（『寶慶』巻二）。〈地輿〉に「府學」あり、〈全圖〉に「舊府學」あり。

上則　武康鄉。自魏家巷口入本巷西岸、至巷底祝昉門前住。自洗馬橋[108]東取北雙營前橋[109]下、取新寺後門巷口[110]、直取西巷口。自廿八營前[111]入缸井巷[112]、止南寺後門河頭、轉取張童巷[113]。

108　洗馬橋　新寺後門に位置し、府より二里十八歩隔たる（『寶慶』巻四）。『康熙』巻七には、東に霓橋巷（注74）、西に新街（〈全圖〉にあり）に達すという。

109　北雙營前橋　未詳。

110　新寺後門巷　洗馬橋にあり（注108）。『談助』巻二十五には、東には新排橋、東北には新街、西には漁欄橋、南には握蘭橋に達すといい、沙井巷とも称すという。〈地輿〉に「沙井頭」あり。

111　廿八營　廂軍の崇節二十八指揮営のこと。天慶観（注23）の前にあり（『寶慶』巻七）。〈羅城〉には天慶観の右に「元八營（廿八營）」を描く。

112　缸井巷　『康熙』巻七には、破石橋についいて南は缸井巷、北は沖虚観前街にいたるという。また『嘉靖』巻九では江井巷につくる。〈地輿〉に「浦石河頭」「家井巷」あり。

113　張童巷　未詳。

中則　東安鄉。自崇敎寺巷口[114]一帶。鹽橋北巷幷州學河東岸直至鹽倉橋[115]。能仁寺東巷街西岸直至石碶頭橋槐陰巷[116]。幷河岸土地橋[117]石版巷[118]西曲取興聖院[119]東小路、及曲取孝文巷、取白塔巷[120]西曲南、至西河頭兩岸。

114　崇敎寺巷　崇教寺側に酒務橋が位置する（注15）。〈地輿〉には醋務橋の左下に「崇敎寺」あり。

115　鹽倉橋　塩倉前にあり、府より一里半隔たる（『寶慶』巻四）。また塩倉門は羅城の北門であり、塩倉より名づけられ、塩の納入時に開門された（『寶慶』巻三）。〈羅城〉に「鹽倉」「鹽倉門」あり、〈全圖〉に「鹽倉門」あり。

116　槐陰巷　未詳。

117　土地橋　未詳。

118　石版巷　西北廂石板巷には禁軍の威勝指揮営あり（『寶慶』巻七）。〈全圖〉には子城の左に「威勝營」を描くが位置は未詳。なお、注128の石版巷とは別の街巷である。

119　興聖院　子城の西四里に位置し、もと牆西院と号した（『寶慶』巻十一）。また羅城の西壁下にあるとする（『延祐』巻十六）。『談助』巻六には望京門の北という。位置は未詳。

120　白塔巷　未詳。

中則　武康鄉。自後市[121]邊家客店前西取縣後、至石碶姚振門前、取南至能仁寺巷、東住廊頭草營巷[122]。自景清寺[123]前東取興教寺[124]巷口、西取景德寺[125]後街巷口、轉取小巷魏璿門前、北取泥橋下。自波斯團[126]止酒務營[127]前、轉取丘家橋、直取石版巷[128]、取白塔下朱惠屋後、取程房門前、取郁家巷[129]。

121　後市　『嘉靖』巻九には県治（明代）の後ろ、魏家巷の北に位置し、西には乾碶頭にいたるという。また『談助』巻十三には、開明坊・県治（清代）の前後にはもと三つの市があるとし、大市は県治の前、東牌坊より西牌坊まで、中市は県治の東、按察分司の前（開明橋下）、後市は県治の後ろ魏家巷に位置し、北には千溪頭（〈全圖〉に「甘溪頭」あり）にいたるという。〈全圖〉に「後市」あり。

122　草營巷　『談助』巻十四には、二境廟について門の左右に額があり、一つは楊家楼、一つは草営巷と記すという。〈地輿〉にあり、〈全圖〉に「二境廟弄」あり。

123　景清寺　汪家木橋の西に位置し、府より一里十歩隔たる（『寶慶』巻四）。『嘉靖』巻五には、汪家木橋について嘉賓堂の東に位置するとし、嘉賓堂については『康煕』巻七に君子営内に位置したという。〈地輿〉〈全圖〉に「君子營」あり。

124　興教寺　南には獅子橋あり（『寶慶』巻四。注145）。『延祐』巻六には、東南隅の邱家橋（注24）に位置するという。また景清巷口の東に興教橋が位置し、府より四里半五十歩隔たる（『寶慶』巻四）。

125　景德寺　その東に史府橋があり、府より一里半隔たる（『寶慶』巻四）。また子城より東南二里隔たり、旧名を鄞江院といった（『寶慶』巻十一）。『嘉靖』巻五に史府橋は沙泥街にあるとする。

126　波斯團　ペルシア・アラブ系の同業組織をいうか。位置は未詳だが、獅子橋（注145）北にイスラム系寺院である回回堂（『至正』

巻十）が位置し、その付近か。

127　酒務營　清務指揮営のこと。もとは榷酤をになう廂軍。営は東南廂鄞江門裏に位置する。禁軍への選抜や死亡などによって人員が減っても補填しなかったためにやがて廃止され民居となった（『寶慶』巻七）。

128　石版巷　『康熙』巻二によれば東南隅に東石版巷あり。〈地輿〉に「石版街」、〈全圖〉に「石板廟弄」あり。注118の石版巷とは異なる。

129　郁家巷　『談助』巻二十五によれば、また司巷ともいい、郁家廟があり、のちに毓嘉廟に改名されたという。〈地輿〉に「毓嘉廟」あり。

下則　東安鄉。自保聖寺西河下取王參政府[130]、西取州社壇。自聖功寺[131]前取橋頭西畔、取袁登仕宅前。自鹽倉門[132]西取達信門[133]、轉取雄節營[134]前、曲取教場[135]東巷、至州後匯頭。自白塔巷西巷口北岸取鄭堰門頭[136]、東取舊法場[137]威勝營[138]前、取東村富家後。自虹橋北岸巷曲西小五通巷[139]、曲取應家巷[140]宜秋巷[141]。自興聖院東、幷院子後沿牆下直取鄭堰門頭。

130　王參政府　『嘉靖』巻十六には県治の西南二里、西社壇橋（注87）に位置する。南宋高宗朝の参知政事王次翁（一〇七九―一一四九）が致仕後に構えた居所。位置は未詳。

131　聖功寺　子城の西南四里半に位置する（『寶慶』巻十一）。『敬止』巻二十六には、聖功巷にあり、聖功巷は月湖西の尚書橋巷とする。〈地輿〉に「大尚書橋」あり。

132　鹽倉門　羅城北門の一つ。塩の納入時に開門された（『寶慶』巻三）。注115を参照。

133　達信門　羅城北門の一つだが、宝慶年間には閉ざされ利用されなかった（『寶慶』巻三）。門裏に省馬院があり（『寶慶』巻三。〈羅城〉にあり）、『延祐』巻十五には達信廟があったという。位置は未詳。

134　雄節營　雄節指揮営のこと。熙寧元年（一〇六八）に廂軍より強壮の者を選んで教閲崇節指揮とし、熙寧六年（一〇七三）に雄節指揮に改名された。その後、元豊三年（一〇八〇）閏九月に禁軍へと昇格した。営は教場の東北に位置する（『寶慶』巻七）。〈羅城〉には「教場」の右に「北營」を描くが、雄節営のことか。

135　教場　子城の西北に位置し、東西百歩、南北九十七歩、面積四十畝一角四十歩の広さを持つ（『寶慶』巻三）。〈羅城〉にあり。

136　鄭堰門　羅城北西門の一つ（『寶慶』巻三）。のちに永豊門と呼ばれた（『延祐』巻八）。〈羅城〉にあり、〈地輿〉に「永豐門」あり。

137　舊法場　未詳。

138　威勝營　大観元年（一一〇七）十一月に新設された禁軍の威勝指揮営のこと。営は西北廂石版巷（注118）に位置する（『寶慶』巻七）。位置は未詳だが、〈羅城〉には「北（壯）城營」（注86）と「興聖寺」（注119）の間に描く。

139　小五通巷　未詳。

140　應家巷　西北廂応家巷口に宜秋坊あり（『寶慶』巻四）。位置は未詳。

141　宜秋巷　西北廂応家巷口に宜秋坊あり（『寶慶』巻四）。〈羅城〉に「宜秋坊」あり。位置は未詳。

下則　武康鄉。自陸家巷[142]・夏家巷[143]・張秀才巷[144]、幷獅子橋[145]取秋家巷[146]後周信屋後、轉取奉聖院[147]前、曲取開元寺[148]後。

142　陸家巷　東南廂の陸家宅橋については連桂坊（注60を参照）の西に位置し、府より二里隔たる（『寶慶』巻四）。位置は未詳。

143　夏家巷　未詳。

144　張秀才巷　未詳。

145　獅子橋　興教寺の南、府より二里半隔たる（『寶慶』巻四）。また獅子橋の東に東嶽奉聖行宮あり（『延祐』巻十五）。『敬止』巻六では、南には塔児橋、北には車橋街にいたるという。〈地輿〉にあり、〈全圖〉に「東嶽宮」あり。

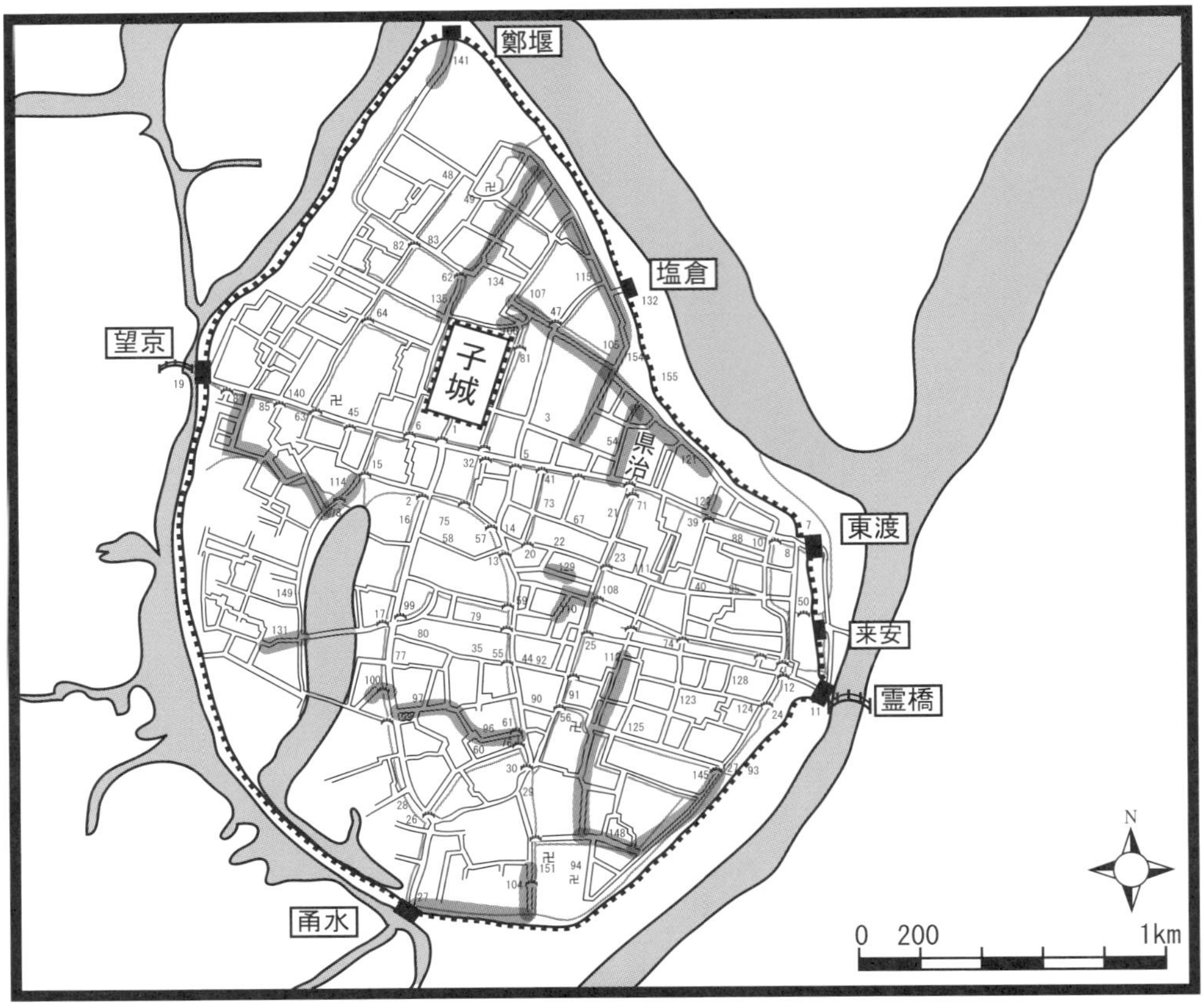

第三等地

146 秋家巷　未詳。

147 奉聖院　子城の東南二里に位置し、もと浄居禅院といった（『寶慶』巻十一）。ただし『延祐』巻十六では西北隅衍慶坊にありとするが、前後の脈絡からすると、東南廂にあるのがふさわしい。西北隅の奉聖寺については、明の洪武三年（一三七〇）に普寧寺・奉聖寺の跡地に白衣講寺が移設されており、この地をいうか。

148 開元寺　県治の南二里に位置し（『寶慶』巻十一）、また五臺開元寺ともいう（『延祐』巻十六）。〈羅城〉にあり、〈地輿〉に「五臺寺」、〈全圖〉に「五臺寺弄」あり。

末則

東安鄉。自観音寺149前取鮑知府宅前150。自甬東門牆下延慶寺前151。自達信門裏西沿牆取北郭舊法場。自大教場152後至此牆下。自興聖院前福田院153直取應家巷・宜秋巷頭毛慶家。至蜃池頭154曲取鹽倉橋。

149 観音寺　また能仁観音院ともいい、県治より西南二里半、月湖西畔に位置する（『寶慶』巻十一・『延祐』巻十六）。明の洪武十四年（一三八一）にはその地に広盈倉が設けられた。清の順治十年（一六五三）にはその地に常平義田書院が創建され、康熙二十五年（一六八六）には整備されて月湖書院に改称された（『談助』巻十七）。〈地輿〉に「月湖書院」あり、〈全圖〉に「書院弄」あり。

150　鮑知府宅　宋代に明州の知州（知府）となった鮑姓には、康定年間中に就いた鮑亜之と、嘉祐年間中に就いた鮑軻がいる（『寶慶』巻二）が、いずれかは不明。また位置も未詳。

151　延慶寺　子城の南三里に位置し（『寶慶』巻十一）、日湖にあり。〈羅城〉〈地輿〉〈全圖〉にあり。

152　大教場　未詳。注135の教場のことか。

153　福田院　未詳。

154　蜃池頭　『嘉靖』巻五には県治の西北一里に位置し、また『談助』巻九には蛟池・蜃池はもと一つの池で、塩倉門東の城壁下に位置するという。〈羅城〉には塩倉門右に描く。

末則　武康郷。自石碶頭取蜃池頭資聖院園地、[155] 曲東小路官城脚下。自陰溝巷[156]入取范珏屋後。自延慶寺水月橋南河城下取東曲轉北。

155　資聖院園地　資聖院は県治の東北一里半に位置し、もと漁浦門外院と称した（『寶慶』巻十三）。明の天啓元年（一六二一）に江心庵が建てられた（『康熙』巻二十一）。〈地輿〉〈全圖〉に「江心寺」あり、ただしその園地については位置未詳。

156　陰溝巷　未詳。

第二節　楼店務地と都市空間

（a）紹興年間楼店務地の特徴

先に注釈をほどこした楼店務地の三等九則は、南宋の紹興経界法によって施行された土地測量の一環として決定されたものである。紹興経界法は、紹興十二年（一一四二）に李椿年の提言を受け、平江府（蘇州）で試験的に始められ、その後両浙路内での試行段階を経て紹興十九年（一一四九）夏に全国へと実施された。(11) 耕作地の測量をおこない地籍図と土地台帳を作成し、人民に課す賦役を公平にするために行われたが、紹興十五年（一一四五）二月十日に経界法担当者であった王鈇の措置によると、

一、今來の措置、所有《あらゆる》逐州の縣鎮坊郭の官司地段、亦た合に一體に施行すべし。(12)

とあるように、州・県・鎮の坊郭内で官司が保有する土地についても実施された。そしてこのおりに三等九則のランクも定められた。(13) ランクにしたがって、官司は保有する楼店務地を民間に貸し出す際の賃銭の高下を定めたと思われる。当該史料にみえる明州城楼店務地の三等九則は、紹興経界法が施行された当時のものであることをまず確認しておきたい。

先に図示した第一等地から第三等地までの等則の線について、史料上では街衢の東側（例えば「東岸」など）や北側など、詳細に決められていたことをうかがい知ることができるが、図中では復元が難しく煩瑣となるため、捨象してある。よって、復元の線が重なる部分があることを断っておく。また、それぞれの等内では、さらに上・中・下（三等地のみ末則を加える）則に区分されているが、やはり図示する際に見づらくなるため、線種の区別はしなかった。また比較的第三等地に多いが、復元できなかった部分については線引きをしていない。

明州城内は東安郷（およそ城内西半分）・武康郷（およそ城内東半分）に分けられるが、当該史料では郷ごとの楼店務地について、三等九則が示されている。よって、経界法による明州城内楼店務地の三等九則は郷単位でなされていたことがわかる。その点はしばらく置

き、各等則地の特徴を概観しておきたい。

第一等地の上則として挙げられているのは、東渡門（注7）より望京門（注19）にいたる街路のうち東渡門から永済橋（注6）までであり、明州城のメインストリートである。この街路上および近辺には、明州城の政治的中心地であり府の官舎がたちならぶ子城、および鄞県治がつらなる。とりわけこの区域の街路を市廊（注4）と呼んだようで、大変にぎやかな街路であった（詳細は後述の東北廂を参照）。また、霊橋門付近も第一等地上則とされている。霊橋門を入ってすぐ北には市舶司が置かれており、やはり海外貿易でにぎわう区域であった（後述の東南廂を参照）。

第一等地中則にあたる街路は、永済橋から望京門までの街路や、先の市廊より南に延びる街路、県治より南に下るものや四明橋（注2）から君奢橋（注17）までの街路、霊橋門より新排橋（注25）までの街路等々である。とくに、霊橋門—新排橋間の街路上に「宋端仁舊食店」（紹興経界法施行時は「施崇」食店）が当該史料上から確認できる。下則については、君奢橋から日湖（注29）付近までや、鹹塘街（注40）などがその街路にあたる。鹹塘街の東端には「呉獻可客店」（もと「鄭允客店」）も見られる。こうした客店（旅館）・食店などは、経営者が変わっても、そのまま客店・食店として利用されていたと考えられるが、当時のにぎやかさの一端を垣間見ることができる。

以上のように、第一等地とされる街路は、東渡門より望京門にいたる街路、子城より甬水門あたりまで至る南北の街路、霊橋門付近から西に延びる街路、また市廊から南に下る街路等々明州城内の主要な街路が挙げられている。第一等地の特徴は、子城や県治などの行政施設や市廊・市舶司など商業・貿易に関する諸施設のある街路が中心であることである。

第二等地の特徴としては、第一等地に比べて細かな街路が多くなっている。四明橋よりゆるいカーブを描いて東南に下り奉化橋（注30）にいたる街路や天寧寺（注45）西の南北に延びる街路のほか、第一等地に挙がる街路につらなる小路（「巷」）が多い。

第三等地については、不明な場所が多く、復元できた所もすくない。そのなかでの特徴をみると、城壁近辺の街路や巷が多くみられる。やはり都心より離れた街路等は、そのランクも低いということであろう。

以上簡単ではあるが見たように、明州城内楼店務地の等則のおおよその特徴は、明州城内の主要な街路をほぼすべてカバーし、市廊

表1　賃屋表

No.	貸主名	郷	等則	場所
1	史武翼（賃屋）	武康郷	第一等地中則	大梁街巷口（22）―天慶観（23）
2	林岳（賃屋）	武康郷	第一等地下則	広恵橋（20）西
3	王居隠（賃屋）	武康郷	第二等地上則	新橋（55）南
4	方安仁（賃屋）	武康郷	第二等地上則	大梁街巷（22）東口
5	楊従政（賃屋）	武康郷	第二等地中則	新橋（55）南
6	黄卿（賃屋）	武康郷	第二等地中則	塔下（56）

や霊橋門付近を第一等地上則の頂点として、子城や県治に赴く東西・南北の街路を第一等地とし、その街路に接合される街路・小路を第二等地とし、そして城壁付近にいたって第三等地として定めたものと言えるだろう。都心であるほどにランクが高く、周縁になるにつれランクが低く設定されているということになる。当然ながら、市廊などの繁華な都心に近付くほど等則が高いのは、人々がより多く行き交い、土地の利用価値が高いためであろう。

この点について、当該史料に現れる「賃屋」について触れておきたい。賃屋については、たとえば武康郷の第二等地上則に、

及自塔下橋方安仁門前、（至）大梁街巷口方安仁賃屋。

と見えるように、方安仁なる人物は、塔下橋（注56）のたもとに家を構えつつ、大梁街巷（注22）東の入り口に賃屋を持っていることから、おそらくこの賃屋は方安仁が管理する貸し家のことと考えられる。方安仁は楼店務地（家屋も含むかは不明）を租賃して、貸し家業を営んでいたのであろう。よって賃屋とは貸し家のことと思われる。当該史料上に現れる賃屋は**表1賃屋表**のとおりである。

限られた史料ではあるものの、一見して明らかなように、賃屋が見られるのは明州城の東半分の武康郷である。さらに、下位の等則には見られず、第一等地中則から第二等地中則の間に現れている。その場所について見ると、大梁街近辺（No.1・2・4）や新橋南（No.3・5）、天封塔辺り（No.6）である。当該史料がすべての賃屋を記しているわけではないので、ここに挙がっているのは一部であることを考慮しても、賃屋が明州城の繁華な市街地、かつ等則の比較的高い場所にあったと指摘しても問題ないと思われる。貸し家業は明州城内で比較的上位の等則の場所で営まれており、また反対に、繁華な場所での借り主の存在もうかがい知れる。

（b） 嘉定十三年・紹定元年の大火

以上のように、紹興経界法時における明州城内楼店務地の特徴を見ることができた。ではこうした等則の地付近には、どのような施設・建物が存在したであろうか。以下にその問題を考えていきたいが、踏まえておかなければならないことがある。各施設・建物については、『寶慶四明志』や『開慶四明續志』の記事を利用することになるが、その記載について『寶慶四明志』は宝慶年間（一二二五―一二二七）、『開慶四明續志』は開慶年間（一二五九）当時を反映しており、紹興経界法施行より一〇〇年以上隔たっているのである。[14]

この一〇〇年の間に起ったとりわけ大きな出来事は、嘉定十三年（一二二〇）八月十三日と、その八年後に再び起こった紹定元年（一二二八）正月十三日の大火である。嘉定十三年の大火は、子城のすぐ南から南辺の延慶寺、東は市舶司、そして市廊にも迫るほど、城内東半分の区域に延焼した。出火元は不明だが、これにより官舎や寺院、民居の多くが焼失した。

また紹定元年の大火は、民居の失火が原因とされ、おもに繁華街であった東北廂を中心に延焼した。この火災により、東北廂の諸坊・諸橋すべてを再建せねばならないほどであった。火災の炎は、市舶司にまで広がり、さらに南下し邱家橋まで達した。

この二度の火災が明州城の人々の生活や商業活動などに与えた影響は計り知れない。広く延焼した理由は、人口の増加した都市民たちが水路や街路をまたがって家屋の拡張を勝手に行い、輿や馬が通るのも困難なほど街路が狭まっていたためで、救援者もただ手を束ねるしかなかったという（『寶慶四明志』巻三、坊巷）。

二度の火災を経て、官舎等は再建され、一部の寺院は移築された。また県治前の大街（いわゆる開明街）上に消火用水確保のために、淳祐三年（一二四三）、防虞石水歩が四カ所（朝拜上馬亭後［天慶観近く、天慶観が管理］・新排橋北・景福寺街東・錦勲坊東。いずれも奉化橋―県治を結ぶ街路沿いの水路上に位置）にわたって設置されている（『寶慶四明志』巻三、防虞石水歩）。しかし焼失した寺院がのち民居となることも多く、都市景観がこの時をさかいに変化したことは確かである。当然ながら、楼店務地の状況も変わったであろう。

この大火も手伝ってか、宝祐六年（一二五八）以後に沿海制置使・判慶元軍府として明州を治めた呉潜が楼店務地を調べた際には、「遂くて□監楼店務吏、自來の納錢底籍及び所管の等則を取索するも、並びに稽攷する無し」[15]（『開慶四明續志』巻七、楼店務地）。

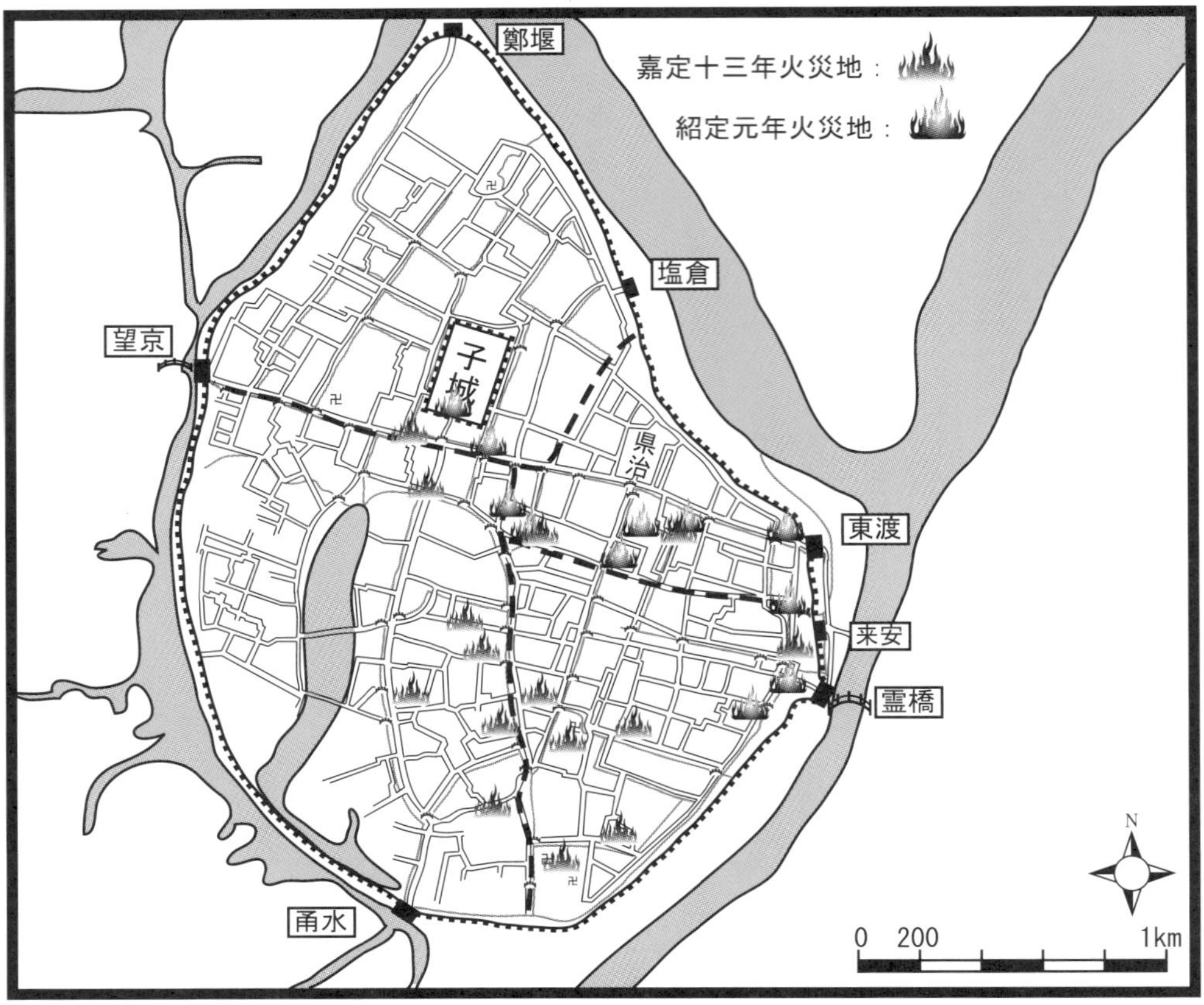

嘉定十三年・紹定元年火災図
（『寶慶四明志』記載の火災により焼失した官舎・寺院等をもとに製図）

とあるように、楼店務の官吏に楼店務銭徴収の帳簿や等則を調べさせても追跡できなかった。また追跡できなかった別の理由として、楼店務地を借りていても借賃を納めず、ひそかに他人に又貸しして賃銭を得ている者、わずかな賃銭だけを納めて影射する者、十余丈あまりを借りながら年間に十数文も納めることのできない者、繁華な地二三十丈を占めながら賃銭を納めない者、甍や軒を連ねて街路を跨り、府第の地と号しても問われもしない者など、おおむね成り上がりの〝形勢之家〟が楼店務地を占拠して支払うべき楼店務銭を支払わない事態が進行し、楼店務地の管理が十分にできていなかったのである。

　こうした事態を打開すべく、呉潛は楼店務地及び楼店務銭の調査を断行し、紹興経界法時なみの成果を得ている(16)。

　よって、紹興経界法当時の楼店務地の等則を踏まえて、宝慶・開慶年間の諸施設を見ること自体に無理があるのかもしれない。ただし、その等則が政治・経済の中心地を上位に置き、城壁近くを低く設定するというものであるならば、一〇〇年後の宝慶・開慶年間もさほど大きな変化はなかったのではなかろうか。以下では、そのように想定し一〇〇年の〝ズレ〟があることを踏まえつつ、明州城内を四つに区切って見てゆくことにしよう。無理を承知の上で、紹興経界法当時の楼店務地の等則と宝慶・開慶年間の諸施設・建物を重ね合わせることで、詳細な都市空間が明らかとなるはずである。

（Ｃ）各廂の特徴

『寶慶四明志』によると、明州城内は、東北廂・東南廂・西北廂・西南廂に区分されている。廂とは一般に警察や火災時の管轄区分とされる(17)。紹興経界法施行時には、郷を単位として楼店務地の等則が定められていたが、先の呉潜がおこなった楼店務地の再調査時には廂を単位として管理された。さらに、その当時には東の城壁以東の地に甬東廂、反対の西の城壁以西には府西廂が存在していたが、不明な点が多いのでここでは捨象する。

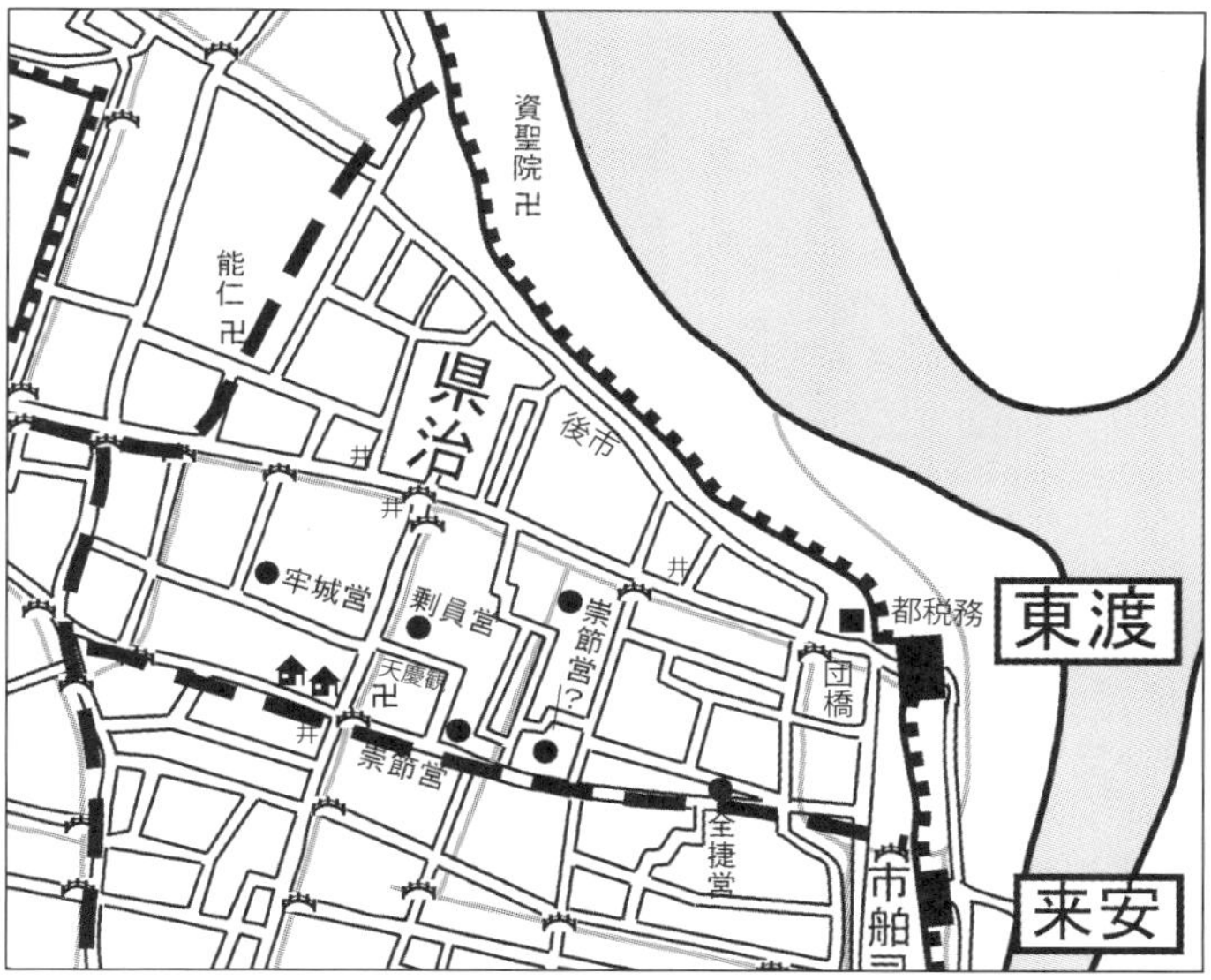

東北廂図

・東北廂

東北廂の中心をなすのは、やはり鄞県治とその前を東西に走る街路（または市廊［拱星坊から貫橋辺りまで?］とも呼ばれる）である。東渡門を入ると、まず都税務がある。ここでは往来する客商や地元の商人に対して商税（扱う商品ごとに過税［通過税］・住税［搬入・搬出商品に対する販売税］を課す）を徴収した。宝慶元年（一二二五）の商税課額の例で言うと、

都税院　：三万五六六二貫四七五文
西門引鋪：　一七二六貫六七三文
南門引鋪：　二六三六貫六六七文

とあって、東渡門内の都税務の数字が圧倒的に多い。これは、都税務であることを差し引いても、明州城において東渡門が商業の玄関口であったことを示している。またほど近くに「鮝團」（注9）があった。塩漬けの干し魚（とりわけ明州特産の石首魚「イシモチ」の干物）を取り扱う同業組織と考えられる。このような同業組織にはほかに、西北廂にかかるけれども、市廊の西端に「花行」（注31）・「飯行」（注32）なども確認される。

また県治の北には「後市」（注121）があり、その近辺には「邊家客店」もあった。注釈で示したように、明代には大市・中市・後市の三つの市が確認されるが、紹興経界法施行時に三市が存在したかは定かではない。しかしながらそれに類する市（まさしく市廊の中心）があっても不思議ではない。

先ほど確認したように、史武翼賃屋・方安仁賃屋があったのが、天慶観の西側、大梁街の入り口付近であった。

道教系寺院である天慶観付近には、さらに「棺材巷」（注66）・「紀鋭香店」など道観に関連する地名・商店もまとまって見えている。

そして東北廂におけるもう一つの特徴は軍営が多いことである。廂軍である崇節二十八指揮営（注111）は天慶観前に、崇節二十九指揮営・崇節三十指揮営はともに東寿昌寺近く、剰員営は天慶観の後ろ、牢城営（または寧節営）は小梁街に位置している。また不隷将禁軍である全捷営（注95）も存在する。このように東北廂だけで六営（明州では禁軍・廂軍あわせて十四営）が立地するのは何か理由があるのかもしれない。この問題については、次節で検討する。

このように東北廂は市廊や都税務などの存在から了解されるごとく、明州城内における商業的中心地であった。多くの商人が行き交い、干し魚や鮮魚・蝦蛤・蘿蔔（ダイコン）・芋子・柑橘・橄欖等（『寶慶四明志』巻五、商税）の商品を多く流通させるところであった。また客商などを宿泊させる客店や、同業組織、あるいは賃貸家屋業などが見られた。都市の飲料水を確保する義井の数も、明州城内に十カ所あるうち、東北廂で五カ所もある（鄞県前坐北大街・拱星坊巷口大街・泰和坊河下・宣化坊魏家巷・廟巷。以上『寶慶四明志』巻四、義井）。そのいずれもが市廊上、あるいはその近辺（泰和坊河下は大梁街）である。明州城内の人口が、東北廂で過密化していたのかもしれない。以上のことから、東北廂は城内でももっとも賑やかな商業区域であったと見なせよう。

・東南廂

東南廂については、東側と西側で景観が異なっている。東側ではやはり市舶司の存在が大きい。第三章[18]でも示したように、市舶司は主に蕃漢海商がもたらす舶来物貨の貿易管理をおこなう機関である。蕃漢海船は市舶司東門の来安門外にて舫い、徴税（「抽解」）・官による先買い（「博買」）を受けた。そこでは乳香・麝香や象牙・犀角・珊瑚・玳瑁・蘇木・綿布などの南海物産、砂金・鹿茸・水銀・硫黄・羅板など日本の物産、人参・松子・甘草・遠志・漆などの朝鮮物産など多くの舶来商品がもたらされた（『寶慶四明志』巻六、叙賦下・市舶）。上陸を許可された蕃漢海商などは来安門か、あるいは霊橋門より入城したと思われるが、そうした人々の腹を満たすためか、霊橋門と新排橋間（清末には薬行街と称される）には「施崇食店（旧宋端仁食店）」が存在した。

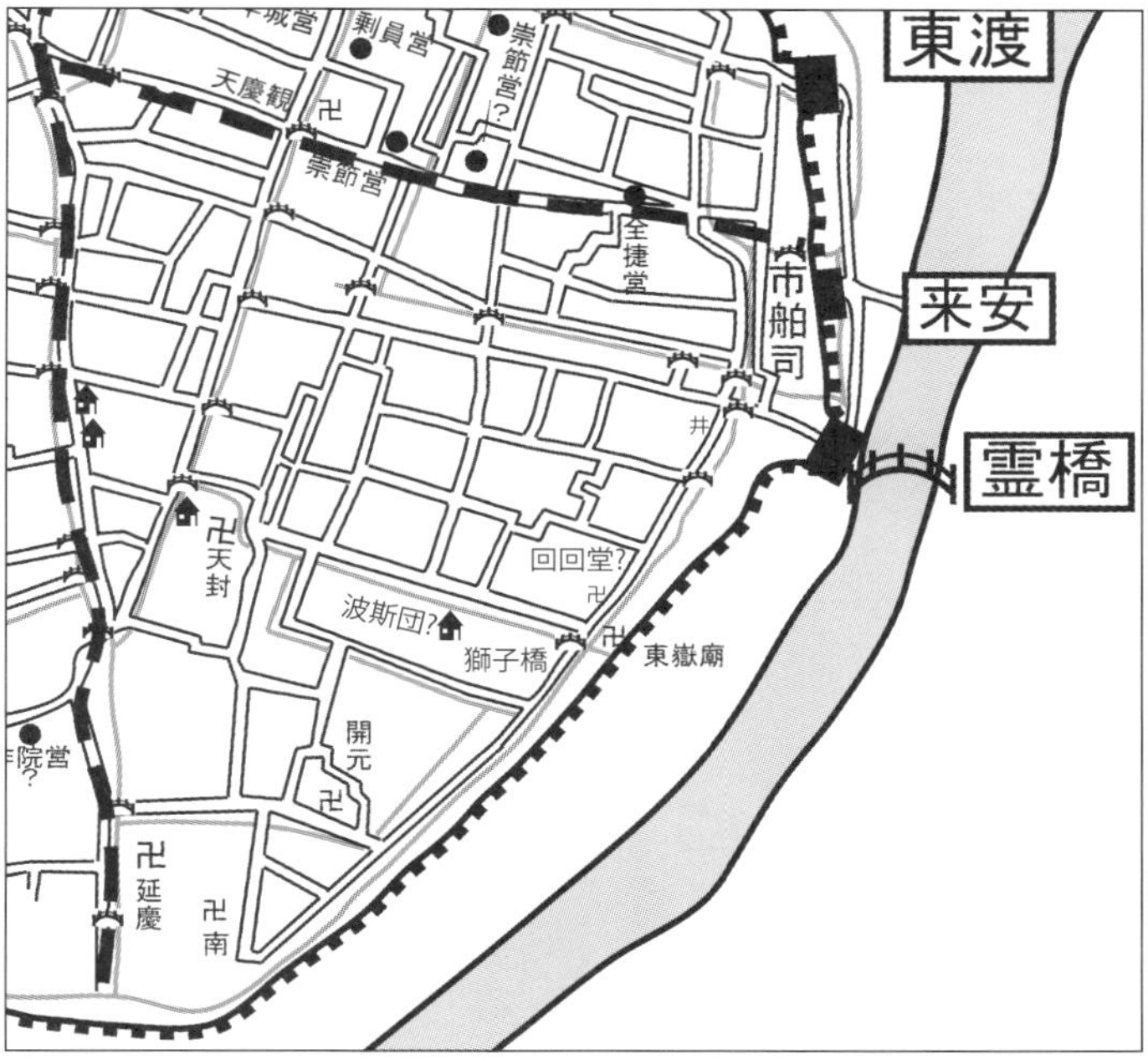

東南廂図

また霊橋門より南に下ると獅子橋（注145）があるが、その北にはイスラーム寺院である回回堂があったとされる（『至正四明續志』巻十、釈道。『民國鄞縣通志』政教志、回教）。そして当該史料に見られる「波斯團」（注126）は、前後の文脈から獅子橋付近（その西か?）に立地したと考えられる。よって獅子橋付近は、イスラーム系の寺院やおそらく南海物産を扱うイスラーム系商人の同業組織がまとまって立地する場所であり、いわばイスラーム系の人々の居留地区であったと見なせる。そしてそうした場所はおよそ第三等地と決して高くない。

以上のように、東南廂の東側は、海外を往来する海船が舳先を揃えて停泊し、蕃漢海商が行き交って舶来商品をあつかい、またイスラーム系商人などの居留地区なども立地するなど、異国情緒溢れる地域であった。さきの東北廂は、いわば日常商品を扱う商業区域であったのに対して、

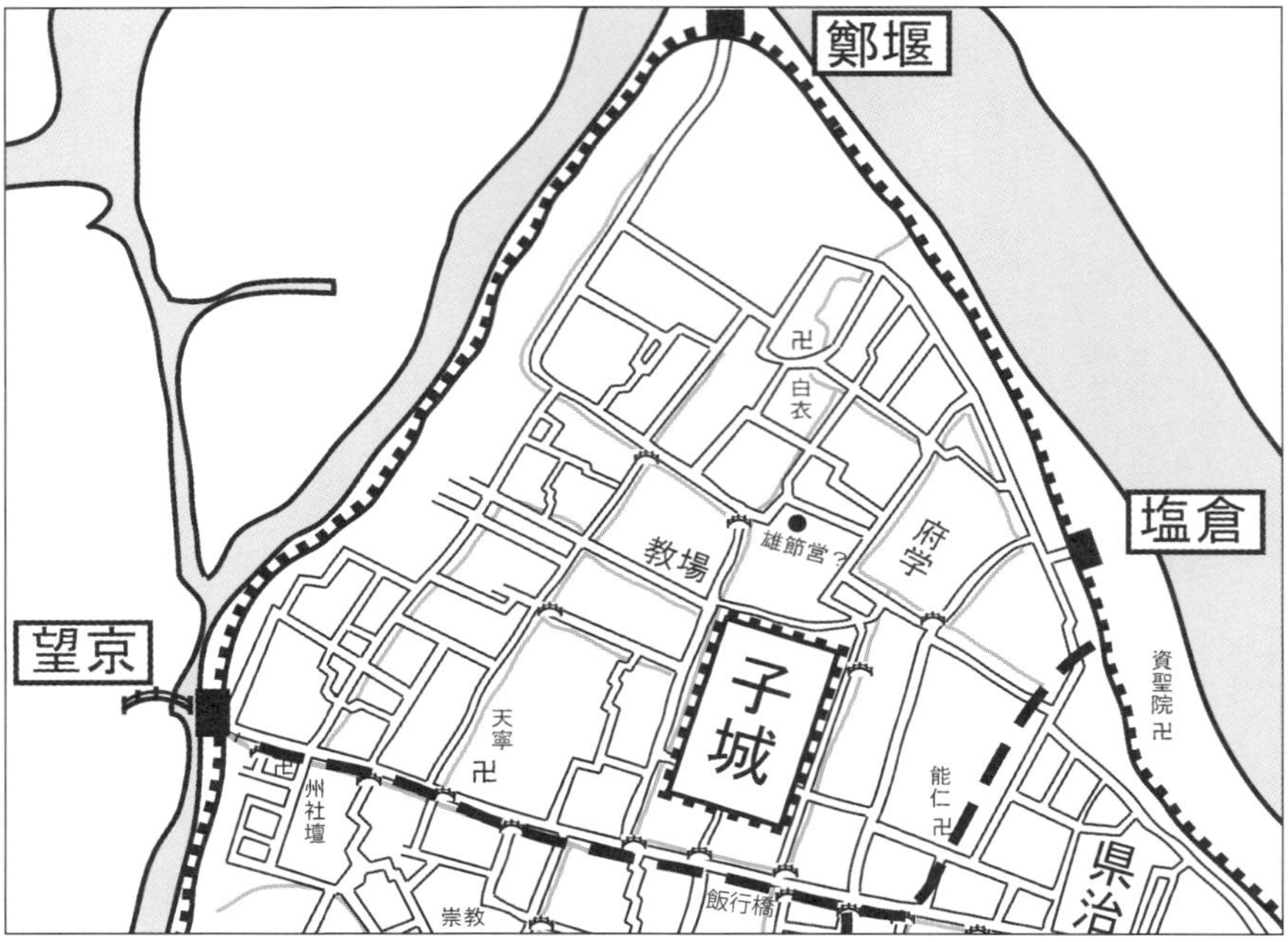

西北廂図

東南廂の東側は海外商品を扱う貿易区域であり、両者が住み分けされていることに注意したい。

一方で、東南廂の西側は奉化橋を起点として、V字に道が二手に延びる区域を中心に、賃屋や寺院が多く見られる。新橋の南には王居隠賃屋・楊従政賃屋、また（天封）塔下には黄卿賃屋が確認される。また西寿昌寺（注90）・祥符寺（注91）・景福寺（注92）・太平興国寺・天封院などがひしめきあっている。おそらく都市民が多く居住した地域であったろう。また南には中国天台宗の中興と称された四明知礼（四明尊者とも）が住持した延慶寺（注151）や、南寺（注94）・開元寺（注148）もある。

以上のように、東南廂は東側が異国情緒溢れる地域、西側は賃屋や寺院が集う都市民の生活区域という特徴を持っている。

・西北廂

西北廂の中心をなすのは州治（慶元府治）の置かれた子城である。市廊延長上の子城前には、東北廂でも触れたように、「花行」・「飯行」が確認され、またその近辺に盛り場・娯楽施設である「新瓦市」（注33）もあった。

しかしながら、にぎわいを見せるのはこの辺りぐらいで、その他は礼教関係施設や軍事施設が多く目立つ。子城の西北には、軍事訓練場である「教場」（注135）が立地し、その近辺には「雄節營」（注134）・「威勝營」

表２　邸宅表（『康熙鄞縣志』巻二十四、雑紀二、邸宅をもとに作表）

№.	邸宅名	人　名	官位・身分	廂	場　所
①	趙学士宅	趙善湘（寧宗朝）	観文殿学士・贈少師	東南・西南廂交界	握蘭坊左
②	楼太師府	楼鑰（寧宗朝）	贈太師・楚国公	西南廂	昼錦坊
③	王尚書府	王応麟（理・度宗朝）	礼部尚書	東南廂	城隍廟南
④	皇親宮	英宗高皇后一族（南渡後）		東南・西南廂交界	清潤坊左
⑤	史太師府	史浩（孝宗朝）	忠定越王	西南廂	月湖東
⑥	史少師府	史彌大（寧・理宗朝）	少師	西南廂	月湖東
⑦	史忠宣第	史彌堅（寧・理宗朝）	（史彌遠の弟）	西南廂	月湖北
⑧	史丞相府	史彌遠（寧・理宗朝）	丞相	西南廂	月湖西
⑨	趙資政第	趙彦逾（孝宗朝）	資政殿学士	西南廂	月湖西錦里橋北
⑩	汪荘靖宅	汪大猷（孝－寧宗朝）	敷文閣学士	西南廂	月湖上
⑪	王参政府	王次翁（高宗朝）	参知政事	西南廂	西社壇橋（注130）
⑫	鄭丞相府	鄭清之（寧・理宗朝）	丞相	東北廂	県治東
⑬	傅状元第	傅行簡（嘉泰二年）	状元	西北廂	鑑橋（注47）
⑭	袁状元第	袁甫（嘉定七年）	兵部尚書	西北廂	鑑橋下西
⑮	楊孝子宅	楊慶	孝子	西北廂	孝聞坊（注83）

（注138）・「壯城營」（注86）の三つの軍営がある。また火災の後を受けてと思われるが、嘉定十三年（一二二〇）には威果五十五指揮営もその近くに移設された。これらの施設が立地する場所は、おおむね第三等地下則であり、ランクが低い。軍営の問題は次節で見る。

子城の裏には、年齢による秩序化・共同意識形成のための郷飲酒礼[19]が士大夫たちによって盛んに行われた「州學」（注107）が位置する。また乾道五年（一一六九）には科挙試験会場である「貢院」が州学の西に建設された。それまでは、科挙受験者も少なく、行衙や妙音院、譙楼・開元寺などで試験が行われていたが、受験者の増加にともない[20]、貢院は妙音院跡地に建設された。こちらも等則は第三等地と高くない。

また城北門の一つである塩倉門（注115・132）は、注釈にも示したように、塩の納入時に開門され、塩は塩倉（七棟）へと運ばれた。

西北廂はこれまで見た東北廂・東南廂とは異なり、商業施設等はほとんど見られず、子城の政治的施設や軍営・教場の軍事施設、そして州学・貢院などの礼教施設が集中して見られ、かつ紹興経界法時の等則も低く、第二等地から第三等地が多いのが特徴である。

・**西南廂**

西南廂では、紹興経界法時の等則では第二等地・第三等地が多くを占めるが、一方で時の丞相や有力政治家たちの邸宅が多く見られる。**表２邸宅表**に南宋代の

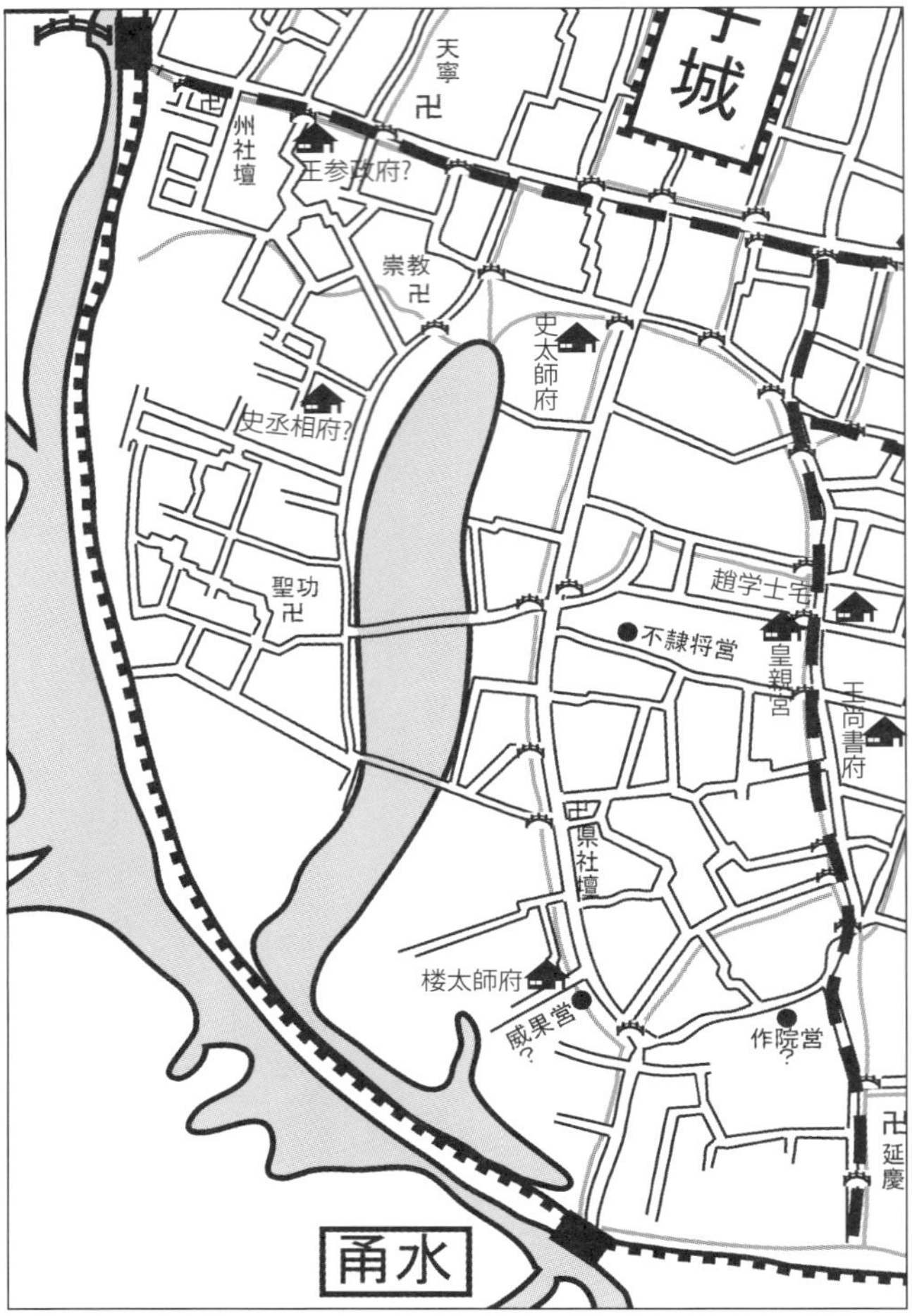

西南廂図

邸宅について示しておく。

時代は前後するものの、一見して明らかなように、南宋の丞相や高官、また皇親などが月湖を中心として邸宅を構えていたことがわかる。とりわけ史浩をはじめとする史一族の邸宅が目立っているが、加えて史彌遠は望京門内すぐそばに土地を購入して、史氏宗族の維持のために「義田荘」を設置している（『寶慶四明志』巻十一、郷人義田）。

また北宋神宗期の蔣浚明の園地も西南廂の南部に位置する（注60）。これらのことから、西南廂の月湖近辺は、さほど軒がひしめくような状況ではなく、市街地開発も十分に進んでおらず、比較的閑散とした風景であり（よって等則も下位にあるのであろう）、有力政治家などが次第に邸宅を構えてゆく地域であったと言える。

しかしながら軍営の設置も見られる。倉橋近くに威果三十指揮営（注28）、その東には軍器製造を担う作院営（嘉定十三年に威果三十指揮営隣に移設）があった。また君奢橋東には将兵制による将に所属しない威果五十五指揮営（注80。嘉定十三年、西北廂忠順官寨に移設）と全捷営（注95。のち小江橋側に移設）が立地したが、そのそばには「舊瓦市」（注18）が置かれていた。やはり軍営については次節で見よう。

以上のように、東北廂は都市民の生活を支える商業区域であり、明州城内における都心と見なせる。商人などが多く行き交い日常商品を取り扱い、にぎわいを見せる市街地であった。東南廂の西側もやはり貸家・寺院などが多く見られ、都市民の生活区域であった。

その東側は海外物産の集う区域であり、また外国人などもまとまって居住していた。一方で西北廂は政治的区域や礼教・軍事施設が固まって見られ、また等則もさほど高くなかった。そして西南廂の月湖周辺は、東北・東南廂の市街地に比べ、都市的開発はさほど進んでおらず、邸宅が多く立ち並んでいく風景区域であった。

全体的にみると、明州城の商業経済的比重は東半分（武康郷）に集中している。これは明州城が奉化江・余姚江・甬江の交わる三江口に立地しているためであろう。そして商業流通の要所上の等則が高く設定されていた。一方で、商業流通から外れる街路での等則は、そもそも貸家業などによる商業利潤が薄いため低く設定されていた。そうした土地に対して、有力政治家などが繁華街から距離を取って湖畔に邸宅を構えていた。二度にわたる大火を経験しても、各施設の設置状況から、等則にさほど大きな変更があったとは思われない。

（d）救済施設と都市空間

宋代都市の特徴の一つとして、都市下層民や老病・孤児などを収容する救済施設の設置を挙げることができる。ここでは、明州城における救済施設の立地と都市空間との関係を見ておきたい。

・居養院―養済院―広恵院、安済坊

孤老や孤児など、寄る辺なき弱者に対しては、まず居養院が設置された。居養院の全国的設置は、元符元年（一〇九八）の詔勅にもとづくが、収容施設を正式に居養院と呼ぶようになるのは崇寧五年（一一〇六）である。[21] 明州城でもその期間内に居養院が設置されたが、間もなく廃止され、その地に不隷将の威果五十五指揮営・全捷営が置かれた（注80。次節参照）。威果五十五指揮営の設置は嘉祐五年（一〇三八）に係るから、おそらく威果五十五指揮営の設置当時は、また別の場所にあったと思われる。そして全捷営の設置が大観元年（一一〇七）であるから、おそらく居養院は設置されて早々に廃止された、もしくは機能不全であったと思われる。

しかしながら、代わりに設けられたのが養済院であり、場所は望京門内のそばであった（『寶慶四明志』巻三、養済院）。宝慶三年（一

一二一七）に、明州の長官であった沿海制置使胡榘が重建した際には、人ごとに米一升・銭十二文省（およそ一日分）を支給した。利用者が日々絶えなかったとされるが、その施設はせまく二・三間の矮屋で、冬季三カ月間のみの支給であった。またやがて養済院も放棄されたようで、呉潜が再建を目指したときには施設は馬小屋となっていた（『開慶四明續志』巻四、広恵院）。

宝祐五年（一二五七）正月に呉潜は、養済院の代わりに広恵院を建設した。場所は、省務庫跡地（注15）である。前年の四年（一二五六）十月に省務（あるいは都酒務・三酒務）を犒賞庫へと併入させ（『開慶四明續志』巻四、興復省併酒庫）、その跡地を利用して院屋百五間を増改築した。明州城内外の六廂（甬東・府西廂を含む）の孤老・孤児、ろうあ者、足の不自由な人を収容し、定員は三〇〇人とした。月ごとに十五歳以上には米六斗・銭十貫、五歳以上には米四斗・銭七貫を支給し、年中利用できるようにした。また芸業ある者や犯罪者、一時利用者の利用は許されなかった（『開慶四明續志』巻四、広恵院、規式）。

よって、老弱者を収容する救済施設は、居養院が北宋期に設置されるもすぐに廃止され、かわって養済院が明州城西門近くに置かれた。その期間はおおむね二〇〇年にわたるが、継続して運営されていたかは不明である。その後、胡榘の再建を経ても、また三十年後には廃れて馬小屋となっており、呉潜が子城西南近くに再々建していた。老弱者収容施設は、繁華な東北廂と対照的な西門に長らく設置され、置廃を繰り返した。呉潜にいたって、より都市内部へと設置されるようになったのである。

安済坊は、徽宗の崇寧二年（一一〇三）に全国に設置の命令が下され、明州城では大観元年（一一〇七）閏十月に創建された。医者にかかれない貧しい病人を収容する施設だが、やはり西門内に設置された（『寶慶四明志』巻三、安済坊）。

以上により、宋代明州城では、都市の下層民である身寄りのない老人や孤児、障がい者、病人などの収容施設は長く望京門近く（おそらく等則は低い場所）に置かれていた。その位置は市廊など繁華街の位置と対照的であり、治安・衛生維持のためであったと考えられる。そして呉潜にいたって、子城という明州城の政治空間近くに広恵院は設置された。

・和剤薬局—恵民薬局

宋代明州城では、長く和剤薬局が置かれていなかった。宝慶三年（一二二七）に胡榘が創建するまで、都市の病人は薬を民間の市で購入していたが、偽物が多く出回っていた。そこで胡榘は子城内郡圃の射垜の西に薬局を築いた（子城の西北角に当たる）。ただしこれは薬井・竈庖を供える製薬・調剤所であり、販売を行う子局の存在は確かめられない。

呉潜は宝祐五年（一二五七）十一月の御批を受けて、薬局を子城内犒賞庫の海晏楼へと移し、恵民薬局として増築した。そのおり確認できる城内の子局は、

・府前班春亭（また頒春亭）都局―（西北廂の南）子城奉国門外の東
・上馬亭鋪―（東北廂）天慶観近く
・南門裏大廟前鋪―（西南廂の南）甬水門入ってすぐ
・及瓜亭鋪―子城西南百六十歩（西北・西南廂交界付近）
・霊橋門鋪―（東南廂）霊橋門ちかく

（以上『開慶四明續志』巻二、恵民薬局）

とあり、子城近辺に二カ所と、都心の天慶観、交通の要所である霊橋門・甬水門と各廂にわたって置かれた。都局では毎日八〇〇〜一〇〇〇貫の費用が当てられて薬の販売がなされ、また子局も含めて毎年春夏に都市民に対して薬を給付したようである。南宋末には恵民局の性格が薬の販売から給付へと変化したとされるが[22]、呉潜の施策になる恵民薬局はその過渡性を具有していた。城内子局の立地場所は子城前・繁華街・交通の要路上であった。官による薬の給付という慈善事業は南宋末にようやく見られるものであった。

明州城の都市空間の諸特徴をこのように認識しておいた上で、最後に軍営の設置と都市空間の関係を見ておきたい。

第三節　軍営と都市空間

(a)　軍営の立地

宋代都市における特徴の一つは、城内に軍営が置かれていることである。兵制が府兵制から召募制へと変わり、節度使配下の軍隊が都市に常駐するようになる。(23)五代期の呉越国などでは城内に軍営を設置することが見え、(24)宋代になり禁軍・廂軍のための軍営設置が行われた。

まず明州城の禁軍・廂軍を確認しておこう。

明州城では、禁軍が五、廂軍が九設けられている。宝慶年間の総兵士数は二六七八人で、同時期の統計である坊郭口が九二八三人である。(25)兵士一人に対して坊郭口約三・五人という比率である。

先ほども見たように、軍営は西北廂にまとまって立地している。禁軍である雄節指揮営と威勝指揮営は軍事訓練（「教閲」）を行う義務を持つ実働部隊であったから、訓練場である教場近くに置かれていたと思われる。廂軍である壮城指揮営は、熙寧五年（一〇七二）に不教閲廂軍から選抜されて設置され、もっぱら城壁の修理を担当した。また嘉定十三年（一二二〇）には禁軍の威果五十五指揮営も移設された。これらの兵士数を合わせると、宝慶年間の数字で合計一一一九人となり、禁軍・廂軍総合計人数の割合では約四二％を占める兵士が西北廂の教場近くの軍営内で生活していたことになる。また定額一六二〇人に占める宝慶年間の兵士数は、七〇％近い充足率であり、他の軍営の充足率を大きく上回り、定額の維持が目指されていたと考えられる。(26)こうしたことから、西北廂は宝慶年間では実働部隊である兵士の多く居住する区域であったという特徴を加味できるだろう。(27)

一方で、西南廂で見られた禁軍について、威果三十指揮営は南門である甬水門を入ったところに位置する。もとは盗賊逮捕など警察業務を担当したから、南門の警備を担うために同地に設置されたと考えられる。

表３　禁軍・廂軍表

		額	宝慶年間	備　考
禁軍	威果三十指揮	510	377	嘉祐五年、荊南からの就糧禁軍／営は西南廂、順城坊の北（注28）
	威果五十五指揮	400	211	もと荊州からの就糧禁軍／不隷将／営はもと居養坊／嘉定十三年忠順官寨に移建／跡地に新県学が建つ（注80）
	雄節指揮	510	487	熙寧元年、廂軍より強壮を選んで教閲崇節指揮とす／熙寧六年、雄節指揮に改名／元豊三年閏九月、禁軍に昇格／営は教場の東北（注134）
	威勝指揮	510	228	大観元年十一月、新設／西北廂の石板巷
	全捷指揮	400	187	同上／不隷将／営はもと居養坊、今は小江橋側（注95）
小計		2330	1490	
廂軍	崇節二十八指揮	441	281	営は天慶観の前（注111）
	崇節二十九指揮	380	155	営は東寿昌寺の前
	崇節三十指揮	380	126	営は東寿昌寺の北
	壮城指揮	200	193	もっぱら城壁の修理／営は影泉坊巷口の北
	都作院指揮	480	46	軍器の製造／営は子城の南二里／嘉定十三年、火事により威果三十指揮営の隣に移設
	船場指揮	400	179	営は城外甬東廂
	清務指揮			営は鄞江門内。のち禁軍に編入・死亡等で塡補せず
	剰員指揮	無額	156	熙寧十年に禁軍・廂軍の十分の一を剰員指揮とす／兵士の疾病・老衰者などを収容／営は天慶観（注23）の後ろ
	寧節指揮	無額	52	もと牢城指揮、罪人を配隷／紹興十一年、諸軍のうち老病・傷害の者を労城指揮に／乾道九年閏正月、崇節に改名／営は東北廂
小計		2281 + α	1299 [1188]	
総計		4611	2678	坊郭戸5321、口9283（宝慶年間）

そしてもと居養坊に位置した二つの不隷将禁軍営を見ておこう。一つは全捷指揮営であり、もう一つは先にも出た威果五十五指揮営である。「不隷将」（または「不係将」）とは、先にも述べたとおり将兵法施行後に、将（東南第四将）に所属しない禁軍を言ったが、やがてその役割・地位は低下し「無用の兵」とされ、廂軍と大差ないものと化したとされる(28)。これらの軍営は救済施設である居養院跡地に設置された（『寶慶四明志』巻三、養済院）。間もなくして、全捷営は東北廂小江橋付近に移設されたようで、紹興経界法時の当該史料上では同地に記載されている（注96）。宝慶年間の兵士数は一八七人と定額の半分を下回っており、役割・地位の低下を物語っているのかもしれない。しかしながら、威果三十指揮営のように、東門である東渡門警備のための移設であったかもしれず、いまのところ判断できない。

居養坊に残った威果五十五指揮営は、当該

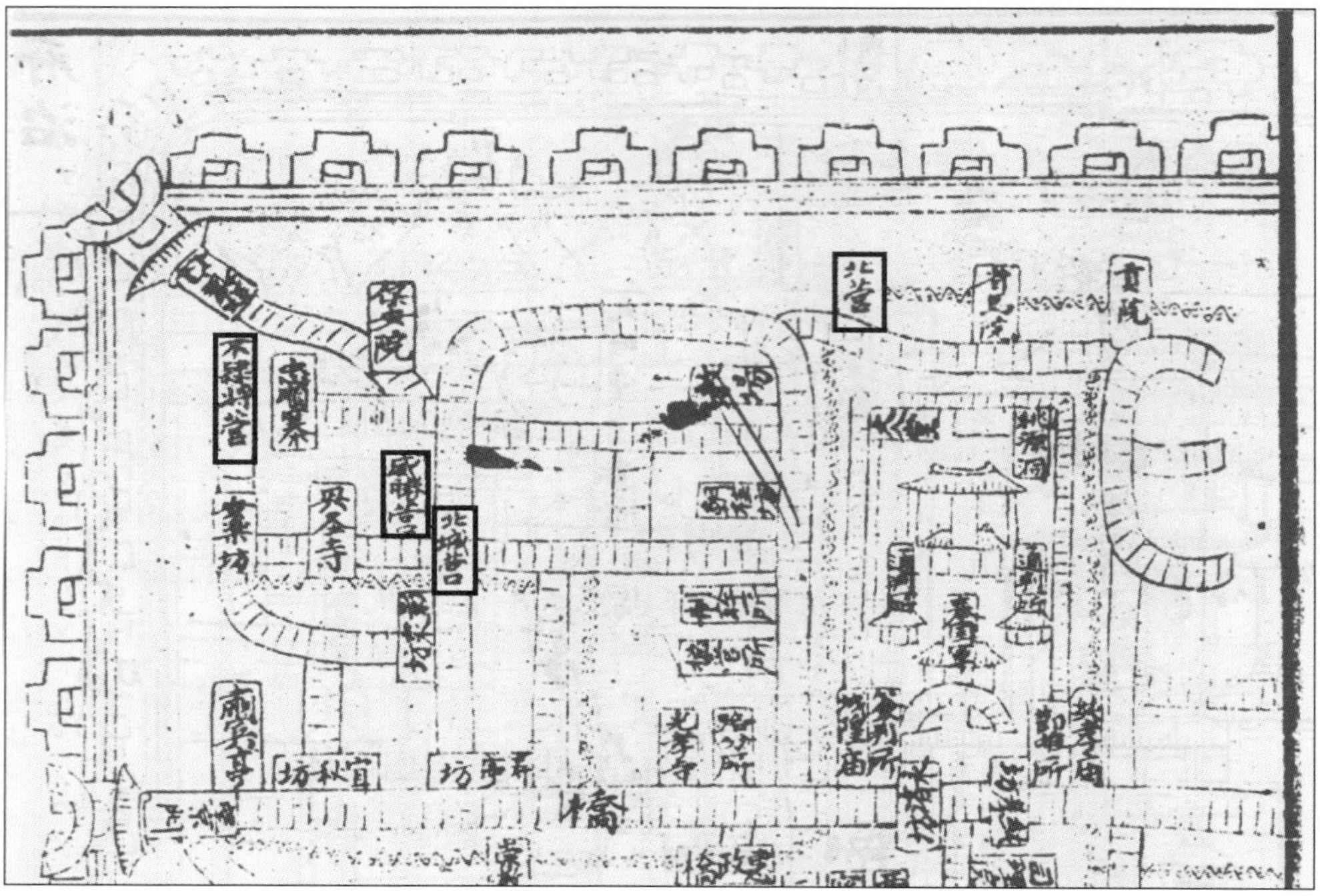

羅城図・西北部分

史料に「不隷將營」と表され（注80）、君奢橋東に位置したが、その君奢橋付近には「舊瓦市」（注18）が立地したと思われる。盛り場である瓦市がまず兵士のために設置され、軍が管理する慰労施設であったと(29)いうから、「舊瓦市」が威果五十五指揮営近くで営業していたのも、そうした理由からであろう。ただし、軍隊の慰労のためであれば、なぜ西北廂に置かれなかったのか、疑問が出てくる。おそらく、「舊瓦市」は、いちおう実働部隊として西北廂の軍営に居住する兵士よりも、兵士としては「無用」となった禁軍営の兵士のための慰安施設であったのではなかろうか。「新瓦市」（注33）にいたっては、子城前に位置し、軍営との関係性は薄くなっている。臨安ではやがて上流階級の子弟が瓦市に出入りして放蕩し、身を持ち崩すようになった(30)というから、「新瓦市」も兵士を対象とするよりは、そうした傾向を持っていたのではなかろうか。

　東北廂における軍営の配置について見ていこう。その数は六営にのぼり、宝慶年間の数字で総数九五七人である。そして全捷営を除き、ほか五営すべてが廂軍営である。これは、九つある廂軍の中で、城壁を修築する壮城指揮、酒を製造する清務指揮、造船する船場指揮、武器を造る都作院指揮などの修築・製造担当以外の廂軍がすべて東北廂に位置していることになる。地方官衙の役使に従事した崇節二十八営・二十九営・三十営は、いずれも天慶観・東寿昌寺近辺に位置する。

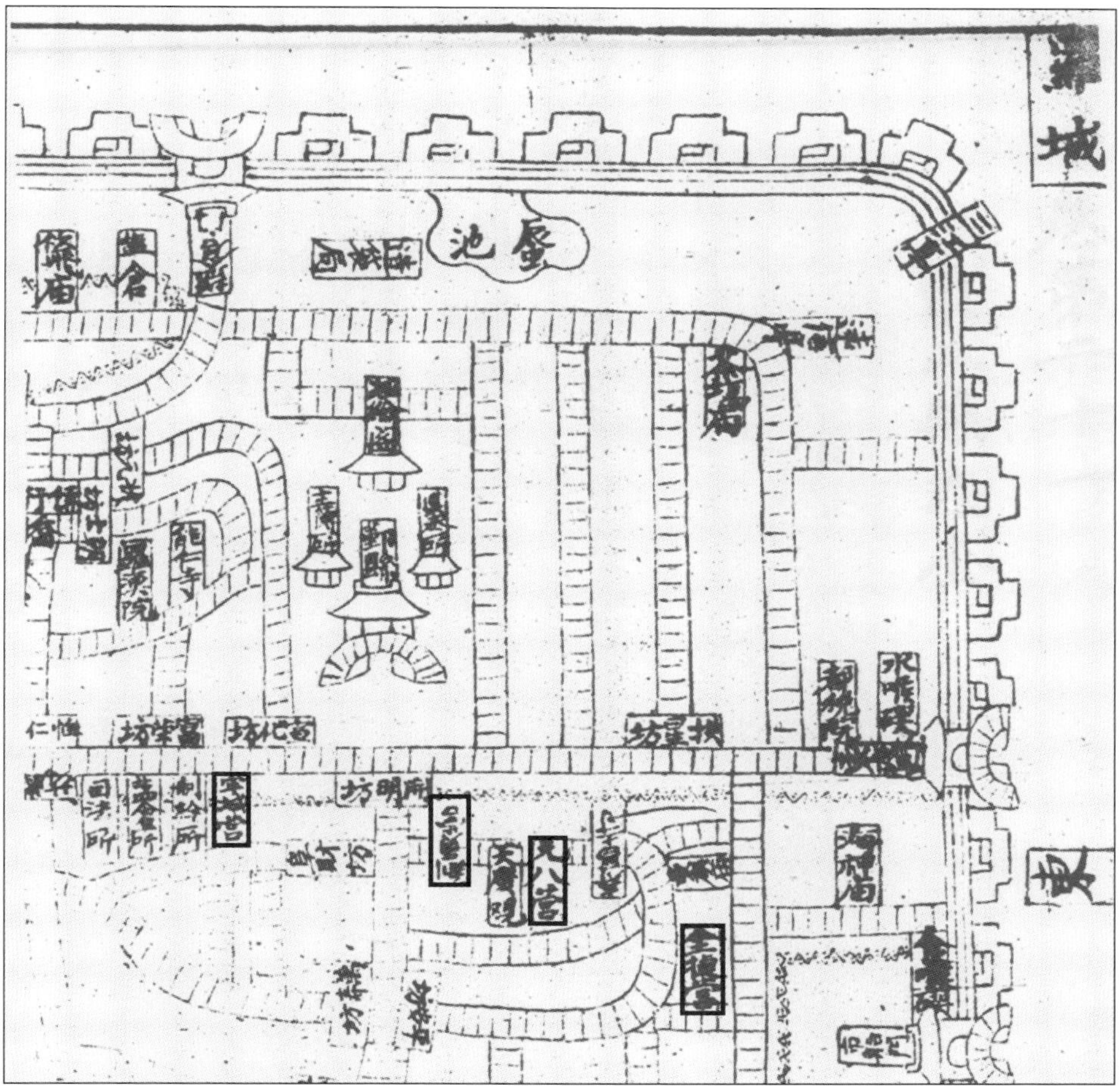

羅城図・東北部分

また疾病・老衰した兵士を収容し、単純労働に従事させた剰員営[31]も天慶観の後ろにあり、やはり老病・傷害兵士を受け入れる牢城営[32]（のち寧節営と改称）も小梁街北にあった。よってそのいずれもが市廊と、大梁街―鹹塘街の間に存在していたのである（全捷営もしかり）。

繰り返すまでもなく、市廊近辺は明州城の都心・商業区域であり、実務系以外の廂軍営が同地に集中して見られるのは、明らかにその設置に明確な計画性が見られる。それは、軍籍に付けられてはいるものの、すでに軍隊としてではなく、地方官衙の役使や雑務を担った兵士・老病兵士たちに対する生活上の優遇である。これは実働部隊として期待された禁軍営が、繁華街から離されて西北廂に立地させられていたことと対照的である。後者はおそらく、にぎやかな繁華街においてはむしろ治安維持の不安分子として認識され、距離が設けられていたのであろう。都城開封の禁軍は、上元観灯会の夜であっても軍営からの外出は禁止されていた[33]。以上から、明州城では禁軍よりも廂軍に対して生活上の優遇措置を取っていたのである。また「無用」の不隷将威果五十五指揮営に対しては、旧瓦市が近辺に置かれるなどの措置がなされた。

一般に南宋の禁軍・廂軍は、軍隊としての役割・地位をともに低下させ、その区別は漸次なくなり、役使に従事することが多くなったとされるが(34)、明州城の都市空間より見れば、両者は截然と区別され布置されていた。主に禁軍は等則の低い教場（軍事訓練場）近くに置かれ、廂軍は等則の高い市廊（商業地域）に設置されていた。禁軍にはまだ城門警備や治安維持が期待されていたのではなかろうか。ただしその軍事力・暴力のために、市街地から距離を取った場所に設置されていたと考えられる。いっぽう、廂軍については普通の都市民と同様に生活できるよう、優遇を与える措置であったと思われる。

また廂軍営と対比すると、養済院・安済坊などの救済施設が望京門付近に置かれていたこととも対照的である。優遇すべきは老弱・病人など都市下層民ではなく、廂軍営の人たちであった。呉潜にいたり、広恵院が子城近くに置かれ、都市下層民の待遇改善が図られていた。明州城においては、宋代都市でよく説かれる官の社会救済政策や慈善事業の展開は、南宋末呉潜の施策にいたりようやく本格化するのであり、それまでは城内の西端に〝隔離〟された。おおむね宋代都市で優遇すべきは都市下層民でも禁軍兵士でもなく、廂軍兵士であった。

都城である開封と臨安と比較してみてみると、明州城西北廂の禁軍営と東北廂の商業区域との関係性は、王安石改革以前の開封城と同じい。開封城の内城東北部は商業地として繁栄し、物資流通の拠点であったが、西北部は軍営が多く編戸数が少なかったとされている(35)。また開封や臨安では城内だけでなく、城外にも禁軍営が配置され、禁軍兵士やその家族を相手に商売をする商人も多く、活発な消費活動が行われ、またその傍らには瓦市が隣接されることも多かった(36)。明州城では、旧瓦市が不隷将威果五十五指揮営の近隣に設置されてはいたが、当然ではあるが城外に軍営は設けられず、宝祐年間になり純粋な都市人口の増加により二廂が増設された。また新瓦市は軍営との近接性を持たなかった。

地方都市である明州城において、生活面での利便性が図られ、優遇措置が取られていたのは廂軍兵士であった。廂軍営の立地場所は繁華街の比較的等則の高い区域であった。それは都城と異なる、地方都市における廂軍の処遇問題であった。

おわりに

以上、宋代の地方都市である明州城について、とりわけ南宋の紹興経界法時の等則を復原し、なるべくそれ以降の変遷を踏まえたうえで、様々な諸施設の立地や都市空間での配置を雑駁に縷々述べてきた。本章は、地方志を中心的に利用してきたが、都城である開封や臨安とは異なり扱える史料が少なく、とりわけ『東京夢華録』や『夢粱録』といった繁昌記の記録がないために、都市民の具体的な生活といった、より踏み込んだ考察ができないのが現状である。また本章では天后宮や海神廟をはじめとする祠廟や、寺院に触れることはできなかった。

ただし周密『癸辛雜識續集』下、倭人居拠によると、

番船四明に至るや、娼婦と合し、凡そ終夕に始めて能く事を竟る。其の暢悦に至れば、則ち大呼すること猨猱の如し、或いは其の然りを悪めば、則ち木槌を以て其の脛を扣き乃ち止む。(37)

とあり、倭人の奇談を記してあるが、ここに見える娼婦は娼館・妓楼の女性と考えられ、そうした娼館・妓楼が明州城に存在したことがわかる。その立地場所は不明であり、また娼館・妓楼が倭人などの外国人だけを相手としたものか、あるいは市井のものを外国人が利用していたのか定かではない。とはいえ、こうした小説史料などを丹念に拾ってゆく必要がある。しかしながら、それでも限界はあろうから、もはや地方都市明州城だけでなく、広く他の地方都市の事例を検討してゆく必要も出てこよう。

また、ここで明らかとなった宋代明州城が、元代にはどのように都市空間を変貌させてゆくのかも明らかにしなければならない。たとえば、イスラーム系寺院である礼拝寺(もと回回堂)は、元代では至元年間(一二六四―一二九三)に東北隅の柴家橋(万寿寺後ろ)西に移設された。この地は慶紹海運千戸所の西に位置する。また市舶提挙司も至元十五年(一二七八)に東北隅の姚家巷に設立された(『至正四明續志』巻三、公宇)。これは、イスラーム系商人が活動の場所を明州城の商業中心区域へと移したと考えられ、明州城におけ

る地域商業と国際貿易の境目がなくなったことを示しているのではなかろうか。また海運千戸所の近くに寺院が移設されたことも興味深い。後攷の課題である。

注

(1) 斯波義信「宋代の都市化を考える」(『東方学』一〇二、二〇〇一年七月)、同『中国都市史』(東京大学出版会、二〇〇二年)。
(2) 宋代都市の景観として伝・張択端『清明上河図』を分析した研究に、伊原弘編『「清明上河図」を読む』(勉誠出版、二〇〇三年)などがある。
(3) 斯波義信「宋都杭州の商業核」(『宋代江南経済史の研究』汲古書院、一九八八年)、梅原郁「宋代の開封と都市制度」(『鷹陵史学』三・四、一九七七年七月)、同「南宋の臨安」(『中国近世の都市と文化』京都大学人文科学研究所、一九八四年)、久保田和男『宋代開封の研究』(汲古書院、二〇〇七年)、高橋弘臣「南宋臨安の住宅をめぐって」(『愛媛大学法文学部論集』人文科学編一九、二〇〇五年)、同「南宋臨安の下層民と都市行政」(『愛媛大学法文学部論集』人文科学編二一、二〇〇六年)、同「南宋臨安郊外における人口の増加と都市領域の拡大」(『愛媛大学法文学部論集』人文科学編二三、二〇〇七年)、同「南宋臨安の三衙」(『愛媛大学法文学部論集』人文科学編二六、二〇〇九年)、同「南宋臨安における禁軍の駐屯とその影響」(『愛媛大学法文学部論集』人文科学編二七、二〇〇九年)等。
(4) 伊原弘「唐宋時代の浙西における都市の変遷――宋平江図解読作業――」(『中央大学文学部紀要』史学科二四、一九七九年)、「宋代浙西における都市と士大夫――宋平江図坊名考――」(『中嶋敏先生古稀記念論集』下、一九八一年)、礪波護「唐宋時代における蘇州」(『中国近世の都市と文化』京都大学人文科学研究所、一九八四年)。
(5) ピーター・ボル「唐宋変遷の再考――アメリカにおける宋史研究の最近の傾向について――」(『史滴』一七、一九九五年十二月)。
(6) 斯波義信「寧波の景況」附「図8　清末の寧波市」(『宋代江南経済史の研究』汲古書院、一九八八年)。
(7) 梅原郁「宋代都市の税賦」(『東洋史研究』二八―四、一九七〇年三月)。
(8) 『寧波市地名志』については本田治氏(元立命館大学文学部教授)にコピーをいただいた。ここに記して謝意を表す。
(9) ただしよく利用される宋元地方志叢書・宋元方志叢刊本には図を載せず、中国方志叢書本(華中地方五七五号『浙江省四明志』)には載せてある。

(10) 前掲梅原氏「宋代都市の税賦」。

(11) 曾我部静雄「南宋の経界法」（『宋代政経史の研究』吉川弘文館、一九七四年）、寺地遵「秦檜専制体制と国家的一般政策――経界法の場合――」（『南宋初期政治史研究』渓水社、一九八八年）。

(12) 『宋會要輯稿』食貨七〇―一二九「一、今來措置、所有逐州縣鎮坊郭官司地段、亦合一體施行」。

(13) 前掲梅原氏「宋代都市の税賦」。

(14) なお現行の『寶慶四明志』には宝慶年間以後の記事（咸淳末年［一二七二］頃）も含まれており、後人の増補がほどこされている。

(15) 『開慶四明續志』巻七、楼店務地「遂□監樓店務吏、取索自來納錢底籍及所管等則、並無稽攷」。

(16) 第七章「宋代都市の税と役」。

(17) ただし、先の呉潜が楼店務地を調べさせたおり、楼店務の官吏が持つ帳簿では追跡できなかったので、「不得已行下諸廂抄具」（『開慶四明續志』巻七、楼店務地）と、諸廂に命令を下して楼店務地を書き出させている。廂にも吏が設置され、楼店務地を記した帳簿を管理していたことをうかがわせる。呉潜による楼店務地調査も廂ごとに整理されていた。第七章「宋代都市の税と役」を参照。

(18) 第三章「貿易と都市――宋代市舶司と明州」。

(19) 山口智哉「宋代郷飲酒礼考――儀礼空間としてみた人的結合の〈場〉――」（『史学研究』二四一、二〇〇三年七月）。

(20) 南宋期における明州の全進士合格者数は全国第三位であり（岡元司「南宋期における科挙――試官の分析を中心に――」『宋代沿海地域社会史研究』汲古書院、二〇一二年）、淳熙末年（一一八七）ごろより進士合格者は急増する（同著一九八頁《図4》）。

(21) 福沢与九郎「宋代に於ける窮民収養事業の素描」（『福岡学芸大学紀要』六―一、一九五六年）、梅原郁「宋代の救済制度――都市の社会史によせて――」（中村賢二郎編『都市の社会史』ミネルヴァ書房、一九八三年）。

(22) 宋代における恵民薬局については木村明史「宋代における恵民局について」（『立正史学』一〇〇、二〇〇六年九月）を参照。

(23) この問題に関しては第八章「唐五代都市における毬場（鞠場）の社会的機能」。

(24) 呉越国の首都杭州における軍営の設置については、山崎覚士「港湾都市、杭州」（『中国五代国家論』思文閣出版、二〇一〇年）で少し触れた。

(25) ただし注意が必要なのは、坊郭戸なる存在は、すべての都市住民を包括したものではなかったことである。坊郭戸とは、坊郭内に住む戸が丁産等第簿上に登録されて十等に区分された戸を言い、それは原則的に職役負担のためであった。よって、職役負担を課す坊郭戸に客戸を加えるか、あるいは老弱・貧乏人を加えるかは、都市ごとに異なるという性格を持つ。比較的人口の多い大都市では下層民を含まない場合が多く、逆に小都市では下層民を含む傾向にある。そして、明州城の坊郭戸口数は老弱・貧下層民を含まないと見られる。さらに戸籍を異にする兵士（軍籍に付けられる）は当然、坊郭戸口数には含まれない。また商工業者の中でも行に登録されれば行籍に付されるから、坊郭戸口数に入っていない可能性がある。よって単純な対比はできないことに注意しておきたい。第七章「宋代都市の税と役」を参照。

(26) 廂軍等において、定額より減額している理由の一つとして、兵員削減による財政負担の減額が図られていたことが挙げられる。小岩井弘光「南宋廂軍の推移」（『宋代兵制史の研究』汲古書院、一九九八年）を参照。

(27) ただし、南宋の禁軍はその軍隊としての役割が低下し、地方の治安維持さえ担えず、廂軍と同様、役使に従事する傾向にあった。小岩井弘光「北宋末・南宋の就糧禁軍」（前掲小岩井氏著書）を参照。

(28) 王曽瑜「南宋前期至中期軍制」（『宋朝軍制初探（増訂本）』中華書局、二〇一一年）。

(29) 金文京「「戯」考――中国における芸能と軍隊――」（『未名』八、一九八九年十二月）。

(30) 梅原郁『夢粱録3――南宋臨安繁昌記』（東洋文庫、二〇〇〇年）「瓦舍」。

(31) 小岩井弘光「北宋剰員制管見」（前掲小岩井氏著書）。

(32) 小岩井弘光「牢城について」（前掲小岩井氏著書）。

(33) 久保田和男「城内の東部と西部」（前掲久保田氏著書）。

(34) 前掲王曽瑜氏論文、小岩井氏「北宋末・南宋の就糧禁軍」。

(35) 前掲久保田氏論文。

(36) 高橋弘臣「南宋臨安城外における人口の増大と都市領域の拡大」（『愛媛大学法文学部論集』人文学科編二三、二〇〇七年）、同「南宋臨安における禁軍の駐屯とその影響」（『愛媛大学法文学部論集』人文学科編二七、二〇〇九年）、同「南宋臨安における空間形態とその変遷」（『愛媛大学法文学部論集』人文学科編三三、二〇一二年）。

(37) 『癸辛雑識續集』下、倭人居拠「番船至四明、與娼婦合、凡終夕始能竟事。至其暢悦、則大呼如㹸猱、或悪其然、則以木槌扣其脛乃止」。

〈附記〉

本章における史料データの整理、地図の作成等にあたって辻高広氏、金賢氏に協力いただいた。

注

第二章　宋代都市の下層民とその分布

はじめに

これまで宋代都市に関する研究は、経済的・商業的側面や税制、社会救済制度などを中心に明らかにされてきた。また近年では、都市と軍事の関係も取り上げられるようになり、宋代都市は多くの部分が解明されつつある。しかしながら、まだ解明されていない課題も残っている。

本章で取り上げようとするのは、そのうち都市民の階層構成――とりわけ下層民の割合――と、その都市空間内での分布状況である。宋代においては、黄河氾濫をはじめとする自然災害や戦災、それに起因する凶作などによって、郷村社会の農民が流民化することが度々あり、彼らの多くは都市に流入した。(1) また国家の土地政策として、流民化によって所有者を失った土地の所有権は、宋初から天聖初年まで三〜五年のうちに、天聖四年（一〇二六）以後は十年のうちに失効されたから、(2) 土地を失う流民が制度的に排出され続けることにもなる。さらに、宋初の五等戸制に基づく職役制度の施行によって、郷村秩序の担い手である上等戸が破綻したために、(3) 当時の郷村社会が流民化した下層民を受け入れることが難しかった。このようにして郷村を出て都市に流入する流民、とくに下層民の問題が社会的に無視できなくなり、その対応策として救済制度の整備が進められた。(4) 広恵倉、養済院、安済坊などの救済施設が宋代徽宗期を中心として設けられるようになった。

一方で、北宋の国都開封は、約七万人の禁軍（家族を含む）が配置された一大消費都市であった。(5) よって多くの消費物資を必要とし、全国的な物流体制が整えられた。(6) そうした国家的物流の基点となる各都市においては、『清明上河圖』に描かれているように、物流の下支えとなる荷役や船牽き、また水夫などの労働力を大量に必要とした。そのために、それらの肉体労働は下層民たちの格好の職業となった。

このように見てゆけば、都市における下層民の数や都市民階層構成中の割合、居住地域の特徴といった課題は、宋代都市社会、ひいては唐宋変革期における都市社会の変化を理解するうえで重要である。しかしながら、こうした課題は、史料状況もあってほとんど手が着けられていない。そのような状況の中でも高橋弘臣氏は臨安の下層民とその割合・分布等を論じているが(7)、それは首都の状況である(8)。その成果がどの程度にまで宋代都市一般に敷延できるか、という問題がある。首都と一般的な地方都市との比較によって、高橋氏の成果を十全に活用できるように思う。

上記の課題を解決するために格好の史料が存在する。『開慶四明續志』巻八、賑済の条である。そこには、南宋明州末期において賑済対象となった下層民の四年間分の数字が具体的に残されている。たとえば、

寶祐四年十月、濟惠字號人戶。
　東南廂
　　大人二千五百八十一口、毎口錢三貫文・米一斗
　　小兒一千二百四十口、毎口錢二貫文・米五升
　東北廂
　　大人二千九十一口、毎口錢三貫文・米一斗
　　小兒八百二十一口、毎口錢二貫文・米五升……

という具合である。本史料はこれまでにも紹介されたことがあるが(9)、充分に史料が解読されたとは言い難い。たとえば下線部の「惠字號人戶」や「濟」の意味についてさほど注意されずに紹介されている。よって精緻に分析を進めることにより、従来では明らかにされなかった事実が浮かび上がってこよう。以下に当該史料にもとづいて作成した表を示しておく。

そして本章では、この史料にもとづいて明州城都市民の階層構成を概算したい。臨安との比較もあるが、郷村社会との比較も視野に入れたい。宋代郷村社会における階層構成については、つとに宮澤知之氏が明らかにされている。郷村社会における階層構成の問題は、

表１　南宋末明州賑済人数表

	宝祐４年10月、済（恵字号人戸）			宝祐５年12月、済（恵字号人戸）			宝祐６年２月、済糶（敏字号人戸）			開慶元年４月、済（恵字号人戸）		
	大人［３貫１斗］	小人［２貫0.5斗］	小計	大人［２貫１斗］	小人［１貫0.5斗］	小計	大人［２斗］	小人［１斗］	小計	大人［４貫１斗］	小人［３貫0.5斗］	小計
東南	2581	1240	3821	2408	1207	3615	1529	630	2159	2260	1225	3485
東北	2091	821	2912	1346	1028	2374	1893	728	2621	2300	1028	3328
西南	3313	1518	4831	3966	2029	5995	2267	1004	3271	4097	1902	5999
西北	3137	1107	4244	2733	1476 *1	4209	1072	356	1428	3232	977	4209
甬東	562	258	820	2178	740	2918	4073	1464	5537	978	538	1516
府西	643	338	981	597	326	923	1686	949	2635	644	489	1133
総計			17609			20034			17651 *2			20439［19670］*3

＊１：もとは476口と記す。しかし小計を合計すると総計より1,000少なくなる。よって、西北廂の前後の年度を勘案して1,476口とする。

＊２：史料の総計では17,650口とするが、小計を合計すると17,651口となる。

＊３：史料の総計では20,439口とするが、小計を合計すると19,670口となる。

小経営農民の自立化過程の問題と直結する。であるので、都市社会の階層構成を明らかにすること、そのこと自体は、小経営自立と直接的には関係ないものの、その対比は無意義ではないと考える。

また、上記の史料でもわかるように、そこには明州城各廂の下層民賑済者数が記されている。第一章の成果と重ね合わせることで、都市下層民の階層差による都市空間内の分布状況とその特徴を解明することができるだろう。以上の分析を通して、宋代都市社会の特質に迫ってみたい。

第一節　賑済と下層民

さきに紹介した『開慶四明續志』巻八、賑済の条の記事をより正確に把握するためには、その史料がまず「賑済」に関するものである点を押さえておく必要がある。よってこの節では、南宋当時の賑済方法を見ておきたい[10]。

まず法令上の規定を確認しておく。災害が起こった場合には、『救荒活民書』[11]巻二に引用される淳熙令によると、

諸そ官私田の災傷、夏田は四月を以て、秋田は七月を以て、水田は八月を以て、縣を經て陳訴するを聽す[12]。

とあって、官私の田で麦などの夏田の場合は四月、粟などの秋田は七月、稲の水田は八月までに県へ「敕訴災傷状」（陳訴状）を提出することとなっていた。その書式

を示しておくと、

敕訴災傷狀

某縣某鄉村姓名、今具本戶災傷於後。

一、戶內元管田若干頃畝、某都計夏秋稅若干。

夏稅某色若干。　秋稅某色若干。（非已業田、依此別爲開拆。）

一、今種到夏或秋某色田若干頃。

計某色若干田、係旱傷損。（或損餘災傷處、隨狀言之。）

某色若干田、苗色見存。（如全損、亦言災傷及見存田、並每段開折。）

右所訴田段、各立土埄牌子、如經差官檢量、却與今狀不同、先甘虛妄之罪、後此額不詢。謹狀。年月日姓名。

（『救荒活民書』巻二）

とあって、所有する田土面積と両税額、および被災した田土面積と作物が現存した田土面積を自己申告するようになっている。

先に引用した淳熙令の後ろには、

諸そ訴災傷狀を受くれば、當日を限り傷災の多少を量り、元狀を以て、通判或いは幕職官を差わし（本州官を缺くれば、即ち轉運司に申して差し）、州は籍を給いて印を用い、一日を限りて起發し、仍お令佐と同に田所に詣り、躬《みずか》親ら先に見存の苗畝を檢し、次に災傷の田畝を檢し、詣る所の田・檢する所の村及び姓名・應に放ずべき分數を具して注籍し、五日毎に一たび州に申せ。(13)

とあり、県は敕訴災傷狀を受けると、通判か幕職官が令佐をともなって被災地に派遣され、現存する苗畝と被災した田畝を調査した。そしてその田土所有者と免税分数（被災の割合に応じた免税比率）を帳簿に記載した。なお免税分数は県を単位として取りまとめられた。(14)のちにその放税分数は榜示されるが、その放税分数が七分以上に及ぶ場合に賑済が行われた。畢仲游『西臺集』巻一、「耀州理會賑濟奏狀」に引く元豊令に、

元豐令、災傷放稅七分以上、賑濟。

とある。ただし時に分数の引き下げがなされて五分以上となる場合もあった[15]。被災して免税などの優遇措置が取られても生活に苦しむような被災者に対して、免税の次の段階として、食糧の貸し出しや低価格販売、また無償の支給が行われた。これが賑済と呼ばれるものである。朱熹『晦庵集』別集巻七、「施行許令人戸借貸官司米穀充種子佈種」には、

常平免役令、諸そ災傷は一縣の放税七分以上を計り、第四等以下戶の種食乏しき者は、舊と欠閣有りと雖も、月分を以てせず、結保して貸借するを聽す[16]。

とあって、常平免役令では、放税七分以上の被災者で第四等以下の欠食戸は、税の優遇措置に加えて、米穀の貸借を許している。しかしながら、以上見た免税措置は、敕訴災傷状の書式に明らかなように、有田者に対してのみ施行される。よって無田者や都市に住む住民などは、変わらず夏税・役銭が課され[17]、災害によって飢えに苦しむこととなった。そこで上記の朱熹の文章にもあるように、下層の欠食戸に対して食料を貸し与えるか、あるいは無償で支給するなどの必要が生じる。よって、知州事などの地方官僚は、放税措置を取るか取らないかにかかわらず、災害時に賑済を行う場合があった。また災害の有無にかかわらず、都市の下層民には日銭を稼ぐことも難しい物乞いなども恒常的に多く、そうした都市下層民に対する徳政的施策として、賑済が行なわれる場合もあった。

では次に、賑済の手順を見ておこう。賑済が行われることになると、まず対象となる下層民を把握するために、保正や都正がすべての人戸の家族数および財産を調査した。これを「抄劄」あるいは「排門抄劄」といった[18]。そして財産状況に応じて、全人戸を三～五ランクに区分した。そしてそのランクに応じた賑済が行われることになる。史料で確認しておこう。

戴栩（永嘉の人。嘉定元年進士登第）「論抄劄人字地字格式劄子」（『浣川集』巻四）によると、

竊かに観るに大府頒下の抄劄格式、釐めて三等を爲し、有力自給の家、天字號を爲し、糶せず濟せず。其の次は則ち地字者糶す。人字者は濟す。彼の有力自給の家、固より見われ易きと爲し、若しくは其れ粗や田產・藝業有る者を以て地字と爲し、鰥寡・孤獨・癃老・疾病・貧乏にて自存する能わざる者もて人字と爲す[19]。

とあって、大府寺が施行した「抄劄格式」によると、まず人戸を三等に区分した。「有力自給之家」を「天」字号とし、賑糶や賑済を行わない。その次の「粗や田産・藝業有る者」を「地」字号として賑糶を行う。最下層の「鰥・寡・孤・獨・癃老・疾病、貧乏にて自

存能わざる者」を「人」字号として賑済する、というものである。まず最下層の「人」字号に対しては無償支給の賑済が行われ、その次のやや資産を持つ「地」字号層（戴栩は「中産之家」と言う）に対しては、低価（およそ市場価格の二分の一から三分の二）[20]で米穀を売り渡す賑糶が行われたことを指摘しておきたい。

これまで一口に下層民救済策を賑済と言ってきたが、ここでその中身をより整理して区別しておきたい。米穀や銭の無償支給を「賑済」（狭義）、低価格販売を「賑糶」とここで規定しておく。なお米穀の無利子の貸借は「賑貸」といった（主に中農層を対象とする）。そしてこれらを総称した下層民救済策をこれから「賑救」と呼ぶこととする。

上記の文章で戴栩が問題としていることは、大府寺施行の抄劄が三区分と粗いがために、定海県では、少しでも田産・藝業があれば、官吏がその人戸を「地」字号に入れてしまい、「貧乏之家」は賑糶されても賑済されず、欠食に苦しんでいることであった。そこで戴栩は「地」字号人戸にも賑済すべきと主張するのだが、このように全人戸を三区分するのでは不十分であるためか、四区分・五区分する例も散見される。

黄榦の四区分による賑救法を見てみよう。[21]『勉齋先生黄文粛公文集』巻三十一、「漢陽軍管下賑荒条件」によれば、

各村の人戸を以て分ちて四等を爲す。能く自食し又た餘粟有り、勸糶に備うべきを以て甲戸と爲す。勸糶すべき無けれども能く自食する者を以て乙戸と爲す。自食する能わずして官中の賑糶に藉する者を以て丙戸と爲す。官中粟の出糶有りと雖も其の人錢の糴すべき無き者を以て丁戸と爲す。……丁戸乃ち是れ鰥寡・疾病・自濟する能わざるの家なり。[22]

とし、漢陽軍下の各村人戸を四等分にしたうえで、自活ができて食糧に余りがあり、官に売ることのできる者を「甲」戸とし、官に売ることはできないが自活できる者を「乙」戸、自活できず官から賑糶を受ける者を「丙」戸、官が賑糶しても購入する銭すら無い者を「丁」戸とした。このうち丁戸についてはまた「鰥・寡・疾病、自濟する能わざるの家」とも言っている。黄榦はさらに不正を防ぐために、管下の地図を出して、甲戸を黄色で、乙戸を紅色で、丙戸を黒色で、丁戸を白色で記入させている。

そして丙戸に対しては十一月より翌年三月まで毎月六斗、合計三碩を市価の半値で賑糶し、丁戸に対しては九月より三月まで家ごとに毎月三斗を賑済した。

同じ四区分で非常に参考となる李珏賑救法を見てみたい。これは李珏が知州時代（慶元六年［一二〇〇］―嘉泰二年［一二〇二］）に毗陵で、また丁卯の年（開禧三年［一二〇七］）に憲使（提点刑獄司）として鄱陽で行ったものである。『救荒活民書』拾遺に引く李珏賑救法は以下のとおりである。[23]

災傷の都分を将て、四等の抄劄を作す。仁字は産税・物業有るの家に係る。義字は中下戸、産税有りと雖も、災傷實に收むる所無きの家に係る。禮字は五等下戸及び佃人の田、幷びに藝業を薄有すれども飢荒して求趁し難きの人に係る。智字は孤寡・貧弱・疾廢・乞丐の人に係る。仁字は賑救に係わらざるを除き、義字は賑糶し、禮字は半濟半糶し、智字は並びに濟す。並びに歴を給いて口を計ること常法の如し。[24]

まず災害のあった都内の人戸を抄劄して四等に区分した。そのうち産税（税産）・物業のある家を「仁」字号とし、産税はあるが災害によって収入のない中下戸の家を「義」字号、五等下戸や佃戸、またわずかしか藝業なく飢えても他人に救いを求められない者を「禮」戸、孤・寡・貧弱・疾廃・乞丐（物乞い）の人を「智」字号とした。そして仁字号には賑救せず、義字号には賑糶、礼字号には半済半糶、智字号には全済（無償支給）を行うこととした。

この李珏賑救法もやはり全人戸を四区分して、その貧窮の度合いに応じて賑糶・半済半糶・全済を行っている点が注目されるが、またそれらのランクの人戸を「仁・義・礼・智」という孟子の説く仁政実践の四端で名づけていることも注意しておきたい。下層民に対する〝ほどこし〟は仁政実践のよきパフォーマンスでもあったのである。[25]

このほか、区分の基準は不明だが、甲乙丙丁戊に五等区分した例として、嘉定八年（一二一五）に建康府・太平州・広徳軍で実施された賑救例も確認できる。この場合は、さらに郷村と城市とに区別して賑救を行っている。[26]

このように、抄劄を行なって等第区分したうえで、最下級ランクの人戸には賑済（無償支給）が行われた。賑済にあたっては、その対象者には「牌子（暦・歴子・関子・由等とも言う）」を配布し、一日につき、およそ大人一升・小児半升を支給する。支給にあたっては「場」を設けて五日分をまとめて支給した。その牌子の様式について、朱熹が書き記している（朱熹『晦庵集』別集巻十、公移）。

牌面印紙式

某縣某鄉第　都人戶、五日一次赴場請賑濟米。
正月一日　六日　十一日　十六日　廿一日　廿六日
二月一日　六日　十一日　十六日　廿一日　廿六日
三月一日　六日　十一日　十六日　廿一日　廿六日
閏月一日　六日　十一日　十六日　廿一日　廿六日
使　押

というもので、おそらく正月一日に場に赴いて賑済米を受け取ると、その日の箇所にチェックが入れられるのであろう。

一方で最低ランクの一つ上、主に賑糶をうける場合を見ておく。賑糶対象者にはやはり「暦頭」などと呼ばれるチケットが配布された。やはり朱熹がその様式を記している（同上）。

賑糶曆頭様
使軍　所給歴頭、卽不得質當及借賣與不係今賑糶之人、如覺察得或外人陳告、其與者受者並定行斷罪。
今給曆付　縣　鄉　都人戶
大人　口　小兒　口　毎五日賫錢赴　收糴
如糴米、大人一升、小兒半升。
如糴穀、大人二升、小兒一升。　並五日幷給、閏三月終止。
右給曆頭照會淳熙八年正月　日給　使　押
正月初一日　正月初六日　正月十一日

とある。冒頭で暦頭を質に入れたり、賑糶対象でない者への転売・貸し出しを禁じているところから、そうした違法行為がむしろなされていたことを物語っている。こちらも五日ごとに銭を持参して米穀を購入し、終わればチケットにチェックが入れられたと見られる。

また朱熹は都市における賑糶対象者（賑済対象者を含まない）の基準を書いているので、ここで示しておこう。

縣市

一、上等。店業有り、日逐の買賣營運興盛なり、及び自ら税產有りて贍給し、合に歴頭を請給すべからざる人戶若干。坊巷、逐戶姓名、大小口數を開具す。

一、中等。得過の家幷びに公人等、合に縣倉に赴き糴米すべき人（戶）若干。坊巷・逐戶姓名、大小口數を開具す。

一、下等。貧乏・小經紀人、及び些小の店業有りと雖も、買賣多からず、幷びに極貧の秀才、合に歴頭を請うべき人戶若干。坊巷、逐戶姓名、大小口數を開具す。(27)

まず上等ランクは、商売が繁盛し、また税産もあって自給できるので、賑糴用の暦頭を請求してはならないとする。また中等ランクは衣食の足りた家や公人(28)などで、県倉にて米を購入するから、賑糴対象にはならない。そして貧乏の小売業者や店業を持っていても商売が少ない者や極貧の秀才といった下等ランクが賑糴対象者で、歴頭（暦頭）を支給するようになっている。蛇足だが、この記事は賑糴に関するものであるから、賑済対象となるような無産民などはランクに加えられていない。

以上、免税措置から賑救にいたるまでの手順を見てきたが、とりわけ賑救を行う際の抄劄による人戸のランク分けが重要である。そしてもう一度整理しておくと、ランク最下位層は「鰥寡孤獨癃老疾病貧乏不能自存者」「官中雖有粟出糶而其人無錢可糴者」「孤寡貧弱疾廢乞丐之人」などと称され、日銭すら満足になく自活できない者たちで、ゆえに無償支給の賑済が行われた。またその一つ上のランクは、主に「粗有田產・藝業者」「不能自食而籍官中賑糴者」「中下戶、雖有產税、災傷實無所收之家」「貧乏小經紀人、及雖有些小店業、買賣不多、幷極貧秀才」などと称され、官が低価格販売する米穀を購入することができるだけのほんのわずかな財産を持つ者たちで、賑糴対象とされたのである。

この事実を踏まえたうえで、くだんの『開慶四明續志』巻八、賑済条を見てみよう。

表２　抄割比較表

戴栩　定海県

等級	対象	処置
天	有力自給之家	不糴不済
地	粗有田産・藝業者	糴
人	鰥寡孤独癃老疾病貧乏不能自存者	済

黄榦　漢陽軍

等級	対象	処置
甲	能自食而又有餘粟可備勧糴者／有税産	不迎頼官司
乙	無可勧糴而能自食者／有営運	
丙	不能自食而藉官中賑糴者	賑糴
丁	官中雖粟出糶而其人無銭可糴者／鰥寡・残疾・不能自食之人	済

李珏　毗陵・鄱陽

等級	対象	処置
仁	有産税物業之家	不係賑救
義	雖有産税、災傷実無所収之家／中下戸	賑糴
礼	五等下戸・佃人之田／薄有藝業而飢荒難於求趁之人	半済半糴
智	孤寡貧弱疾廃乞丐之人	全済

真徳秀

等級	太平州		広徳軍	
甲				
乙				
丙	郷村―賑糶　城市―賑糶	一七九九五戸	郷村―賑済　城市―賑糶	一九七四一戸
丁	郷村―給済　城市―賑糶	四七七〇九戸	郷村―賑済　城市―賑糶	三一八二四戸
戊	郷村―全済　城市―全済	一八〇〇戸	郷村―賑済　城市―賑済	二五〇八戸

呉潜　慶元府

等級	処置	戸数
恭		
寛		
信		
敏	済糶	一七六五〇［一二五八］
恵	済	一七六〇九［一二五六］　二〇〇三四［一二五七］　二〇四三九［一二五九］

第二節　都市人口構成と下層民

当該史料は、沿海制置使として慶元府に赴任した呉潜が、着任早々の宝祐四年（一二五六）から開慶元年（一二五九）までの四年間にわたり慶元府城内でおこなった賑救に関するものである。年ごとに慶元府城の各廂において賑救した大人・小児数を具体的に記し、貴重な史料である。いまここにすべてを記すのは煩瑣であるので、注目したい点を書き出しておく。

寶祐四年九月、至鎭。十月、濟一萬七千六百九口。
……五年十二月、濟二萬三十四口。
……六年二月、濟糶一萬七千六百五十口。
……開慶元年四月、濟二萬四百三十九口。……
寶祐四年十月、濟惠字號人戶……
寶祐五年十二月、濟惠字號人戶……
寶祐六年二月、濟糶敏字號人戶……
開慶元年四月、濟惠字號人戶……

示した個所のうち、二重傍線部をみると宝祐四年・五年・開慶元年については「濟」と記されるのに対して、宝祐五年については「濟糶」となっている。そしてここでは省略してしまったが（はじめにに引用した史料を参照）、「濟」とする場合には大人・小児に対し米と銭を支給している。一方で「濟糶」の場合には米の一人当たりの額しか記されていない。よって、前節を踏まえるならば、本史料で「濟」とされるのは米・銭を支給する賑済であり、「濟糶」とされるのは米の低価格販売である賑糶を指すと考えられる。

また一重傍線部との関係でみると、「濟」されるのは「惠」字号人戸であり、「濟糶」されるのは「敏」字号人戸と区別されているのである。よって、本史料は恵字号人戸に対して賑済し、敏字号人戸に対しては賑糶していたことが読み取れるだろう。そしてふたたび前節を思い返すと、賑済を受けるのは、抄劄され等第区分された最下位のランクであり、賑糶をうけるのはその次のランクであった。であるので、序列としては上から「敏」→「恵」（最下位）ということになる。

ここまでくると、『論語』陽貨第十七にある仁の実践の五つの徳目、恭・寛・信・敏・恵を思い起こしてもよいだろう。つまり呉潜は、賑救する際に、抄劄をおこなって等第区分するのに五区分を用い、そしてそれぞれのランクを恭・寛・信・敏・恵と名づけて仁政をアピールしたのである。それは、呉潜の賑救が冬季間の数カ月にわたって行われたわけではなく、年に一回のみ執り行った点からみても、政治家としての使命感よりは政治的パフォーマンス色が強い賑救なのであった。

それはともかく、敏字号人戸が賑糶をうけるランク、恵字号人戸が賑済をうけるランクとすると、両者は下層民と言っても層次が異なるのであり、それぞれは別のものを指しているのである(29)。従来の研究では両者を同等ランクの下層民とみなしてきたが、ここに訂正されねばならない。

では実際に慶元府で賑済・賑糶された下層民の各ランクの中身（財産状況）はどのようであったか。残念ながら史料はそこまで語ってくれない。よって前節で見た結果をもって類推するしかない。ここでは前節で得られた結果をもとに、恵字号人戸を、自活できない老弱者、無資産の乞食・極貧、日雇い労働者などの無産下層民とする。その数はおおよそ二万人である。一方で敏字号人戸を、糶米を買えるだけの僅かな財産を持った零細な商人・小売りや職人などの微産下層民とみなしておきたい。その数は一万七五〇〇人程度である。もちろん、賑済・賑糶の行われる「場」が多く都市内部に置かれることが多いため(30)、これらの数に郷村などからの流入人口が含まれることを想定しておかねばならない。ましてや当時は淮水にモンゴルの踵の音が聞こえる時期であり、戦災を恐れて流入した人口も含まれると思われる。とはいえ、都市人口とはそもそも流動性が高いわけであるから、この数字をとりあえず当時の慶元府の下層民数とみなしておきたい。

この下層民数を利用して、当時の明州城（慶元府）の人口構成を計算してみよう。なお計算にあたってはあくまで概算であること、また基本的には城内の都市民数（ただし城外の甬東廂・府西廂を含む）を対象とすることを断っておく。

まず都市人口の中核である坊郭戸口から。『寶慶四明志』巻十三、鄞県・叙賦・戸口によると、坊郭戸数は、五三二一戸・九二八三口と記されている。第七章でも指摘するように、坊郭戸とは職役賦課のために都市民を対象として作成された等第丁産簿（十等区分）に登録された戸であって、都市に住むすべての家庭を含むわけではなかった。人口規模の大きい大都市においては、無産下層民などは登録されない。一方で人口の少ない小規模都市では、職役に就ける人口を確保するために、無産下層民さえ登録することもあった。[31]よって、一口に坊郭戸と言っても、都市の規模によって坊郭戸のなかに下層民を含まない場合もある。では、明州ではどうかというと、慶元府が置かれ、かつ州のランクが「望」であるところから、その坊郭戸には無産下層民を含まないと見られる。なお坊郭口も、職役に就けることのできる成丁以上（原則として。時に中男を含む場合もある）の男子数であり、子女は除かれている。

南宋期における坊郭戸の平均家族数は五人とされる。[32]よって、ここでは坊郭戸とされた人数を坊郭戸五三二一戸×五人として、二万六六〇五人、約二万六〇〇〇人とする。なお、さきほどの微産下層民である敏字号人戸が約一万七五〇〇人であったが、この微産下層民は二万六〇〇〇人内に含まれると考えておく。

次に禁軍・廂軍などの軍戸について。当時の禁軍に所属する兵士は一四九〇人であった。[33]禁軍兵士の平均家族数は五人とされるから、[34]都合七四五〇人となる。一方で、廂軍は一一八八人であった。廂軍のなかには剰員指揮（一五六人）や寧節指揮（五十二人）といった禁軍からの老病兵士の収容するものもあり、その場合家族を想定しにくいので、分けて計算する。すると、九八〇人×五人＋二〇八人となり、合計五一〇八人である。よって軍戸に付けられた総人数は七四五〇＋五一〇八＝一万二五五八人となる。ここでは約一万二五〇〇人としておこう。

次に都市民上層の戸口について。まず官戸などの官僚の戸口については、『寶慶四明志』によると、州の官職が約五十、県が四つある。官僚の平均家族数は十人とされるから、[35]合計して五四〇人となる。現職のない官戸も想定しておき、[36]ここでは約六〇〇人とする。また吏職については、州の平均が三五〇、県が一〇〇とされ、[37]吏員の平均家族数は五人とされるから、[38]二二五〇人となる。こうした吏員がすべて都市内部で生活していたわけではないものの、先の朱熹のランクにあった公人などに見られるように、都市民の中核層を構成すると思われるから、この二二五〇人は坊郭戸人数に含まれると考えられる。

次に僧侶について。明州城内の寺院数は、火災による廃寺も含めて三十四ある。寺院の平均僧侶数は八人とされるから、[39]二七二人となる。また寺院に奉公する童行の数は、福州の閩・候官県の事例で数えると、約僧侶三人につき一人であるから[40]、明州の童行数を約九十人とする。よって、寺院の僧戸人数を約三六〇人とする。

そしてこれらの最下層に無産下層民、約二万人がひかえることになる。

以上の家族を含めた都市人口を整理すると、まず上層としての官戸六〇〇人、坊郭戸二万六〇〇〇人（吏員二二五〇人・微産下層民一万七五〇〇人を含む）、軍戸一万二五〇〇人、僧戸三六〇人、最下層の無産下層民二万人となり、合計五万九四六〇人、約六万人程度という数字が出る。実際には、数多くの行商が往来したはずであり、それらを加えると六万人を優に越えるだろう。この数字のなかには、行戸や道士などが含まれないが、それほど大勢に影響はないと考える。おおよその割合では、官戸一％・坊郭戸四三・七％（うち一四・三％は上・中層の戸。二九・四％は微産下層民。坊郭戸内に占める微産下層民の割合は六七％）・軍戸二一％・無産下層民三三・六％となる。

また都市民全体のうち、上・中層クラス（官戸＋坊郭戸の上・中層）は約一五・三％であり、賑糶・賑済を必要とする下層民（微産・無産下層民）は約六三％である。そうした下層民の家族構成は大人二人に対し小児一人の割合であり、家族人数は平均的に三人で構成されている。

明州城倚郭の県である鄞県の戸口数で見てみると、宝慶年間の坊郭・郷村戸総数は四万一六一七戸、城外の郷村戸が三万六二九六戸（城内の坊郭戸が前述のとおり五三二一戸）である[41]。南宋期の両浙地域の郷村戸の平均家族数は六人とされるから[42]、郷村の総人数はおよそ二一万七七七六人となる。よって鄞県のばあい、都市・郷村あわせた総人口が約二七万八〇〇〇人程度となり、総人口にしめる都市人口比は約二一・三％となる[43]。この数字は鄞県に住む都市民が全国平均と比べて平均的であることを示している。

この都市民六万人と、そのうちの下層民が六三％を占めるという数字を他の州で比較してみよう。先の黄榦が漢陽軍で行った賑救法の際の統計によると、およそ漢陽軍の城内に一〇〇〇戸（五〇〇〇人）、近郊（漢口を含む）に二〇〇〇戸（一万人）、計三〇〇〇戸（一万五〇〇〇人）おり、そのうち一〇〇〇戸は自給可能であり、二〇〇〇戸は貧乏糴食の人であった[44]。この二〇〇〇戸に対して賑糶している。よって賑糶対象の微産下層民は約六七％であり、明州城の割合に近似している。なお、漢陽軍下の二県（坊郭・郷村含む）約二万戸のうち、最下層の無産下層民（「丁」戸）は、約五五〇戸しかおらず、約二・七％でしかない。よって、漢陽軍城内には、無産下層民は明州城に比べてほとんどいないと言えるだろう。

　また北宋のことではあるが、紹聖の初め（一〇九五―一〇九六）に知耀州であった畢仲游が行った賑救時の統計として、耀州七県の主客戸一万一三〇五戸・二八万四八五〇口のうち、抄劄の結果、「末等無營運闕食之人」が四万六三三八戸・一七万九五三四口に上り、賑糶・賑済対象となった（『西臺集』巻一、「耀州理會賑濟奏狀」）。人口におけるその割合は約六三％である。

　先の明州の事例と含めて漢陽軍や耀州の割合を参考とすると、賑救を必要とする都市下層民はおよそ六〇％〜七〇％を占めると思われる。なお臨安では賑救を必要とする下層民はおよそ二五万人とされ、臨安人口六〇〜七〇万に占める割合は、三〇％程度とされる(45)。しかし国都たる臨安には、中央官僚や禁軍が他に比べて圧倒的に多いから、自然として割合が小さくなっているのである。

　また次の**表３太平州・広徳軍賑救人数表**を見てみよう。これは先にも見た太平州・広徳軍賑救時の丙戸・丁戸・戊戸数である。「鰥寡孤獨癃老疾病貧乏不能自存者」に相当すると思われる戊戸数が、その上のランクの丙戸・丁戸に比べて極端に少ない。この状況はさきの漢陽軍の事例とも同じい。これは明州の恵字号人戸がその上の敏字号人戸と比べて近似するか或いはそれ以上であるのと対照的である。つまり、明州城都市民の最下層である無産下層民の数が極端に多いということである。そして純粋な「鰥寡孤獨癃老疾病」者が明州城都市民の三三・六％を占めるのはあまりにも多すぎる。もちろん、その中に災害や戦災を逃れた流民が含まれるし、また呉潜の賑救が徳政的パフォーマンスであり、最下層民を広く拾っていることも勘定に入れておかねばならないが、おそらく圧倒的に多かったのは無産の貧乏人・労働者であったろう。

　ここで指摘しておきたいのは、漢陽軍や太平州・広徳軍とは違う明州城の特徴である。そこは国際貿易を控える海港都市であり、国都臨安に連なる浙東運河の出発点でもある。よってそこでは、荷役や牽挽など(46)、海運・水運・物流を下支えする膨大な量の労働力を必要としただろう。おそらく明州城は、それら労働力を日雇いする需要が多い結果として、無産下層民を多く抱えるという特徴を持っていたのではないだろうか。

表３　太平州・広徳軍賑救人数表

	太平州３県	広徳軍２県
丙戸	17、995戸	19、741戸
丁戸	47、709戸	32、824戸
戊戸	1、800戸	2、508戸
総人数	415、071口	239、221口

北宋では、民間における丁男の日雇い労働の賃金は、一日につき四十～五十文、南宋ではおよそ三十文とされる(47)。また、明州象山県の東北十五里にある陳山渡では、そこから海を渡って奉化県東宿渡までを往復する連絡船が官によって用意され、その篙手二十人には各人毎月常平銭一貫二五〇文が支給された（『寶慶四明志』巻二十一、象山県・渡津）。これは官雇となるが一人一日につき四一・六文である。また明州城西門にあたる望京門の西二十里にある西渡には、管堰洪子十八人に各人毎月和雇銭二貫が官より支払われていた。この場合だと、一人一日につき六十六文となる。概ね官による雇用は民間より高いが、明州近辺の相場がこれによって知れよう。

なお、南宋後期の両浙地域の米価は豊凶によって大きく変わるが、おおよそ一日の食事分である一升で三十文前後である(48)。となれば、日銭を得ても米代でほとんど消えることとなる。よって日銭を稼ぐ日雇い労働者などは、一つ十～二十五文の蒸餅や十～二十文の小吃(49)で腹を満たしたに違いない。それでも手元にほとんど稼ぎは残らなかっただろう。

では次にこのような微産下層民や無産下層民は都市内部にどのように分布していただろうか。節を改めたい。

第三節　都市における下層民の分布

表4恵字号人戸表は、**表1**より恵字号人戸分を取り出したものである。

都市民最下層である恵字号人戸が、城壁内の東南廂から城壁外の甬東・府西廂までの各廂に、どの程度分布しているかをパーセンテージで表記した。表を見ると、三年とも西南廂に占める割合が約三〇％と多い。また城内廂では東北廂が一五％と一番低い。一方で城外の甬東廂九％・府西廂五・七％も城内の各廂に比べてより低いことがわかる。これは無産下層民が城外二廂よりも城内に多くいることを示している。また城内でも東北廂に少なく、西南廂に多い傾向にある。

ここでは城内廂に注目してみよう。前章でも記したように、明州城の東北廂は繁華街を中核に持つ商業区域であった。またそこでは廂軍が集中して立地し、生活上の優遇措置が取られていた。そうしたにぎやかな商業区域には無産下層民が、城内各廂の中でもっとも

表４　恵字号人戸表

	宝祐４年10月、済（恵字号人戸）			宝祐５年12月、済（恵字号人戸）			開慶元年４月、済（恵字号人戸）			
	大人	小人	小計	大人	小人	小計	大人	小人	小計	総計
東南	2581	1240	3821（22%）	2408	1207	3615（18%）	2260	1225	3485（18%）	19.3%
東北	2091	821	2912（16%）	1346	1028	2374（12%）	2300	1028	3328（17%）	15%
西南	3313	1518	4831（27%）	3966	2029	5995（30%）	4097	1902	5999（30%）	29%
西北	3137	1107	4244（24%）	2733	1476	4209（21%）	3232	977	4209（21%）	22%
甬東	562	258	820（5%）	2178	740	2918（14%）	978	538	1516（8%）	９%
府西	643	338	981（6%）	597	326	923（5%）	644	489	1133（6%）	5.7%
総計			17609			20034			20439［19670］	

少ない。一方で、月湖を湛える西南廂は、閑散としてさほど都市開発が行われず、高級官僚などの邸宅が並んでいたが、賑救の際に財産調査を行う抄劄をした結果、無産下層民が最も多かったということになる。家さえ持つことも危ぶまれる無産下層民にとって繁華街などでは生活ができず、無産下層民はそこから離れて、かつ生活用水の確保できる月湖近辺に、わずかな財産もなく雨風をしのぐ程度のあばら家暮らしをしていたのではなかろうか。そして想像されるのは、そうした無産下層民居住区域を整理して、官僚の邸宅建造が進められたやもしれない。無産下層民は西南廂に集中していたと見られ、西南廂に下層民収容施設である養済院や安済坊が置かれているのも肯首される。

次に微産下層民である敏字号人戸について見てみよう（**表５敏字号人戸表**）。

一年の統計しかないけれども、その特徴を見ると、城外廂の甬東廂の割合が他に比べて圧倒的に多い。甬東廂は、明州城の東壁のすぐ外側と、霊橋門から奉化江を渡った区域である。この区域に「粗有田産・藝業者」「貧乏小經紀人、及雖有些小店業、買賣不多」といった零細な商人・小売り・職人などを中心とする人々が多く居住していたことを示している。むしろ、城外の甬東廂の成立は、そうした微産下層民の定住化の進行によってなされたと思われる。『寶慶四明志』巻十二、鄞県、叙水には、

江東碶閘。縣の東城外半里。淳祐二年、祕閣修撰陳塏守郡の日、士民の白劄子に據るに、本府の江東米行河舊と碶閘有り、隨時啓閉し、内は東湖の水脈を通じ、外は大江の潮汎を障ぎ、沿河の兩岸、各おの古來の石砌有り。四五十年以來、兩岸の居民節次に河を跨ぎて棚を造り、汙穢窒塞し、溝渠然の如し、水の洩る所無く、氣息蒸薫し、過ぎる者鼻を揜《おお》う。(50)

とある。この史料によると、淳祐二年（一二四二）に江東米行河（霊橋門浮橋の東）の両岸に居民が河を跨いであばら家を作ってしまい、河水が流れることができずに淀み、四～五十年にわたって鼻を覆

うほどの異臭を放っていた。これは下層民が明州城外に「浮棚之家」を構えてゆく様を伝えている。結果的には、あばら家は排斥されるものの、この史料から城外居民が増加している様をうかがい知ることができる。

また同じく『寶慶四明志』巻十二、鄞県、叙水に、

保豊碶。縣の北城外半里。……明年（一二四二）、郡守陳塏水利を講究し、邦人具さに言えらく、保豊の興廢は、郷里の豊歉に關わると。……乃ち故基碶を爲すも、旁居民李・沈二家冒占し、屋を爲し蔬畦を爲すを知る。其の事を都廳に下し、兩家の契據を索むるも、原とより憑る所無し。但だ云えらく、祖父以來、相承して此れ有り、具さに侵冒に伏すと。是において親ら壕寨を督し、縄を引きて地を度り、碶の用いざる所の者、捐じて以て之に予え、且つ犒する所を厚くす。然して此の地、本と楼店務の有する所にして、原と二家の物に非ず(51)。

表5　敏字号人戸表

	宝祐6年2月、済糶（敏字号人戸）			
	大人	小人	小計	総計
東南	1529	630	2159	12%
東北	1893	728	2621	15%
西南	2267	1004	3271	19%
西北	1072	356	1428	8%
甬東	4073	1464	5537	31%
府西	1686	949	2635	15%
総計			17651	

とあり、先の陳塏が北城外にあった保豊碶を調査すると、その場所には李・沈二家が不法に占拠して家屋と畑を作ってしまっていた。しかも土地の契約書もなく、もとは楼店務地であったという。李・沈家は祖父以来住んでいると語り、それが真実かは定かでなく、またその資産状況や階層についてはうかがい知れないが、少なくとも李・沈家のような者たちが城外に多く定住するようになっていた。そして先の敏字号人戸の比率を考えたとき、そうした城外の居住者は僅かな資産のみ保有する微産下層民が大半を占めたと思われるのである。

また敏字号人戸は西北廂に極端に少ない。西北廂は、商売地よりも子城や禁軍営・教場・州学など政治・礼教関係施設が多いのが特徴である。そうした地域に零細な商人や小売り業者が中心の微産下層民が少ないのも肯首されるのである。

最後に楼店務地と下層民との関係を見ておこう。

次の**表6楼店務地表**は呉潜が宝祐六年（一二五八）以後に楼店務地を再調査した時の各廂の総地数と年納官銭（十八界会子）数である。

このうち、府西廂と甬東廂の年納官銭と、一丈当たりにつき納める官銭〇・三九六貫の額は、隣郡の等則を参照しているので参照系

でしかない。この表6によると、商業区域に相応しく、東北廂における楼店務地が最大であり、かつ年納官銭数が最多である。しかし先に見たように、東北廂での無産下層民は少なかった。そもそも楼店務地第一等中則である開明坊の賃銭は日ごとに一二〇銭であった[52]から、日銭三十文を稼ぐ程度では、等則の高い東北廂で到底家屋を租賃することはできない。よって東北廂の楼店務地利用が概ね無産下層民を対象にしたものではなかったことが了解される。

一方で、甬東廂の総地は東北廂に次いでいる。そして甬東廂に微産下層民が他廂に比して最大であることを考えると、甬東廂の楼店務地は微産下層民を対象にしたものと言えるのではなかろうか。政和年間（一一一一―一一一八）の開徳府などでは、わずかな資産を持つ下層戸の裏道や路地などの家屋賃銭が一間三～五文であった[53]。おそらく微産下層民はそれに類する賃銭の家屋に居住していただろう。城外における下層民の定住化が進行し、それによって甬東廂などの城外廂を設置し、その後、官が楼店務地化を進めた数字が表6における府西廂・甬東廂の総地数と考えられるのである。

表6　楼店務地表

	総地	年納官銭	
東南廂	3053.566	1904.685	0.624貫／丈
東北廂	6180.463	3978.393	0.644貫／丈
西南廂	3727.973	2522.899	0.677貫／丈
西北廂	3751.1184	2262.880	0.603貫／丈
府西廂	2665.423	［1055.954］	［0.396貫／丈］
甬東廂	5086.058	［2014.100］	［0.396貫／丈］

おわりに

以上、南宋期の明州城における階層構成と都市分布を考察した。『開慶四明續志』の賑済史料を有効に活用するために、まず当時の賑救方法を確認した。そこで重要であったのは、賑救をおこなう準備として、全人戸の人数と財産状況の調査がおこなわれる抄劄である。そして賑救を均等におこなうために、抄劄した人戸を財産の有無に応じて三～五等区分した。そのランクに応じて賑糶や賑済がおこなわれた。

『開慶四明續志』の賑済条に現れた敏字号人戸とは賑糶を必要とする微産下層民であり、おおむね僅かな財産を持つ零細商人や小売業、職人などが中心であった。また恵字号人戸とは賑済という無償支給を必要とする無産下層民であり、内実は老弱者や身体障害者・乞食などに加えて、資産を保有しない労働力のみあるような日雇い労働者などであった。そして日雇い労働者がその大半を占めたと考えられる。それは、明州城が国際貿易港であり、かつ運河の出発点であったという立地から、流通にかかわる大量の労働力を必要とし、そのことが彼らを吸引する要因となっていたと思われる。この点について史料上から論証することは難しいが、他の都市を含めて改めて論じてみる必要がある。

また微産下層民・無産下層民の数を手掛かりに、明州城の都市民階層構成の復元を試みた。概算が多いので一つの指標にしかならないが、以下のようであった。明州城の都市民の人口数はおよそ六万人を超える。そのうち都市民の上・中層は全体の約一五・三％、賑救を必要とする下層民が六三％である。なお、当時の農業先進地帯の中間地帯である会稽県の郷村では、一～三等戸が七％以下、四等戸が四三％以上、五等戸が五〇％以下、客戸が〇・二％であった(54)。この郷村の比率と比べるとき、当たり前かもしれないが、当時の都市には上・中層がより多く分布し、一方でぎりぎり自活できる微産下層民が二九・四％と、都市民の中核を構成していたことも了解される。唐宋変革による中産層の生成は、都市でも起こっていたのである。むしろ郷村より鮮明に顕在化したと考えられる。また無産下層民（労働者）の多量の出現（三三・六％）も重視すべきと考える。

次に、第一章で明らかにした明州城の都市空間において、微産下層民・無産下層民の分布状況を確認した。微産下層民よりも無産下層民のほうが城郭内に多くいた。また城内でも繁華な商業区域である東北廂には少なく、閑散とし居住区の展開がいまだ不十分であった西南廂に多かった。生活用水の確保もあって月湖周辺に雨風をしのぐ程度の小屋暮らしをしていたと考えられる。一方で微産下層民はむしろ城外廂に多くいた。城外の水路上にあばら家などを建てて生活してその数を増やしていったと思われるが、そうした居住区の広がりによって、城外廂が設置され、やがて楼店務地化が図られたと思われる。つまり都市区域の城外への展開は、微産下層民たちの移住・増加が主要因であったと言えるだろう。

注

（1）梅原郁「宋代の救済制度――都市の社会史によせて――」（中村賢二郎編『都市の社会史』ミネルヴァ書房、一九八三年）、梁庚堯「南宋城市的社会結構」（『宋代社会経済史論集（上冊）』允晨文化、一九九七年）、高橋弘臣「南宋臨安の下層民と都市行政」（愛媛大学『法文学論集』

人文学科編二一、二〇〇六年）などを参照。

（2）島居一康「宋代の逃棄田対策」（『宋代税政史研究』汲古書院、一九九三年）、山崎覚士「天聖令中の田令と均田制の間」（『唐代史研究』一一、二〇〇八年八月）。

（3）伊藤正彦「「伝統社会」形成論＝「近世化」論と「唐宋変革」」（『新しい歴史学のために』二八三、二〇一三年十月）。

（4）前掲梅原氏論文、伊原弘「宋代都市における社会救済事業――公共墓地出土の磚文を事例に――」（長谷部史彦編『中世環地中海圏都市の救貧』慶應義塾大学出版会、二〇〇四年）。

（5）久保田和男「都市人口数とその推移」（『宋代開封の研究』汲古書院、二〇〇七年）。

（6）宮澤知之「中国専制国家の財政と物流――宋明の比較――」（『第一回中国史学国際会議研究報告集　中国の歴史世界――統合のシステムと多元的発展』（東京都立大学出版会、二〇〇二年）。

（7）前掲高橋氏論文、および「南宋臨安城外における人口の増大と都市領域の拡大」（愛媛大学『法文学部論集』人文学科編二三、二〇〇七年）。

（8）首都論に関しては、久保田和男「都市史研究」（遠藤隆俊・平田茂樹・浅見洋二編『日本宋史研究の現状と課題――一九八〇年代以降を中心に』（汲古書院、二〇一〇年）を参照。

（9）たとえば前掲梅原氏論文。

（10）賑済方法の詳細については、楊宇勛『先公庾後私家――宋朝賑災措置及其官民関係』（万巻楼図書、二〇一三年）、および李華瑞『宋代救荒史稿』天津古籍出版社、二〇一三年）に述べられている。また南宋末撫州における救荒政策を論じたものに赤城隆治「宋末撫州救荒始末」（『中嶋敏先生古稀記念論集（下巻）』汲古書院、一九八一年）がある。

（11）『救荒活民書』については吉田寅「『救荒活民書』と宋代の救荒政策」（『青山博士古稀紀念　宋代史論叢』省心書房、一九七四年）。

（12）『救荒活民書』巻二、「諸官私田災傷、夏田以四月、秋田以七月、水田以八月、聽經縣陳訴」。

（13）『救荒活民書』巻二、「諸受訴災傷狀、限當日量傷災多少、以元狀、差通判或幕職官〔本州缺官、卽申轉運司差〕、州給籍用印、限一日起發、仍同令佐詣田所、躬親先檢見存苗畝、次檢災傷田畝、具所詣田・所檢村及姓名・應放分數注籍、毎五日一申州」。

（14）『救荒活民書』巻二に引く「検覆災傷狀」による。

（15）たとえば『宋會要輯稿』食貨五七―九、元豊七年六月一日条、同食貨六八―八〇、淳熙八年正月十六日条など。

(16)『晦庵集』別集巻七、施行許令人戸借貸官司米穀充種子佈種「常平免役令、諸災傷計一縣放税七分以上、第四等以下戸乏種食者、雖舊有欠閣、不以月分、聽結保貸借」。
(17)『救荒活民書』巻二、減租条に「今州縣水旱十分去處、而夏税役錢、未有減免之文、至于檢放、止及田租耳」とある。
(18)前掲楊氏著書「第四章　救荒抄劄給暦」を参照。
(19)『浣川集』巻四、論抄劄人字地字格式劄子「竊覩大府頒下抄劄格式、釐爲三等、有力自給之家、爲天字號、不糴不濟。其次則地字者糴。人字者濟。彼有力自給之家、固爲易見、若其以粗有田產・藝業者爲地字、鰥寡孤獨癃老疾病貧乏不能自存者爲人字」。
(20)『救荒活民書』巻二、賑糶条。
(21)黄榦の賑救については斯波義信「漢陽軍――一二一三〜四年の事例――」（『宋代江南経済史の研究』（汲古書院、一九八八年）を参照。
(22)『勉齋先生黄文肅公文集』巻三一、漢陽軍管下賑荒条件「以各村人戸分爲四等。以能自食而又有餘粟、可備勸糶爲甲戸。以無可勸糶而能自食者爲乙戸。以不能自食而藉官中賑糶者爲丙戸。以官中雖有粟出糶而其人無錢可糴者爲丁戸。……丁戸乃是鰥寡疾病不能自濟之家」。
(23)『咸淳毗陵志』巻八、国朝郡中。
(24)『救荒活民書』拾遺、李珏賑濟法「將災傷都分、作四等抄劄。仁字係有產税物業之家。義字係中下戸、雖有產税、災傷實無所收之家。禮字係五等下戸及佃人之田、幷薄有藝業而飢荒難於求趁之人。智字係孤寡貧弱疾廢乞丐之人。除仁字不係賑救、義字賑糶、禮字半濟半糶、智字並濟。並給歴計口如常法」。
(25)『孟子』公孫丑章句上。
(26)真徳秀『真西山文集』巻七、申尚書省乞再撥太平広徳済糶米。
(27)『晦庵集』別集巻十、公移、審実糶済約束
「縣市
一、上等。有店業、日逐買賣營運興盛、及自有税產贍給、不合請給歴頭人戸若干。開具坊巷、逐戸姓名、大小口數。
一、中等。得過之家幷公人等、合赴縣倉糴米人若干。開具坊巷・逐戸姓名、大小口數。
一、下等。貧乏小經紀人、及雖有些小店業、買賣不多、幷極貧秀才、合請歴頭人戸若干。開具坊巷、逐戸姓名、大小口數」。
(28)いわゆる胥吏層で、衙前・専副・庫・秤・掐子・杖直・獄子・兵級の類を言い、吏人とは違い、より単純な労働職が中心であった。梅原郁

「宋代胥吏制の概観」（『宋代官僚制度研究』、同朋舎、一九八五年）参照。

(29) ただし、当該史料において宝祐六年のみ敏字号人戸に賑糶しており、この年に恵字号人戸に対し賑済が行われたかは定かではない。しかしながら、当該史料において各年の賑救にかかった支出総額を述べる個所では、賑糶分しか記さず、賑済が行われた痕跡はない。

(30) 『宋會要輯稿』食貨五七―一八、紹興六年二月七日「右諫議大夫趙霈言……自來官中賑濟、多止在城郭、而不及郷村」、同食貨五七―一九、紹興十年三月十九日「臣寮言、諸處糶米賑濟、只及城郭之內、而遠村小民、不霑實惠」など。

(31) 第七章「宋代都市の税と役」。

(32) 程民生『宋代人口問題考察』（河南人民出版社、二〇一三年）九三頁。

(33) 第一章「宋代明州城の復元――都市空間と楼店務地」。

(34) 前掲程氏著書二六頁。

(35) 前掲程氏著書二六頁。

(36) 梅原氏によると南宋後期の官戸は、①品官の家、②品官本人が亡くなったが子孫が恩蔭を持つ者、③宗室・内命婦の親族で陞朝官になった者、④進納授官、⑤保甲授官、⑥妻の家の戦死・もしくは遺表の恩沢で授官、⑦祇応労あり・進頌採るべき者、⑧特旨及び非泛の補官に整理される。同「宋代の形勢と官戸」（『東方学報』六〇、一九八八年三月）。

(37) 前掲梅原氏「宋代胥吏制の概観」。

(38) 大澤正昭「「五口の家」とその変容――家族規模と構成の変化」（『唐宋時代の家族・婚姻・女性――婦は強く』明石書店、二〇〇五年）の表より算出した。

(39) 前掲程氏著書二三頁。

(40) 『淳熙三山志』巻十、版籍類一、僧道。

(41) 『寶慶四明志』巻十三、鄞県志、叙賦・戸口。

(42) 前掲程氏著書九一頁。

(43) なお斯波氏は鄞県の都市人口比率を一四％としている（前掲『宋代商業史研究』三三一頁）が、既述のとおり鄞県の坊郭戸には無産下層民が含まれないので、坊郭戸数が都市人口すべてを表しているわけではない。むしろ無産下層民や軍人を含めたうえでの二一・六％という数字は、斯波氏の指摘する州治所在県における人口比率が二〇％前後とするのに適合する。

(44) 前掲斯波氏「漢陽軍――一二一三〜四年の事例――」。

(45) 前掲高橋氏「南宋臨安の下層民と都市行政」。

(46) 都市における船夫や荷役などの運船業については斯波義信「運船業の経営構造」（前掲『宋代商業史研究』）を参照。

(47) 程民生『宋代物価研究』（人民出版社、二〇〇八年）三五四頁。

(48) 前掲程氏『宋代物価研究』一四一―一四七頁。

(49) 前掲程氏『宋代物価研究』一七九―一八〇頁。

(50) 『寶慶四明志』巻十二、鄞県、叙水「江東碶閘。縣東城外半里。淳祐二年、祕閣修撰陳塏守郡日、據士民白劄子、本府江東米行河舊有碶閘、隨時啓閉、內通東湖水脈、外障大江潮汎、沿河兩岸、各有古來石磡。四五十年以來、兩岸居民節次跨河造棚、汙穢窒塞、如溝渠然、水無所洩、氣息烝薫、過者揜鼻」。

(51) 『寶慶四明志』巻十二、鄞県、叙水「保豐碶。縣北城外半里。……明年、郡守陳塏講究水利、邦人具言、保豐興廢、關鄉里豐歉。……乃知故基爲碶、旁居民李・沈二家冒占、爲屋爲蔬畦。下其事于都廳、索兩家契據、原無所憑。但云、祖父以來、相承有此、具伏侵冒。于是親督壕寨、引繩度地、碶所不用者、捐以予之、且厚所犒。然此地、本樓店務所有、原非二家之物」。

(52) 第一章「宋代明州城の復元――都市空間と楼店務地」。

(53) 『宋會要輯稿』食貨四―一一、方田。

(54) 前掲宮澤氏論文。

第三章　貿易と都市——宋代市舶司と明州

はじめに

前近代中国において、皇帝による専制国家は大よそ二千年続いた。その歴史の中で、市舶司などに見られるように海上交易を国家が管理し、沿海行政・貿易制度を初めて成立させていったのは、およそ千年を経た、専制国家の折り返し地点に当たる宋代と見なされる。[1]むろん、唐代にも広州における市舶使の存在を認めうるが、それが体系だって執行されたとは見なしがたく、依然南海のいち地方業務として運用された（ただこの事が専制国家における唐代市舶制度の重要性を損なうわけではない）。国家が海上貿易の重要性を認め官制・法律を備えたのは、やはり宋代を嚆矢とするであろう。つまり中国専制国家が誕生し寿命の半分を重ねて、稍く海上交易に対する地方行政、つまり沿海行政が執行されるようになった。

この貿易管理業務は、主に沿海の海港城郭都市において執行された。それは前もって存在した行政都市に、後生の貿易管理業務を執行するための施設が後付けされたことを意味する。そして、貿易管理業務が国家やその財源にとって不可欠なものとなるにつれ、その貿易管理業務完遂のために、もとの行政都市を貿易都市へと改変するに至った。本論の舞台である明州においては南宋後期（市舶制度より見れば、両浙市舶司廃止の乾道二年［一一六六］以降）より改変が始まると考えるが、ここでは宋代に興った貿易管理業務が海港都市という現場において、どのように執行されるのかを検討していきたい。市舶制度については藤田豊八氏・石文済氏の古典的研究があり、[2]また石氏は市舶業務と都市との関係にも注意し、その論考において図を付しているが残念ながら正確性を欠く。そこで、都市という枠内で市舶業務を検討し、都市空間の現場では如何なる業務が行われていたのかを論じてゆきたい。その事を通じて、中国における行政による貿易管理が都市において如何に執行され、またどのように都市空間を利用し改変していったかを明らかにすることができるだろう。

なお、宋代の市舶行政は国際貿易や外交をその主幹業務とするが、外交に関しては朝貢・招来を求める中国側からの使者が偶に出帆すること以外に、他国へ使者を派遣することはなく、主には蕃国使者の到来・接待を担当したが、本章では貿易業務に限って検討する。(3)

第一節　漢人海商の出国

まずは、中国の海商が海港都市を出発するまでの手続きから始めよう。漢人海商が外国へ出帆し、海外物貨を購入するためには、一般には出国のための渡航証明書である「公憑」（あるいは「公拠」）を取得せねばならなかった。しかしながら、当初より公憑発給制度が整っていたわけではない。早く端拱二年（九八九）五月に漢人海商が海外貿易するに当たって、必ず「官券」発給を申請し、そして両浙市舶司が「官券」を発給するよう定められているが、(4)その仔細について、史料は語らず不明である。

公憑発給制度に関しては第四章で論じるので、ここではその概要のみ紹介しておくと、元祐四年（一〇八九）においては、漢人海商はまず搭乗の貨物リスト及び目的地を記した牒状を所在の州へ申上し、また物力戸（資産のある家）三人を保証人に立てて、当の海商が「違禁物」及び兵器等の原材料を搭載することなく、もし違反した場合に同罪を受ける連帯保証をさせ、当該州はそれを検査したのち、市舶司にその牒状を送り、そうして初めて市舶司から公憑が発給された。こうした手続きは『朝野群載』巻二十、異国に残す「李充公憑」によっても確認できる。

李充を例にとれば、出身の泉州にまず牒状を提出し、州のチェックなどを済ませたのち、州から牒状が明州市舶務へ移され、そこで公憑の原案が作成された。そして、明州市舶務において市舶務を兼任する通判・知州の署名と押印が施され、公憑は効力を備えることとなった。

また公憑には帰国後、かならず出発した市舶司に戻り、課税・先行買付を受けることも明記されており、漢人海商は原則として出発した市舶司に帰帆することとなっていた。

市舶司に出向いた漢人海商は公憑を受け取り、待ちに待った海洋へと出帆する。しかし、宋代市舶司の設置された海港都市（明州・泉州・広州など）はほとんどが海口間際になく、すこし河川を溯上した平野部に立地した。ゆえに市舶司を出発してもまだ、内地の河川を下らなければならない。その折に、貿易の禁止されている銅銭を密かに積み込んで海外に密売することもあり、市舶司系列の官員は海商と癒着しているかもしれないから、転運司系列の官員一名とそれを監視する通判一名を派遣して、外洋に出るまで監視させることもあった。(5)

渡航国に関して、元豊三年（一〇八〇）八月に中書の上言により兼官による提挙市舶制度が開始され、熙寧年間（一〇六八―一〇七七）に制定された市舶条例が施行されることとなるが、その前年の元豊二年（一〇七九）に、それまで禁じられていた高麗への渡航が許可されることとなった。その際、高麗への商人の入国に当たって、その搭載物の価値が五千緡になる場合、明州がその商人を登記し引（搭載物リスト）を与えることになっている。(6)また、李充公憑に記す「敕條」によれば、旧来（元豊以前）は日本や高麗、大食等への渡航を禁止していたが、崇寧四年（一一〇五）の段階では三仏斉など、北界・交趾を除く諸蕃国への渡航が許可されていた。またこの時期には、さらに泉州・(7)密州(8)に市舶司が増設され、宋朝沿岸部において北は密州、南は広州にいたる五海港都市（杭・明州を含む）による沿海地域行政が開始されたが、貿易先の国々は大きく東と南に分割して管轄され、広州市舶司は南蕃船を、両浙（明州）市舶司は日本・高麗船を管轄することとなった。(9)ゆえに明州では日本や高麗に向かう船舶を主に管轄したのであり、(10)日本に赴いた李充の公憑も明州市舶務の発給にかかったのである。

第二節　蕃漢海商の入国・課税

(a) 入　国

漢人海商が外蕃から貿易を終え海港都市に帰帆するとき、また外蕃海商が入港するとき、広南や福建ではその入り江において巡検司が入港を監督し、市舶亭・市舶務まで引導した。『萍洲可談』によると広州では、溽洲の望船巡検司が商船の帰還を祝賀して、酒や肉を振る舞って賑わい、そして広州の市舶亭下までへ護送したとある。(11)『萍洲可談』の著者である朱彧の広州に関する記事は、父朱服が徽宗朝に知広州に赴任した時の紀聞であるとされるから、北宋末期には広州でこうした巡検司による商船護衛が行われていたと見てよいだろう。

また泉州においても蕃船が到来すると、巡検司が蕃船を封鎖し、人吏を召喚して務亭まで引導させている。(12)

明州の場合には、明州の主要幹線水路である甬江河口に位置する定海県が、同様の職務を行っていたと思われる。『寶慶四明志』巻三の官僚条によると、北宋より土軍官として「海内巡檢指使」「管界巡檢」が定海県に設置されており、またその兵員数は海内寨で兵額二四〇人、管界寨で一二〇人であった。(13)これら巡検の職務には「三洋巡逴」、「北事探望」、「港口守把」の三種あり、遠くは対岸の蘇州許浦にまで船を走らせ海洋の巡察と港湾部の守護を行っていた。(14)そうした巡察の網にかかった民間商船がそのチェックを受け、甬江を溯って明州城下まで案内されたことであろう。

(b) 抽解・博買

巡検司などに引導された船舶は、まず城外の市舶亭・務へと向かうことになる。そこで宋代に市舶亭・務が設置された場所を見ると、一つの特徴が見て取れる。それはおおよそ、州城の城外の河川・運河沿いに位置している点である（図1～4を参照、(15)なお図の縮尺は揃

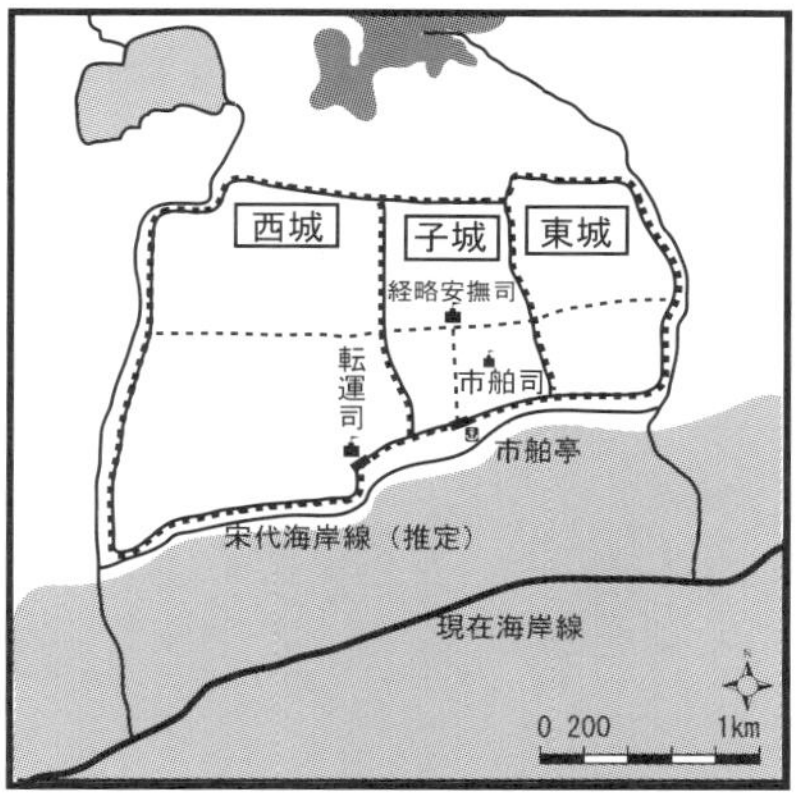

図１　広州市舶司図

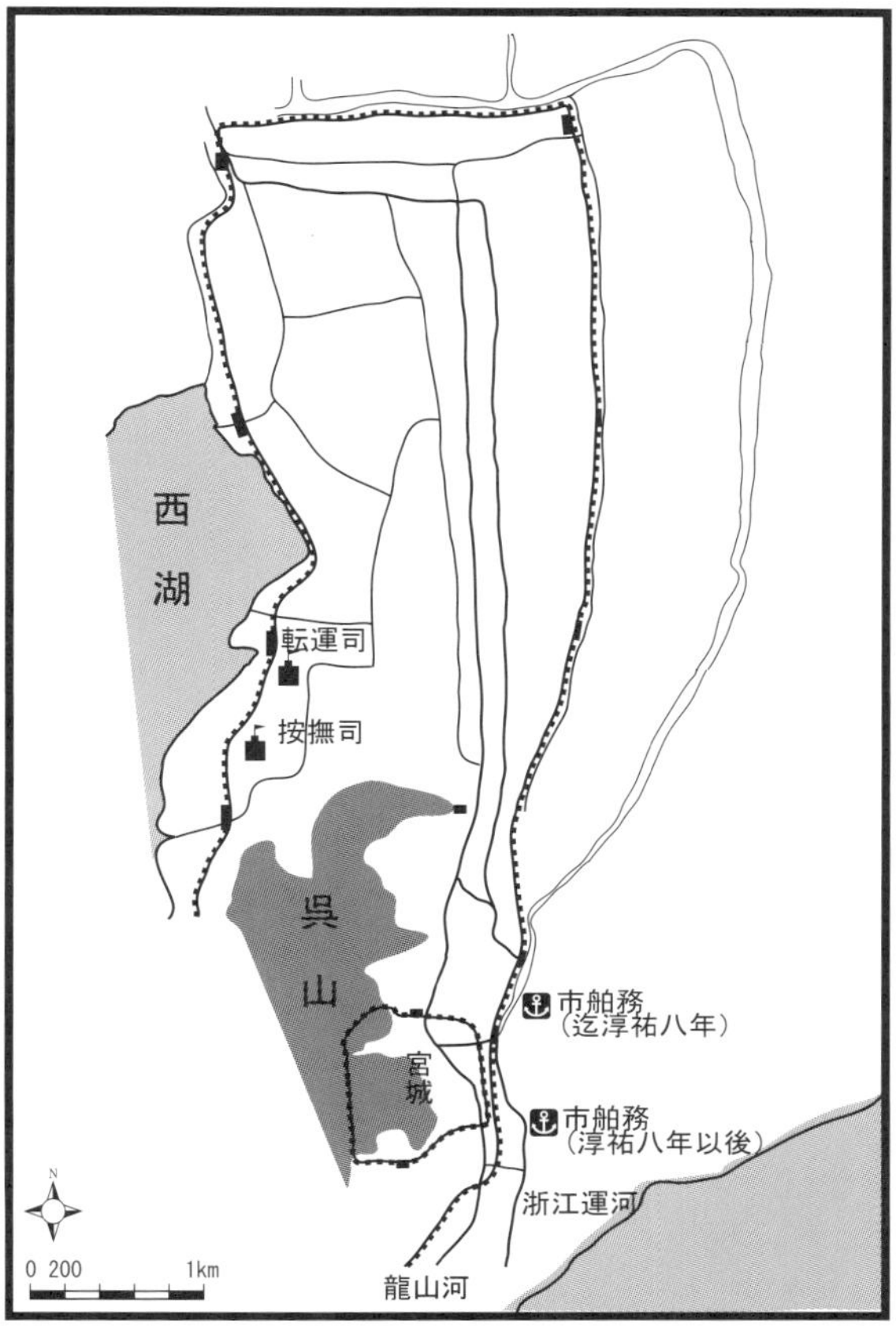

図２　杭州市舶司図

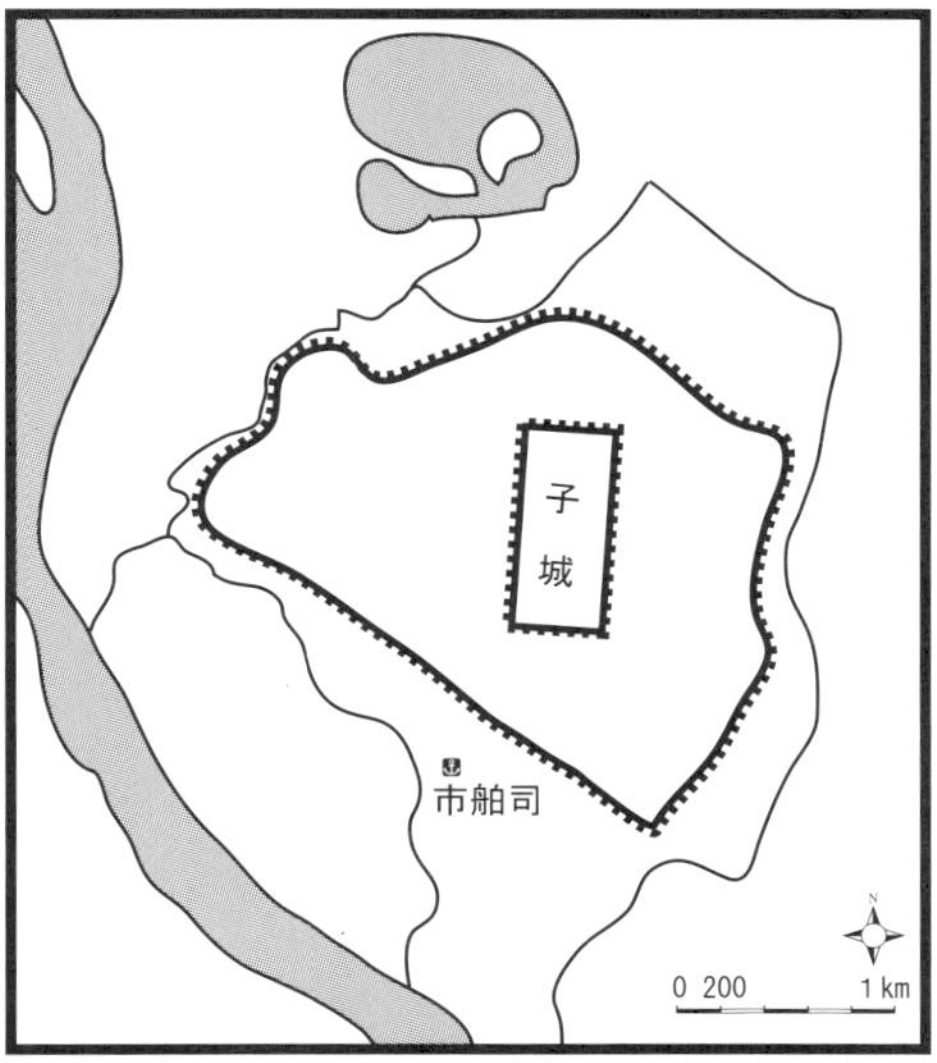

図３　泉州市舶司図

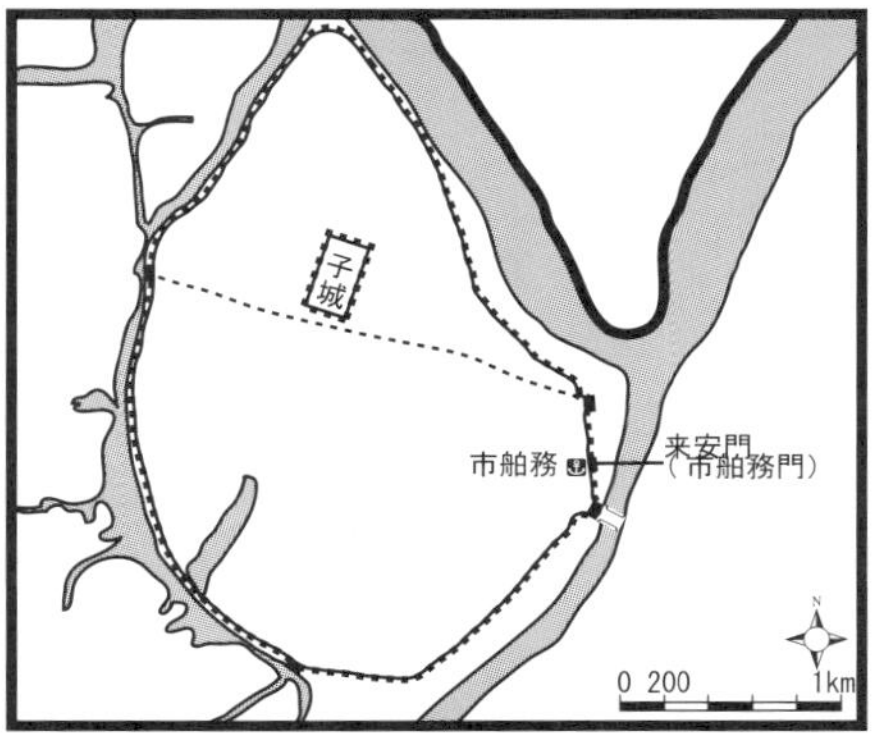

図４　明州市舶司図

えてある）。

そうして、主に城外の水際に位置する市舶亭にて課税・先行買付である抽解・博買が行われていた。先に見た『萍洲可談』の続きには、巡検司は市舶亭下まで護送し、不法行為の起きないように監視を行い、転運司と市舶官が貨物を臨検して課税したとする(16)。このことに関して、明州市舶務の事例を『寶慶四明志』巻三、市舶務条が詳しく伝えているので、分析しておきたい。

淳化元年、初め定海縣に置き、後に乃ち州に移す、子城の東南に在り、其の左は羅城に倚る。嘉定十三年、火あり、通判王梃重建するも、久して圮つ。寶慶三年、守胡榘は楮劵萬三千二百八十八緡有奇を捐し、通判蔡範に屬し之れを撤新し、其の廳事を重ね、其の閈閎を高うす。內廳の扁に淸白堂と曰い、後堂は舊名を存し雙淸と曰う。淸白堂の前、中唐に屋有り、以て往來に便とす。東西前後、四庫を列し、臚は二十八眼に分かつ。「寸地尺天皆入貢、奇祥異瑞爭來送、不知何國致白環、復道諸山得銀甕」を以て之れを號す。兩夾東西、各おの門有り、東門は來安門と通じ、來安門を出づれば、城外往來の通衢と爲す。衢の南北は、各おの小門を設け衢を隔つ。來安門に對し、又た大門を立て、門の外は江に瀕し、來遠亭有り。乾道の間、守趙伯圭建つ。慶元六年、通判趙師嵒修む。寶慶二年、蔡範重建し、更めて來安と名づく。賈船至らば、此こに檢覆す。三門を歷し以て務に入り、而して衢の南北小門を閉ざせば、容頓寬敞にして、防閑愼密たり、司存の吏も、亦た戾を免ずるなり。務の前門は、靈橋門と近し。紹定元年正月、火あり、務の西北より、南に延燎するも、務獨り免ずるも前門は燬けり。二月、重建す。此の門よりの外、先後建置し、皆な碑記有り(17)。

この記事によれば、嘉定十三年（一二二〇）に火災で市舶務が焼失したあと、宝慶三年（一二二七）に知慶元府胡榘が寄付をし、通判蔡範に市舶務重建を嘱託している。市舶務には前後に二庁堂（中庭に家屋あり）、四ブロック二十八庫（市舶庫）が備え付けられており、庫には「寸地尺天皆な入貢し、奇祥異瑞争いて來送す、知らず何れの國より白環を致すやを、復た道わんか諸山に銀甕を得ると」の七言詩に応じてそれぞれ漢字一字の庫号が付けられていた(18)。敷地には東西に門を備え、東門は来安門に通じ、来安門を出れば城外の大通りに出た。大通りの南北には小門が大通りを隔離するために設けられていた。また来安門に対面するように大門があり、門外は奉化江に瀕し、来安亭（来遠亭）が備わっていた、とする。以上の記事を元に、明州における市舶務の模式を示したのが図5である。なお、この胡榘による市舶司再建と通判蔡範の来安亭再建にあたり、通判蔡範が「市舶司記」を、慶元府府学教授方万里が「來安亭記」を碑石に記し、その残碑が道光七年（一八二七）の道路工事の際に発見されている。[19]

そして商船が来れば城外の来安亭で検覆したという。先の広州の事例と併せ考えて、ここには抽解・博買も含まれたであろう。また市舶務に入るには三つの門をくぐる（そのうち二つ目の来安門をくぐれば入城する）が、その際に大通りの南北小門を閉鎖し、民間や担当外の官吏が海商と接触するのを断つ、いわば〝真空〟構造を持っていたことを伝えている。

すなわち、宋代において蕃漢海商が明州へと到来すれば、おそらく巡検司などに導引されて三江口から奉化江をやや溯上して明州城の東南、市舶務付近まで船を進め、城外の来安亭に係船する。市舶司系官吏あるいは転運司系官吏は、城外へ出て来安亭にまで出向き、そこで抽解・博買を行ったが、その際には抜け荷や私的売買などの脱法行為を防ぐために、大通りの小門が閉鎖されていた。あるいは、商船の来着時にはすでに閉ざされていたのかもしれない。その後、漢人海商は公憑を市舶務に返還するため、あるいは蕃漢海商が転売するための抽解・博買済証明書の発給のために、他に寄り道できないまま三門をくぐって入城・入務した。このように、市舶行政を不法なく執行するように、市舶務・亭等が機能を分担させて建設されており、抽解・博買等は城外の来安亭に行い、博買された物貨は閉鎖された通りを通って城内の市舶務内の市舶庫に運び込まれ、収蔵された。公憑や引目等の文書発給も、城内の務内にて行われた。こうして、市舶行政に応じて文書行政は城内、抽解・博買などは城外にて行い、それに呼応して都市の構造化が図られていたことが諒解される。抽解・博買は城外の瀕江の亭にて行い、城内外の空間を〝真空〟の道によって繋ぎ、文書処理は城内の務あるいは司で行うという空間構造は、蕃漢海商が別ルートより城内に入り市舶務に向かうことを禁じ、城外から直接市舶務に入ることを意味した。

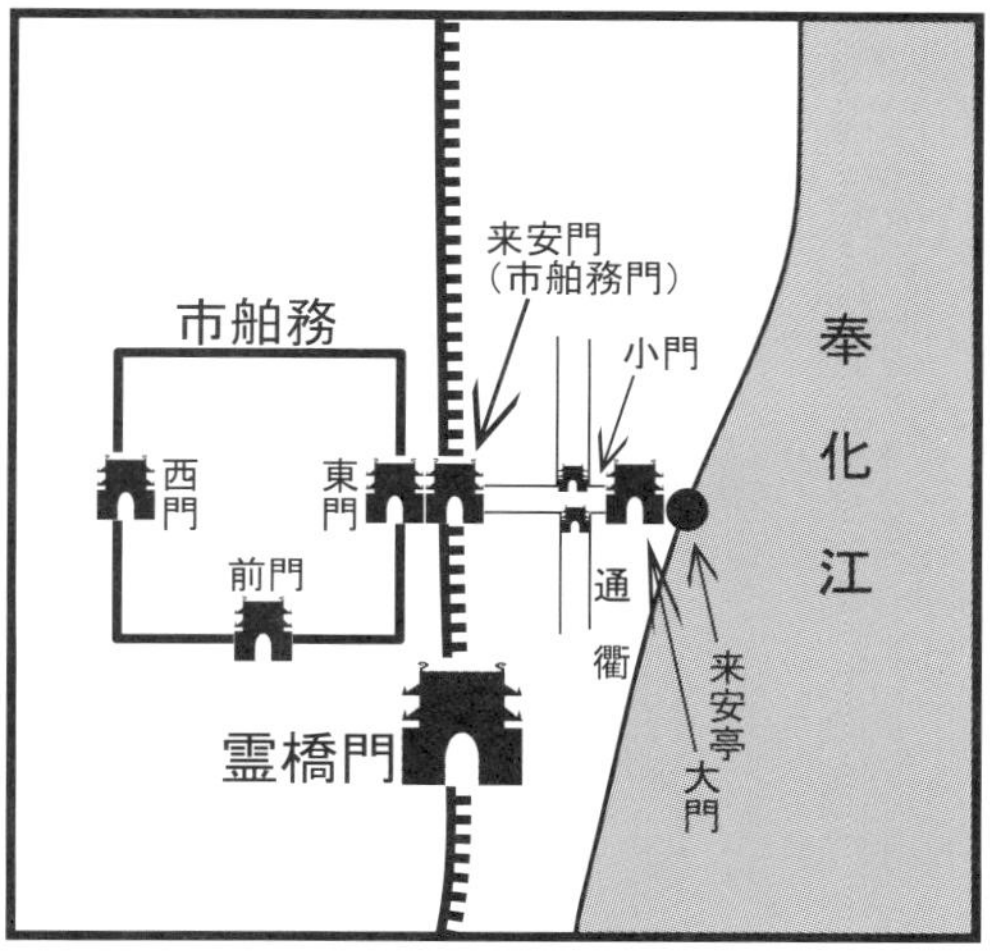

図５　明州市舶司近傍図

ただ、こうした構造が宋代の当初より見られたわけではない。太平興国七年（九八二）

閏十二月に民間での香薬売買を制限つきで許可した際、禁権に当たっては広・漳・泉州の船舶上で行うように定めており、市舶亭など海港都市への上陸を許していない[20]。ここに一口に市舶行政と言っても、政策の変動があったことを窺わせる。貿易業務の都市空間における構造化は、明州の場合には南宋後期に求めることができる[21]。

いま述べたように、城外の市舶亭（来安亭）下では抽解・博買が行われた。抽解とは舶来物貨に対する課税であり、原則的に細色物貨には物貨の十分の一[22]、麤色物貨には十五分の一を課した[23]。先行買付である博買についても、抽解博買制度の成立した淳化二年（九九一）には良貨の半分を博買し[24]、下って隆興二年（一一六四）時の両浙市舶司中条によれば、犀角・象牙などは十分の四、真珠は十分の六に及んでいた[25]。

こうした抽解・博買の実態について、先の市舶司再建の前年に当たる宝慶二年（一二二六）に知慶元府であった胡榘の劄子に詳しく見えている[26]。胡榘によれば、宝慶二年以前の明州市舶務における抽解は、細色が五分の一、麤色が七分半の一を市舶務の旧法としていたが、実際にはまず舶来物貨を十五等分し、うち一分を市舶務が抽解し上供に充て、綱首は一分を水脚・消耗費用に充て、慶元府は三分を博買し、通判二員も一分ずつ博買するので、商船が帰還時には八分しか残らず、実に五分の二を奪っている。そのため商人が来ないので、戸部の優遇策に従って、日本・高麗商船の綱首・雑事に対しては十九分の一、そのほか同船の商客は十五分の一を抽解し、海南船や諸蕃船も年例に従うことを胡榘は求めていた。ここでは府や通判までも博買に関わって過重の弊害を招いており、先の市舶司業務の都市空間的分化を生む契機の一つとなっていただろう。

ただ『寶慶四明志』巻六、市舶には「海南・占城・西平・泉広州船」の条に付して、「綱首・雑事・梢工・貼客・水手を分かたず、例として一十分を以って一分を抽す。鉄を般販せし船は、二十五分もて一分を抽す[27]」と記し、日本・高麗船とは違い、南蕃船などは綱首以下区別なく十分の一を抽解するとしている。ここには抽解を経ているはずの泉広州船も抽解を受けたようで、こうした規定は元代における泉広州で商売した客商の抽解済みの物貨に対する二重抽解の前例であったようである[28]。ただ宋朝政府は通常、二重抽解を禁止し[29]、また公憑取得の市舶司以外での抽解を禁止しており[30]、こうした明州市舶務の規定は南宋後期における明州の地域的特色と見てよいだろう。抽解分率についても、広州市舶司では細色十分の一、麤色十分の三[31]、泉州市舶司でも乳香十分の一分一厘と[32]、地域によって若干税率の偏差も見られる。こうしたことから、市舶行政の内容が市舶司の置かれた沿岸都市に画一であったのではなく、各都市においてそれぞれ在地の状況に応じて、抽解率などを異にしながら地方行政が執行されていた様を見出しえよう。

（C）転売

城外の来安亭で抽解・博買を経た後、蕃漢海商たちは入城して市舶務・市舶司へ向かい、文書の処理を行うことになる。まず漢人海商は海外渡航に使用した公憑を返還する。(33) 加えて抽解を受けた物貨や博買されなかった物貨を他州へ転売する場合、その移動証明書（こちらも「公憑」と呼ばれた(34)）あるいは課税済み商品リスト（「引・引目」）の発給を申請した。(35) 蕃漢海商の他州転売については、市舶行政を乱すものとして規制されることもあったが、やがて所定の手続きが定められ物貨名数を申上し、それらが記載された引目を受け取ることとされた。引目を手にした蕃漢海商たちは、さらに利益を求めて各州・路を訪れた。(36)

ただ、南宋後期になると、海南州軍への転売に際しては慶元府の明州市舶務が発給する公憑を取得せねばならなくなった。その背景には、市舶制度紊乱にともなう粛正によって、乾道二年（一一六六）に両浙市舶司が廃止され、市舶業務が転運司に移譲されていたことがある。(37) そして嘉定六年（一二一三）四月七日に両浙転運司が上言するには、泉州・広州市舶司で抽解を経た物貨に対して両市舶司が公引を発給し、日限を定めて臨安府市舶務に赴き転売を行う客商がおり、臨安府市舶務はその公引を受け取って転運司に申上し、通判と主管の官吏が公引に記す物貨名数が同時に来ているかを対比して調査し、その後臨安府都税務が税を徴（抽解）し出売した。ところが、先ごろ指揮が下って臨安府では抽解せず市舶司に帰還させるようになったが、その事を知らずに泉広州で抽解を経て引もある船が転売するに際して、臨安で抽解すべきかどうかを上申した。(38) その後、商人は海南州軍に赴き買付を行う場合には慶元府でのみ公憑を発給し、その他の州軍では発給せず、また泉州・広州で購入した物貨については、福建路・広南路市舶司が引を出給し、臨安市舶務が抽解してから転売することとなり、もともと載せて来た船に再び搭載して泉州・広州等に行ってはならないとされた。(39) この規定は国内における商人の南海物貨転売に関する規定であり、南宋後期には慶元府を経由することが義務付けられることとなった。

第三節　綱運及び出売

(a) 綱　運

城外で博買を経た物貨はいっとき城内の市舶庫に保管されるが、そのうち上供に堪えうる物は首都へと運ばれ、麤重な物は市舶司で出売されることになる。しかしながら綱運に当たっては、随時の対応であった。天聖五年（一〇二七）九月には、広州で香薬を博買して一・二綱に及べばすぐさま聞奏し、使臣を遣わせ管押せんことを乞うている。(40) 当初、市舶司で博買した物貨の綱運に際しての専門担当官が設定されてはいなかった。また熙寧四年（一〇七一）五月十二日には、同じく広州で毎年の抽解・博買する乳香・雑薬は綱を計算して転運司に申し、広南東西路の得替官を召させて、上京送納を担当させている。(41) また日本の硫黄を買い付けた際にも、明州において十万觔ごとに一綱とし、官員を募って担当させていた。(42) 元符三年（一一〇〇）六月十一日になり、広州では押綱を望む官員が不在の場合、三司の軍将・大将を中央より派遣して担当させることとなっている。(43)

通常、わずかで単価の高い細色物貨は一綱ごとに五千両、大きくて重たく単価の低い麤色物貨は一万斤を単位とした。ところが大観年間（一一〇七―一一一〇）以後、犀・牙・紫礦が麤色物貨から細色物貨へと格上げされた結果、細色綱が十二に分かれることとなり、運輸費用である脚乗贍家銭も三千余貫にまで膨れあがることとなった。(44) そこで建炎二年（一一二八）七月八日には、両浙市舶司において運送を担う歩担人の雇用を止め、一緒くたにして団綱起発することとし、広南・福建路市舶司もこれに準じさせ、冗費を減らすように詔が下っている。(45) また紹興三年（一一三三）十二月十七日になると、博買物貨のうち上供すべき物貨を定め、運輸費の節約を図った。(46) また杭州を首都に定め、金との和議がなった紹興八年（一一三八）の七月十六日には上供物貨をさらに絞り込んだようで、和剤局や民間であまり購入されない物貨を上供せずに市舶司出売用に変更した。(47) また紹興十一年（一一四一）十一月には、上供物貨のうち市舶司で出売してもよい物貨をさらに改定し増加している。(48) これら一連の政策は、南宋初期における戦時体制的措置、つまり前注に見た抽解物貨に対する高抽解率や多物貨出売、及び運送経費削減による戦費捻出であったと見てとることもできるだろう。北宋期までは単なる地方行政の一斑であったのが、南宋初期における市舶行政は、一時的に戦時体制を取り、その歳入が国家財源を潤した時期であった。

それでも広州市舶司の麤色物貨は、乾道七年（一一七二）十月には正額二万斤、損耗六百斤を一綱とし、水運費用一六六二貫三三七文を運輸経費として必要とした[49]。また、淳熙二年（一一七五）二月二十七日には泉州・広州市舶司の麤細物貨綱運はすべて五万斤を一綱とし、運輸数量を拡大することによって、綱運回数とそれにかかる運輸費用の節約が図られている[50]。

加えて泉州市舶司の綱運に関して、南宋後半期に細色は陸運、麤色は海運が取られた。前者の細色歩担綱運には福建路の司戸丞簿を派遣して担当させ、後者の麤色海道綱運は福建諸州の使臣で海道に明るい者を選び担当させ[51]、広州市舶司の場合と異なる方式が取られている。また、運輸費用等についても、泉州では担脚銭を独自に課しながら一般地方財源に加えており、市舶行政が各地で独自に進められていたことが再確認されよう。本章の舞台となっている明州は、南宋時代には首都臨安が近いため、綱運史料はさほど見いだせないが、明州市舶行政による上供物貨の綱運も如上のように臨時の起発であったろう。それはそもそも海外貿易による物資の集積が海商の往来の多寡に応じたためであった。

明州における細色綱や麤色綱の綱運船団は、普通銭塘江を溯ることはなかった。おそらく州城の東南に位置する市舶務あるいは市舶庫から出発し、餘姚江を溯って浙東運河に浮かび、臨安に向かったと考えられる。

(b) 出売

博買物貨で上供されないものは城内で出売された。崇寧四年（一一〇五）五月には広州市舶司の要請によって、毎年蕃船が着岸すれば、買うべき物貨や出売には、市の実際価格を用い、息二分を過ぎないように詔が下されている[52]。また紹興元年（一一三一）には、広州市舶司が抽買した香は、行在で定めた品格に準じて一まとめとし、人を召して算請（銭を納めて販売する）させ、その売り上げが五万貫となれば軽貨（絹帛・銀）に代えて行在に運ばせるよう詔が出されている[53]。この場合は、先に見た南宋初期の冗費削減と同調し、財源確保として市舶物貨を市舶司下で出売し貨幣へと換え、行在へと輸送されている。しかし一般には博買した麤重物貨は出売されて現銭となり、市舶行政の財源として市舶庫に保管され、先に見た綱運費用など通常経費の利用に備えた。『閩書』巻三十九、版籍志、雑課によると、

其れ甚しく賤にして解運に堪えざる南海貨物の如き者は、之れを官市し、其の價を以て市舶公銭庫に入る。……凡そ南海の物價に堪えざる、及び乳香價本二分は官錢庫に藏め、以て聖節・大禮・宗子廩給、諸色綱運錢、官吏請給、搬家、宴番、送迎、修造、凡そ經常の費に供す。(54)

とし、博買物貨のうち上供にふさわしくない麤重物貨は現地で出売され、その地での市舶行政にかかわる経常費に充てられていたことが諒解される。以上見てきた明州市舶務での市舶行政も、おそらくこうした出売上によって運用されていたであろう。

おわりに

以上、海港都市という現場における市舶行政を検討してきた。そこで明らかになったことのうち特に注目されるのは、貿易業務を行う市舶務の置かれた明州において、南宋の後半期にその業務を区別するように城外において舶来物貨を検査・課税・先行買付し、城内の市舶務にて文書の交付などが行われていたことである。また、そのために城外に亭が設けられ、またその実効性はともかく、貿易にまつわる不正を除外しようと城門や通衢を〝真空〟化していた。しかしそのことが先史的エンポリウムのような政治的中立の場所を意味したのではなかった。(55) 既存の行政都市に貿易業務が加わることによって貿易都市が誕生したために、城外であったとしてもそこでは強い政治権力が働いたのであり、ここに中国における貿易・海港都市の特徴を見て取ることができる。

こうした都市空間構造は、明州においては南宋後期より見られた。それは便近の杭州を首都に定めて以後、市舶行政による貿易利益の増大が国家財政に大きく寄与し始めた時期に当たる。(56) 市舶貿易による国家財源の重要性の増した南宋後期に、明州の都市構造が貿易業務を完遂できるように改造されることとなった。

明代に入ると、明州における貿易業務遂行のための都市改造は、より政治権力による管理の色合いを強く帯びてくる。万明氏によると、明代初期の寧波（明州）では、市舶司は地方行政の中心である寧波城の西北、子城の府治西に移動され、また市舶司の「提挙宅」「副提挙宅」が城東北の三江口・桃花渡付近に立地し、港の出入審査・管理を行っていた。宋代には市舶務・市舶庫のあった区域には市舶庫（東庫）がそのまま存続し、朝貢貿易によって集積した貨物を保管した。また寧波への入港にあたっては、河口の定海巡検司が厳格な入港審査を行っていたという(57)。

こうして見れば、宋代では海港都市空間における市舶・貿易業務が城東南の霊橋門付近の城内外にまとまって立地し、市舶行政のうち文書業務と課税・先行買付等の業務が城内外で分離していたものの、まだ州の行政中心である子城からは遠く離れ、都市空間的に市舶行政が州の行政と隔たっていたことが分かる。一方、朝貢貿易を国策とし貿易業務の管理をより一層強めた明代では、宋代の都市空間を土台としながらも、業務を分割して海港都市全体に施設を分布する（行政区の西北、港湾区の東北、貨港区の東南、水運区の西南）こととなり、市舶司の文書行政は州行政の中心である子城へと移った。貿易業務が都市全体を飲み込んだとも言える。国際貿易の拡大と国家による貿易業務の管理強化に従って、都市空間も変容したことが分かる。ゆえに、都市空間という現場を通して見た宋代市舶行政は、南宋後期になってその国家的管理を強めて行き都市空間もそれに応じた改変を経て、明朝国家における市舶・朝貢制度の萌芽をみたと言えるだろう。

注

（1）本章では便宜的に、官民を問わずその場所では入手できない物資の売買・交換を交易と呼び、政府など政治権力による管理交易を貿易と呼ぶこととする。K・ポランニー「交易者と交易」（同著、玉野井芳郎・栗本慎一郎訳『人間の経済 1』（岩波書店、二〇〇五年）を参照。

（2）藤田豊八「宋代の市舶司及び市舶条例」（『東西交渉史の研究――南海篇』荻原星文館、一九四三年）、石文済「宋代市舶司的設置与職権」（『史学彙刊』一、一九六八年）。

（3）『宋會要輯稿』職官四四―一、雍熙四年（九八七）五月条「遣内侍八人、齎敕書金帛、分四綱、各往海南諸蕃國、勾招進奉、博買香藥・犀・

牙・眞珠・龍腦、每綱齎空名詔書三道、於所至處賜之」。

（4）『宋會要輯稿』職官四四―二、端拱二年（九八九）五月条、「詔自今商旅出海外蕃國販易者、須於兩浙市舶司陳牒、請官給券以行、違者沒入其寶貨」。

（5）『宋會要輯稿』職官四四―二三、紹興十一年（一一四一）十一月二十三日条、「詔下刑部立法、刑部立到法、諸舶船起發販蕃及外蕃進奉人使回蕃船同、所屬先報轉運司、差不干礙官一員、躬親點檢、不得夾帶銅錢出中國界、仍差通判一員謂不干預市舶職事者、差獨員或差委清彊官覆視、候其船放洋、方得回歸。……從之」。

（6）『宋史』巻一八六、食貨、互市舶法、「元豐二年、賈人入高麗、貲及五千緡者、明州籍其名、歳責保給引發船、無引者如盜販法。先是、禁人私販、然不能絶。至是、復通中國、故明立是法」。

（7）泉州市舶司の設置については土肥祐子「『永楽大典』にみえる陳偁と泉州市舶司設置」（『宋代南海貿易史の研究』汲古書院、二〇一七年）。陳高華「北宋時期前往高麗貿易的泉州舶商――兼論泉州市舶司的設置」（『海交史研究』二、一九八〇年）ほか参照。

（8）密州市舶司の設置については呂英亭「宋麗関係与密州板橋鎮」（『海交史研究』二〇〇三年第二期）を参照。

（9）『蘇軾文集』巻三十一、乞禁商旅過外国状、「元豐三年八月二十三日中書劄子節文。諸非廣州市舶司、輒發過南蕃綱舶船、非明州市舶司、而發過日本・高麗者、以違制論、不以赦降去官原減。其發高麗船仍依別條」。

（10）榎本渉「明州市舶司と東シナ海交易圏」（『東アジア海域と日中交流――九～一四世紀』吉川弘文館、二〇〇七年）。

（11）『萍洲可談』巻二、「廣州自小海至溽洲七百里、溽洲有望舶巡檢司、謂之一望、稍北又有第二・第三望、過溽洲則滄溟矣。……還至溽洲、則相慶賀、寨兵有酒肉之饋、并防護赴廣州」。

（12）『閩書』巻三十九、版籍志、雑課「毎番舶至、石湖・小兜二寨巡檢封堵、申差人吏坐押至務亭」。

（13）『寶慶四明志』巻七、叙兵・土軍条。

（14）『開慶四明續志』巻五、探望条。

（15）各図作成に当たって主に参照した文献は以下のとおり。図全般については石文済論文。図1については、曾昭璇『広州歴史地理』（広東人民出版社、一九九一年）、王元林『国家祭祀与海上糸路遺跡――広州南海神廟研究』（中華書局、二〇〇六年）。図2については梅原郁訳注『夢粱録』1～3（東洋文庫、二〇〇〇年）、斯波義信「宋都杭州の商業核」（同『宋代江南経済史の研究』汲古書院、一九八八年）。図3については伊原弘「泉州の異邦人と外来宗教」（歴史学研究会編『シリーズ港町の世界史２　港町のトポグラフィ』青木書店、二〇〇六年）、庄景輝『海外交通史迹研究』（厦門大学出版社、一九九六年）。図４については楽承耀『寧波古代史綱』（寧波出版社、一九九五年）、林士民『再現昔日的文明――東方大港寧波考古研究』（上海三聯書店、二〇〇五年）、斯波義信「寧波の景況」（同上著書）。

(16)『萍洲可談』巻二、「既至、泊船市舶亭下、五洲巡検司差兵監視、謂之「編欄」。凡船至、帥漕與市舶監官、莅閲其貨而征之、謂之抽解」。

(17)『寶慶四明志』巻三、市舶務条、「淳化元年、初置于定海縣、後乃移州、在于子城東南、其左倚羅城。嘉定十三年、火、通判王梃重建、久而圮。寶慶三年、守胡榘捐楮券萬三千二百八十八緡有竒、屬通判蔡範撤新之、重其廳事、高其閈閎。內廳扁曰清白堂、後堂存舊名曰雙清。清白堂之前、中唐有屋、以便往來。東西前後、列四庫、臚分二十八眼。以寸地尺天皆入貢、竒祥異瑞爭來送、不知何國致白環、復道諸山得銀甕、號之。兩夾東西各有門、東門與來安門通、出來安門、爲城外往來之通衢。衢之南北、各設小門隔衢。對來安門、又立大門、門之外瀕江、有來遠亭。乾道間、守趙伯圭建。慶元六年、通判趙師嵒修。寶慶二年、蔡範重建、更名來安。賈船至、檢覆于此。歴三門以入務、而閉衢之南北小門、容頓寬敞、防閑愼密、司存之吏、亦免于戾矣。務之前門、與靈橋門近。紹定元年正月、火、自務之西北、延燎于南、務獨免而前門燬。二月、重建。自此門之外、先後建置、皆有碑記」。

(18) 明州市舶庫における倉庫二十八区は、北宋開封城の謻門外に置かれた内香薬庫を模したものであろう。内香薬庫も同じく二十八区からなり、真宗御製の七言二韻詩が庫号として用いられていた。その詩は「毎歳沈檀來遠裔、累朝珠玉實皇居。今辰內府初開處、充牣尤宜史筆書」であった。『石林燕語』巻二を参照。

(19)『鄞縣通志』食貨志、通商略史。

(20)『宋會要輯稿』職官四四―二、太平興国七年閏十二月条、「詔聞在京及諸州府人民或少藥物食用、今以下項香藥、止禁権廣南・漳泉等州船上、不得侵越州府界、紊亂條法、如違依條斷遣。……凡禁榷物八種、瑇瑁・牙・犀・賓鐵・鼊皮・珊瑚・瑪瑙・乳香。放通行藥物三十七種、木香……」。

(21) ただこうした構造が、城外に市舶亭があり城内に市舶司があった広州においても当てはまるかどうかは別に検討が必要である。広州は唐以前より南海交易の中心であり、いわば交易（あるいは貿易）都市が早くから形成されており、一方の唐末以降に交易ステーションとなった明州の都市計画とは事情が異なると思われる。また泉州や杭州についても、都市の行政的側面や交易状況、政治的中心地との距離などによって貿易都市としての成長には差異があるであろう。それはまた別の課題である。

(22) 南宋高宗期の国家財政逼迫時には、一時の措置として細色物貨に対する抽解率を十分の四にまで高めていたが、紹興十七年（一一四七）十一月四日に蕃商の苦情を勘案して旧来通り十分の一に戻されている。『宋會要輯稿』職官四四―二五、紹興十七年十一月四日条。

(23)『宋會要輯稿』職官四四―一九、紹興六年（一一三六）十二月二十九日条、「戸部言、……其抽解將細色直錢之物、依法十分抽解一分、其餘麤色、並以十五分抽解一分。……詔依」。

(24)『宋會要輯稿』職官四四―一、淳化二年四月条、「詔廣州市舶、每歳商人舶船、官盡增常價買之、良苦相雜、官益少利。自今除禁榷貨外、他貨擇良者、止市其半、如時價給之、麤惡者恣其賣、勿禁」。

(25)『宋會要輯稿』職官四四―二七、隆興二年八月十三日条、「兩浙市舶司申條、具利害。一、抽解舊法、十五取一、其後十取一、又其後擇其良者、謂如犀象、十分抽二分、又博買四分、眞珠十分抽一分、又博買六分之類」。

(26)『寶慶四明志』巻六、市舶割注、「證對本府僻處、海濱全靠、海船住泊、有司資回稅之利、居民有貿易之饒。契勘舶務舊法、應商舶販到物貨內、細色五分抽一分、粗色物貨七分半抽一分。後因舶商不來、申明戸部、乞行優潤、續準戸部行下、不分粗細、優潤抽解。高麗・日本船綱首・雜事十九分抽一分、餘船客十五分抽一分、起發上供。每年遇舶船至、舶務必一申明、蒙戸部行下、令證條抽解施行。竊見舊例、抽解之時、各人物貨、分作一十五分。舶務抽一分、起發上供。綱首抽一分、爲船脚糜費。本府又抽三分、低價和買。兩倅廳各抽一分、低價和買。共已取其七分、至給還客旅之時、止有其八、則幾于五分取其二分。故客旅寧冒犯、法禁透漏、不肯將出抽解。……其抽解分數、只證遞年例、十五分抽一、綱首・雜事十九分抽一、以爲招誘商船之計。其海南船及諸蕃船、自證年例抽解。伏望特賜劄下、以憑遵守施行。寶慶二年、尙書省劄付慶元府、從所申事理、施行準此」。

(27)『寶慶四明志』巻六、市舶、「海南・占城・西平・泉廣州船」条付注、「不分綱首・雜事・梢工・貼客・水手、例以一十分抽一分。般販鐵船、二十五分抽一分」。

(28)『至正四明續志』巻六、市舶、「抽分舶商物貨細色十分抽二分、麤色十五分抽二分、再於貨內抽稅三十分取一、又一項本司每遇客商於泉廣等處興販、已經抽舶物貨三十分取一」。

(29)『宋會要輯稿』職官四四―二六、隆興元年十二月十三日条、「臣寮言、舶船物貨、已經抽解、不許再行收稅。係是舊法。緣近來州郡、密令場務勒商人、將抽解餘物重稅、却致冒法透漏、所失倍多。宜行約束、庶官私無虧、興販益廣。戸部看詳、……欲下廣州・福建・兩浙轉運司幷市舶司、鈐束所屬州縣場務、遵守見行條法、指揮施行。從之」。

（30）李充公憑にも、明州市舶務にて公憑申請時に明州市舶務に帰帆することを宣誓している。

（31）『萍洲可談』巻二。

（32）『閩書』巻三十九。

（33）『宋會要輯稿』職官四四―二七、隆興二年（一一六四）八月十三日条、「三路舶船、各有置司去處、舊法、召保給公憑、起發回日繳納、仍各歸發舶處抽解」。

（34）『宋會要輯稿』職官四四―八、崇寧三年五月二十八日条、「詔應蕃國及土生蕃客願往他州或東京、販易物貨者、仰經提擧市舶司陳狀、本司勘驗詣實、給與公憑、前路照會、經過官司、常切覺察、不得夾帶禁物及姦細之人。其餘應有關防約束事件、令本路市舶司相度、申尚書省」。あるいは外国僧の国内移動証明書について、遠藤隆俊「宋代中国のパスポート――日本僧成尋の巡礼――」（『史学研究』二三七、二〇〇二年）。

（35）『宋會要輯稿』職官四四―五、熙寧七年（一〇七四）正月一日条。

（36）『續資治通鑑長編』巻三四一、元豊六年十一月知密州范鍔上言。

（37）『宋會要輯稿』職官四四―二八、乾道二年六月三日条、「詔罷兩浙路提擧市舶司、所有逐處抽解職事、委知・通・知縣・監官同行檢視、而總其數、令轉運司提督」。

（38）『宋會要輯稿』職官四四―三四、嘉定六年四月七日条、「兩浙轉運司言、臨安府市舶務有客人於泉廣蕃名下、轉買已經抽解胡椒・降眞香・縮砂・荳蔻・藿香等物、給到泉廣市舶司公引、立定限日、指往臨安府市舶務住賣。從例係市舶務收索公引、具申本司、委通判・主管官點檢、比照元（公カ？）引色額・數目一同、發赴臨安府都税務收税、放行出賣。……今承指揮、舶船到臨安府、不得抽解收税、差人押回有舶司州軍。即未審前項、轉販泉廣已經抽解有引物貨船隻、合與不合抽解收税」。

（39）同右、「詔令戸部、今後不得出給興販海南物貨公憑、許回臨安府抽解。如有日前已經出給公憑客人到來、並勒赴慶元府住舶。應客人日後欲陳乞往海南州軍興販、止許經慶元府給公憑、申轉運司、照條施行。自餘州軍不得出給。其自泉廣轉買到香貨等物、許經本路市舶司給引、赴臨安府市舶務抽解住賣、即不得將元來船隻再販物貨、往泉廣州軍。仍令臨安府・轉運司一體禁戢」。

（40）『宋會要輯稿』職官四四―四、天聖五年九月条、「自今遇有舶船到廣州、博買香藥、及一兩綱、旋具聞奏、乞差使臣管押」。

（41）『宋會要輯稿』職官四四―五、熙寧四年五月十二日条、「詔應廣州市舶司毎年抽買到乳香雜藥、依條計綱、申轉運司、召差廣南東西路得替官、往廣州交管、押上京送納、事故衝替之人勿差」。

(42)『宋會要輯稿』食貨三八—三三、元豊七年（一〇八四）二月八日条、「知明州馬玹言、準朝旨募商人、於日本國市硫黄五十萬觔。乞每十萬觔爲一綱、募官員管押。從之」。

(43)『宋會要輯稿』職官四四—五、元符三年六月十一日条、「廣東轉運司奏、欲於『上京送納』字下、添入『如逐路無官、願就卽不限路分官員、並許差。如無官、仍約定綱數、申省、乞差軍大將裝押』字、從之」。

(44)『宋會要輯稿』職官四四—一一、建炎元年十月二十三日条、「承議郎李則言、閩廣市舶舊法、置場抽解、分爲麤細二色、般運入京。其餘麤重難起發之物、本州打套出賣、自大觀以來、乃置庫收受、務廣帑藏、張大數目、其弊非一。舊係細色綱、只是眞珠・龍腦之類、每一綱五千兩、其餘如犀牙・紫礦・乳香・檀香之類、盡係麤色綱、每綱一萬斤、凡起一綱、差衙前一名管押、支脚乘贍家錢、約計一百餘貫。大觀已後、犀牙・紫礦之類、皆變作細色、則是舊日一綱、分爲之十二綱、多費官中脚乘贍家錢三千餘貫」。

(45)『宋會要輯稿』職官四四—一一、建炎二年七月八日条、「詔兩浙路市舶司以降指揮、減省冗費、……其上供細色物貨、並遵舊制、團綱起發、罷步擔雇人、廣南・福建路市舶司、準此」。

(46)『宋會要輯稿』職官四四—一七、紹興三年十二月十七日条、「戶部言、勘會三路市舶、除依條抽解外、蕃商販到乳香一色及牛皮筋角堪造軍器之物、自當盡行博買、其餘物貨、若不權宜立定所起發窠名、竊慮枉費脚乘、欲令三路市舶司、將今來立定名色、計置起發。下項名件、欲令起發赴行在送納。金銀眞珠……。下項名件、欲令本處一面變賣。薔薇水……。詔依」。

(47)『宋會要輯稿』職官四四—二〇、紹興八年七月十六日条、「依紹興六年四月九日朝旨、立定合起發本色、幷令本本（本字衍也）處一面變轉價錢、赴行在送納名件、緣合起發內、尚有民間使用稀少等名色。若行起發、竊慮枉費脚乘、及虧損官錢。詔令逐路市舶司、如抽買到和劑局無用幷臨安府民間使用稀少物貨、更不起發本色、一面變轉價錢、赴行在庫務送納、內廣南・福建路、仍起輕齎」。

(48)『宋會要輯稿』職官四四—二一、紹興十一年十一月条。

(49)『宋會要輯稿』職官四四—二九、乾道七年十月十三日条、「詔今後廣南市舶司起發麤色香藥物貨、每綱以二萬斤正、六百斤耗爲一綱、依舊例支破水脚錢一千六百六十二貫三百三十七文省、限五箇月到行在交納」。

(50)『宋會要輯稿』職官四四—三〇、淳熙二年二月二十七日条、「戶部言、市舶司管押綱運官推賞、今措置、欲令福建・廣南路市舶司麤細物貨、並以五萬斤爲一全綱、……從之」。

(51)『宋會要輯稿』職官四四—三〇、淳熙元年十月十日条、「提舉福建路市舶司言、舶司素有鬻綱之弊、部綱官皆求得之、換易偸盜、折欠稽遲、無所不有。今乞將細色歩擔綱運差本路司戶丞簿、合差出官押、麤色海道綱運、選差諸州使臣、諳曉海道之人管押。其得替・待闕官不許差。從之」。

(52)『宋會要輯稿』職官四四—九、崇寧四年五月二十日条、「詔每年蕃船到岸、應買到物貨、合行出賣、並將在市實直價例、依市易法、通融收息、不得過二分」。

(53)『宋史』巻一八五、食貨、香条、「詔廣南市舶司抽買到香、依行在品答成套、召人算請、其所售之價、每五萬貫易以輕貨輸行在」。

(54)『閩書』巻三十九、版籍志、雜課、「其甚賤不堪解運如南海貨物者、官市之、以其價入市舶公錢庫。……凡南海不堪物價及乳香價本二分藏官錢庫、以供聖節・大禮・宗子廩給、諸色綱運錢、官吏請給、搬家、宴番、送迎、修造凡經常之費」。

(55)K・ポランニー「原始的社会における交易港」(同著、玉野井芳郎・栗本慎一郎訳『人間の経済 2』(岩波書店、二〇〇五年)。

(56)第四章「宋代両浙地域における市舶司行政について」。

(57)万明「明代における「貢市」と寧波の港市機能の変遷について——『敬止録』を中心とした分析——」(大阪市立大学大学院文学研究科都市文化研究センター「都市文化創造のための人文科学的研究」事業報告書『都市に対する歴史的アプローチと社会的結合』大阪市立大学大学院文学研究科都市文化研究センター、二〇〇七年三月)、のち同著『明代中外関係史論稿』(中国社会科学出版社、二〇一一年)に「明代〝貢市〟与城市変遷——以寧波為例——」として所収。

第四章　宋代両浙地域における市舶司行政

はじめに

九世紀以降、東アジア海域における海上交易の盛行は、東アジア海域での漢人海商の登場をその主な要因とし[1]、漢人海商の活動範囲もやがて東は日本・朝鮮から、南はマレー半島（カラあるいはカラバール）にまでおよび、十四世紀にはインド半島西岸（クーラム・マライ）にまで達した[2]。また黄巣の乱によって一時的にアラブ海商の空白となった南シナ海に侵入することで、漢人海商は東南アジアへの足掛かりを得、さまざまな南海物資を中国へもたらし、また日本や高麗へと転売していった[3]。同様に漢人海商は日本・高麗の様々な商品を買い求めに出帆し、また一時避難していたアラブ海商等の南蕃商人も、以後多くの香薬を広州や泉州、明州などに持ち込んだ。

こうした海上交易の盛行によって、中国国家は新たに沿海地域における地方行政（仮に沿海行政と呼ぶ）の問題に直面することとなった。いわゆる市舶使・市舶司及び沿海巡検司・沿海制置使等の設置である。宋代における沿海行政について簡単に整理しておくと、以下のように区分できる。(A)「市舶」関係、①貿易、②外交。(B)「海防」関係、①警固、②対賊防衛。(C) 沿岸行政、①漂流対策、②漁民・海上民統治である。このうち、最後の漁民・海上民統治に関しては、九世紀以降の海上交易の盛行と直接的に関係して登場したものではなく、中国王朝の支配が沿岸部に及んだ時から実施されてきたものである。また (B) の海防に関しても、南朝時代の孫恩・盧循の乱[4]や、唐代の呉令光の乱[5]を想起するまでもなく、やはり歴史的に問題となってきた政治課題であった。ただ、特に元末以降における倭寇問題は頗る時事問題化しており、海上交易盛行の結果と見なされる。

そして (A) 市舶に関する行政は、宋代においては主に両浙・福建・広南地域の海港都市に設置された市舶司が貿易と外交を担当した。貿易に関して概述しておくと、まず漢人海商の出国規定、とりわけ渡海証明書（「公憑」）の発給が挙げられる。そして漢人海商の帰国及び外蕃商人の到来には、一定の審査のあと舶来物貨に対する課税（「抽解」）と官による先行買付（「博買」）が行われた。抽解・博買を経た物貨を商人が別処へ転売することがやがて許可され、その場合にも抽解・博買証明書及びリスト（「引目」）などが市舶司によって発給される。その後、市舶司は課税分や買付けた物貨を一部首都へ送納（「上供」）して、残りは在地で売却（「出売」）した。(6)ここで、中央（特に南宋では戸部）への会計報告が必要となってくる。また商人などが脱法などによって問題を起こした場合、市舶司は関係所司や他の市舶司と連絡を持ち、問題解決を図った。

唐代における市舶行政との違いを述べておくと、先述のように、唐末の九世紀以降より漢人海商の渡海貿易が盛行した結果、とりわけ漢人海商に対する政策（渡航制限や公憑規定）が見られるようになる。(7)またそこから発生する巨額の利益は国家財政を潤し、ひいてはその不可欠な要素となっていく。よって海上国家を模索した呉越国や、沿海の閩・南漢から宋朝国家にかけてはじめて市舶・海防行政、すなわち沿海行政が中国国家における重要政治課題と化していったと言って大過ないであろう。

宋代市舶司に関する研究は頗る多い。(8)その古典的研究として藤田豊八氏・石文済氏の労作が挙げられ、これによって市舶制度の基礎を知ることができる。また市舶官制について土肥祐子氏は藤田氏の研究をより精緻に進め、その市舶官制の変遷が中央における政情とリンクしていたことを明らかにした。中村治兵衛氏はさらにそれらの研究を受けて、石刻史料を博覧してより詳細に明州市舶官制について論じている。近日では榎本渉氏が日本史料を博捜し、日宋貿易・交流における明州（市舶司）の重要性を指摘している。筆者も南宋代の明州における市舶行政の手順を整理し、都市の空間構造と海外貿易管理の関係性を論じた。(9)

また近年においては沿海行政に関する研究が盛況を呈しており、(10)本章は多くそうした研究に依るが、両浙地域における市舶司行政の成立・変遷過程については、依然として課題を残しているので考察を進めてみたい。前章では、南宋における市舶行政と都市構造との関係性を明らかにしたが、本章ではそこに至るまでの市舶行政の成立過程を追ってみたい。ここで両浙地域を取り上げるのは、史料が比較的豊富に残ることも然ることながら、九世紀以降国際交易の舞台として両浙地域が登場し、両浙地域出身の海商が海上交易に参画し、呉越国時代から宋代以降、同地域で海上交易に関する行政が新たに始まったのであり、沿海行政を理解するには格好の素材と考えるからである。

特に以下の文書発行に関する両浙市舶司行政三種について扱いたい。一つは市舶司と民間との間における文書、つまり漢人海商に発給する公憑に関する手続き、一つは市舶司や関係役所との文書等による情報伝達、今一つは両浙市舶司と中央政府とのやり取りについてである。後に見るように、市舶行政による歳入は宋代を下るごとに（特に孝宗朝以降）増加し、その会計報告等が極めて大きな政治課題となっていたので、特に中央との関係については財政報告に絞って論じたい。これら三種の文書発行にまつわる両浙市舶司行政を検討すれば、宋代における市舶司行政の新たな一面も浮かび上がってくると思われる。従来の研究では、市舶司官制の解明に比重が置かれ、また市舶司研究は中央行政との関わりで論ぜられることが多かったが、宋代より始まった沿海行政の一環である市舶司行政はまず沿海地域という一地方で執行されていた。以下本章で見るように、その文書往来より見た行政の有り様からすると、中央行政に占める市舶司行政の比重はそれほど大きくなく、沿海地域で現実に始まった新たな貿易に関する動向は市舶司を中心とする一地方官府で処理されたのであり、その意味では市舶司行政はやはり地方行政であった。しかしながら南宋後期になるとその国家財政に占める割合が増加し、重要政治課題化するようになる。宋代に始まったばかりの両浙市舶司行政における文書往来の検討を通して、宋代専制国家における沿海行政の特徴や政治上の重要化への変遷過程を明らかにすることが本章の目的であり、またその歴史的位置づけの捉えなおしに迫ることができるだろう。なお市舶行政のうち外交関係については、第五章・第六章で扱う。

第一節　両浙市舶司から民間海商への文書発給

(a)　編勅に見える公憑発給規定

市舶司が民間の海商に発給する文書には、海外渡航証明書である「公憑」（あるいは公拠）と転売証明書である「引目」等があった。そのうち、漢人海商が外国へ出帆し、海外物貨を購入するためには、出国のための証明書である「公憑」を取得せねばならず、これを民間との関わりにおける文書発行の中心と見てよい。

以下に見る中国海商に対する海外渡航証明書である公憑に関しては、太宗の端拱二年（九八九）に漢人海商は、両浙市舶司に陳牒してから「官券」の発給を受けねば出国できなかった[11]とされるものの、その詳しい内容は伝わらない。その委細については、よく引用される蘇軾「乞禁商旅過外國狀」に引く各種編勅に詳らかである。それによれば元豊から元祐年間（一〇八六―一〇九四）にかけて法制上、公憑発給制度が備わったようである。以下に検討を加えておきたい。

一、慶暦編敕。客旅の海路に於いて商販する者は、高麗・新羅及び登莱州界に往くを得ず。若し餘州に往かば、並びに須らく發する地の州軍に於いて、先に官司を經て投狀し、載する所の行貨名件、某州軍に往きて出賣せんと欲するを開坐すべし（a）。本土の物力有る居民三名を召して、委に違禁及び軍器を造るに堪うる物色を夾帶せず、禁ずる所の地分を過越するに至らずを結罪保明するを許す（b）。官司は卽ちに爲に公憑を出給せよ（c）。如し條約に違い及び海船に公憑無きこと有らば、諸色人の告捉するを許し、船物は並びに沒官し、仍お物價錢を估し、一半を支して告人に與えて賞に充て、犯人は違制の罪に科せ。

一、嘉祐編敕。客旅の海道に於いて商販する者は、高麗・新羅に往き及び登莱州界に至るを得ず。若し餘州に往かば、並びに須らく發する地の州軍に於いて、先に官司を經て投狀し、載する所の行貨名件、某州軍に往きて出賣せんと欲するを開坐すべし（a）。本土の物力有る居民三名を召して、委に違禁及び軍器を造るに堪うる物色を夾帶せず、禁ずる所の地分を過越するに至らずを結罪保明するを許す（b）。官司は卽ちに爲に公憑を出給せよ（c）。如し條約に違い及び海船に公憑無きこと有らば、諸色人の告捉するを許し、船物は並びに沒官し、仍お物價錢を估納し、一半を支して告人に與えて賞に充て、犯人は違制を以て論ず。

一、熙寧編敕。諸そ客旅の海道に於いて商販するに、起發の州に於いて投狀し、載する所の行貨名件、某處に往きて出賣するを開坐せよ（a）。本土の物力有る戶三人を召して、委に禁物を夾帶せず、亦た禁ずる所の地分を過越せずを結罪保明せよ（b）。官司は卽ちに爲に公憑を出給せよ。仍お船貨を備錄し、先に往く所の地頭に牒し、到る日に公憑を點檢批鑿し訖るを候ち、却って元と牒を發せし州に報ぜよ（c）。卽し乘船し、海道より界河に入り、及び北界・高麗・新羅幷びに登莱界に往き商販する者は、各ぞれ徒二年。……（中略）……

一、元祐編敕。諸そ商賈の海道より外蕃に往きて興販するを許すに、並びに人船物貨名數・所詣去處を具して、所在の州に申し(a)、仍お本土の物力有る戸三人を召し、物貨の内に兵器、若くは違禁及び軍器を造るに堪うる物を夾帶せず、幷びに禁ずる所の地分を越過せざるを委保し(b)、州は爲に驗實し、牒もて發舶するを願う州に送り、簿に置きて抄上し、仍お公據を給い、方めて聽す(c)。回る日を候ち、合に發舶すべき州に於いて住舶するを許し、公據は市舶司に納めよ。即し公據を請わずして擅行し、或いは乘船して海道より界河に入り、及び新羅登萊州界に往く者は、徒二年、五百里編管とす(12)。

この史料は元祐四年（一〇八九）に泉州海商が高麗と交易したことによって起こった事件等に対して、知杭州であった蘇軾が歴代の編勅を列記して、いずこに問題があるのかを述べたものである。ここには、公憑発給に関しての沿革も記されているので、分析を進めてみよう。

慶暦編勅の傍線部（a）を見てみると、のちの出国手続き規定の基となっていることが分かる。つまり、出発する州や軍においてまず官司に投状し、搭載物貨と目的の州・軍を申告することになっている。その後の嘉祐編勅・熈寧編勅・元祐編勅でも傍線部（a）は若干表現を変えているが、ほぼ同じである。

次の規定として、傍線部（b）は海外渡航する海商の連帯保証人に関する規定で、どの編勅においても内容は変わっていない。出身地の物力戸三人を選び、違禁物や兵器となり得る材料を持ち出さないように連帯保証させていた。ただ元祐編勅では兵器を搭載することも禁じている。その他、渡航禁止国への渡航をしないように連帯保証させている。

傍線部（c）では、慶暦編勅・嘉祐編勅までは渡航申請の行われた州・軍ですぐさま公憑が発給されているが、熈寧以後ではその発給に際してより厳重なチェックが行われるよう規定されている。熈寧編勅の傍線部（c）は、出発する州が公憑発給後、その船舶の物貨を記録してその内容をまず目的地に牒を出し、船舶がその目的地に到来すると「所往地頭」（目的地の州）が公憑をチェックし、終われば最初の牒を発した州へ報じることとされている。こうした手続きが煩瑣であったためか、前引史料で中略した元豊三年（一〇八〇）の中書劄子節文と八年（一〇八五）の勅節文に、

一、元豊三年八月二十三日中書劄子節文。諸そ廣州市舶司に非ずして、輒りに南蕃に發過する綱舶船、明州市舶司に非ずして、日

本・高麗に發過する者は、違制を以て論じ、赦降去官を以て原減せず。其れ高麗を發する船は仍お別條に依れ。
一、元豐八年九月十七日敕節文。諸そ杭明廣州に非ずして輒りに發する海商船は、違制を以て論じ、去官赦降を以て原減せず。諸そ商賈の海道より諸蕃に販するに、惟だ大遼國及び登萊州に至るを得ず。卽し諸蕃の船に附して入貢し或いは商販するを願う者は聽せ。(13)

と南蕃への渡航を広州市舶司に、日本・高麗への渡航には明州市舶司に限定する規定が出された後の元祐編勅では、在地の州が海商の申状等をチェックし、「願発船州」つまり市舶司に対して、統轄関係にない官庁同士の移行文書である牒を送付し、(14)市舶司が帳簿に付けてから公憑を発給するようになった。ここに公憑は市舶司より発給されることが明確となった。また帰帆時には出発した市舶司に戻って公憑を納めることも規定された。

こうして見れば、編勅等に見える海外国渡航に関する市舶司の文書発給制度は、元豊年間（一〇七八―一〇八五）の出発地を市舶司に限定する時より始まっており、また元豊三年には熙寧年間に定めた市舶条例が施行されていることからすると、(15)市舶司による海外渡航のための公憑発給制度は元豊年間を皮切りとして、元祐年間より国家的法規によって定められたと見てよいだろう。

ただ、このことがそれ以前に地方において公憑が発給されていなかったことを意味しない。山内氏の整理によると、(16)日本に渡った宋の海商のものとして、一〇二〇年に公憑案文（公憑の写し）が大宰府から朝廷へ他の文書とともに提出されている。また一〇二七年（「大宋奉國軍市舶司公憑案」）・一〇六八年・一〇七〇年・一〇八一年にも商人所持の公憑の提出が確認される。よって、宋朝はこうした両浙市舶司などによる公憑発給という地方行政の内容を受けて、国家法規へと編成したことが了解される。

（b）　崇寧四年李充公憑

再言するが、海商はまず搭乗の貨物・目的地を記した状を所在の州へ申上し、また物力戸三人を保証人に立てて武器等を搭載しないようにし、州はそれを検査したのち、発船州（市舶司の置かれる州）にその状を送り、そうして初めて市舶司から公拠（公憑）が発給されている。そして、こうして両浙市舶司から発給された公憑の唯一の実例が『朝野群載』巻二十「異國」に見られることを早くに森克己氏が紹介し、その後多くの研究が言及するところでもあるが、中国史研究者が利用することはあまり見られない(17)。よって本章末尾に全文を掲げておくこととした。本章では、特に当該史料を校訂された森公章氏論文に依りつつ、その文書形式について見ておきたい。掲載するに当たって、適宜字句を改め、改行を加えた所がある。なお、この公憑は泉州海商李充が、日本へ貿易に向かうために取得した崇寧四年（一一〇五）六月の明州市舶務発給のものである。

まず標題には「提擧兩浙路市舶司」と掲げ、改行して、

泉州客人李充の狀に據るに、今自己の船壹隻を將て、水手を請集し、日本國に往き、博買廻賃し、明州に赴き、市舶務抽解を經んと欲す、乞らくは公験を出給し前去せんことをと。

と始まる。ここから公憑が李充の状に基づき提挙両浙路市舶司によって発給されていることがわかるが、その李充の状には自己の船で水手を雇い、日本に向かって貿易し、明州に戻り、市舶務の抽解を経るので、公験を出給されたいと述べられており、前述の編勅における規定通りであることがわかる。その後文には、

一、人船貨物

自己船一隻

綱首李充　梢工林養　雜事莊權

部領兵弟

第一甲……（省略）

第二甲……（省略）

第三甲……（省略）

物貨

象眼肆拾疋　生絹拾疋　白綾貳拾疋　甆垸貳佰床　甆堞壹佰床

と続く。ここには、李充が牒状で申上した人物名・物貨名が記される。

その後ろには「今検坐　敕條下項」として、渡海に当たっての禁止・処置事項を載せている。公憑に付された禁止・処置条項は総じて八項目あるが、「諸」で始まる条文が五条、「勘會」で始まる条文が三条である。そのうち「勘會」文である三条すべてが最初の「諸」文と第二の「諸」文とに挟まれている。勅令文の書き出しが普通「諸」であるので、よって勅令五条が当該公憑に付された本来の勅条であり、第一勅条の商人の海外渡航規定に関して同じく海外渡航を規定する勘会文三条を加え、より緻密な規定としている。第二・三・四の勅条三文は帰国後の抽解・博買に関する規定、最後の勅条はさまざまな場合の雑則規定であるから、この公憑には大きく三種（出国の手続き規定及び勘会文三条、抽解博買規定、雑則規定）の勅条が書き込まれている。

またこうした崇寧四年の公憑に記された勅条・勘会文と先の編勅を比べると（本章末尾史料の傍線部を参照）、渡航禁止国への出国解禁や出発した市舶司での抽解・博買規定も緩められており、海商の交易活動を拡大的に許可していることが分かる。それは崇寧年間という中央行政府での政治的背景[18]に加えて、両浙地域での海上交易の活発化によることが大きいと考える。

公憑はこのあと、勅条文を筆記した胥吏を列記している。つまり、

銭帛案手分　供〔在判〕　注〔在判〕
押案宣〔在判〕　厲〔在判〕
勾抽〔押〕　所供〔在判〕　孔目所撿〔在判〕
權都勾丁〔押カ〕〔在判〕　都孔目所〔在判〕

とある。宋代において勅条は国家の最重要法規であり、字の稽誤・脱落があることは許されない。故におそらく、ここに記された胥吏名は勅条を筆記した者・校讐した者が列せられていると見られる。ただ、関係史料も少なく、本文の誤字も考えられるから、一つの解釈を試みておくと、まず銭帛案（おそらく市舶司関係財務を管掌する部署[19]）の手分一人が勅条を供述（「供」）して、もう一人が書き入れる（「注」）。手分は胥吏の中でも下級に位置[20]するから、より上位の胥吏として押案（文案を担当）二人の名（宣と厲）を記し、そしてそれらをより上位の胥吏である勾押（供述を担当）・孔目（検読を担当）が校讐したことを次に記し、最後にこの内で最上級胥吏である權都勾押官・都孔目官名を記したと思われる。そうすることで、字の稽誤・脱落のあった場合の責任の所在を明らかにしておいたのではなか

ろうか。そしてこれらの胥吏は本公憑を発給した明州市舶務に属したと思われる。なぜならば、海外へ赴く本公憑と国内移動に使用される公憑との相違点として、公憑内に勅条という法規が記入されている点にあり、市舶に関する勅条こそが海外渡航証明書である本公憑の最重要箇所であるから、公憑発行主体の市舶務が記入するのが至当と思われるからである。

このあとには、

右、公憑を出給し、綱首李充に付して収執せしめ、前須〔項カ〕の敕牒を稟け指揮し、日本國に前去し、他を經て回り、本州市舶務に赴きて抽解す。隱匿透越するを得ず。如し違えば、即ちに當に法に依り根治すべし。施行せよ。

とし、李充に公憑を発給して、日本に赴いたのち、明州市舶務で抽解を受けることを明示する。そして「崇寧四年六月　日給」と続けた後、

朝奉郎・通判明州軍州・管勾學事・兼市舶謝〔在判〕

宣德郎・權發遣明州軍州・管勾學事・提擧市舶彭〔在判〕

宣德郎・權發遣提擧市易等事・兼提擧市舶徐

承議郎・權提擧市舶郎

と、市舶務関係官吏四名（傍線部は姓）を列記して終わる。[21] 中村氏論文に従うと、本公憑を有効にさせる捺印が市舶を兼任する通判の謝と、提挙市舶である権発遣明州（知明州）の彭によってなされるので十分であり、専門の提挙市舶官の郎がいても、海外渡航に関する文書発給に当たっては通判と知州が明州市舶務において重要であったという。こうしたことから、中村氏は両浙地域では通常の地方官である知州・通判などが市舶務を兼務し、広州や福建市舶司との官制上の違いを強調している。つまりは公憑の発行は市舶官の名を列していても、その有効性の発揮は知州・通判等の地方官の手に依っていた。

両浙市舶司における公憑発給について少しまとめておけば、李充はおそらく泉州にて出帆の用意をし、搭載物貨・目的地等を記した状を泉州へ提出し、連帯保証人三名（鄭裕・鄭敦仁・陳佑）を立てた。泉州はその状と保証人を検実して、その後明州市舶務へと移状した。市舶務はそうした状に基づき、帳簿を作成してから李充の状に続けて勅条八項目を記入した。その際、勅条の記入に当たっては手

分一人が文章を読み上げ、もう一人の手分がそれを書き入れ、押案二名がその直接的責任を負い、また勾押官がチェックのため読み上げて、孔目官が検読した。そして末尾に記入・校閲したその胥吏を列記し、年月日に続いて、本公憑の発行主体である明州市舶務の担当官吏の署名が付されて、稍く公憑が作成されたのである。しかし本公憑が効力を持ったのは、市舶務の専門官の捺印によってではなく、市舶務を兼務する知州・通判の捺印によっていた。少なくとも両浙市舶司の場合、公憑の発給は市舶司を名目的責任者に据え置きつつも、実際には地方官府の専管するところだったのである。この時期にはすでに泉州市舶司が設置されているが、先に見たように日本や高麗への渡航に当たっては明州市舶司から出発することが元豊三年には規定されているので、泉州の李充は明州市舶務で公憑発給を申請したのであろう。遼・交趾などへの渡航に際しては禁止事項を設けているが、三仏斉などの諸国に対しては渡航を概ね認め、かつ抽解・博買場所も他所を禁止せず融通性を見せており、先に見た編勅よりも海商の活動をより拡大的に許可している様が窺える。

第二節　両浙市舶司と関係所司との文書往来

(a)　市舶司間の文書往来

以上のような拡大的な海商活動の容認とそれに伴う公憑発給は両浙地域に新たな問題を引き起こすこととなった。知杭州の蘇軾によれば、元祐五年（一〇九〇）七月に以下のような二つの出来事（A・B）が起こっている。

元祐五年八月十五日龍圖閣學士・左朝奉郎・知杭州蘇軾狀奏す。……（A）今年七月十七日に至り、杭州市舶司は密州の關もて報ずるに准り、臨海軍狀もて申するに據り、高麗國禮賓院牒に准り、泉州綱首徐成狀に據るに、稱すらく『商客王應昇等有りて、高麗國に往く公憑を冒請し、却って發船して大遼國に入り買賣す』と。尋いで王應昇等二十人、及び船中の行貨を捉到するに、並びに是れ大遼國の南挺銀・絲・錢物なり、幷せて過海祈平安將入大遼國願子二道有り。本司看詳するに、顯らかに是れ閩浙商賈高麗

事件Ａの文書の流れ

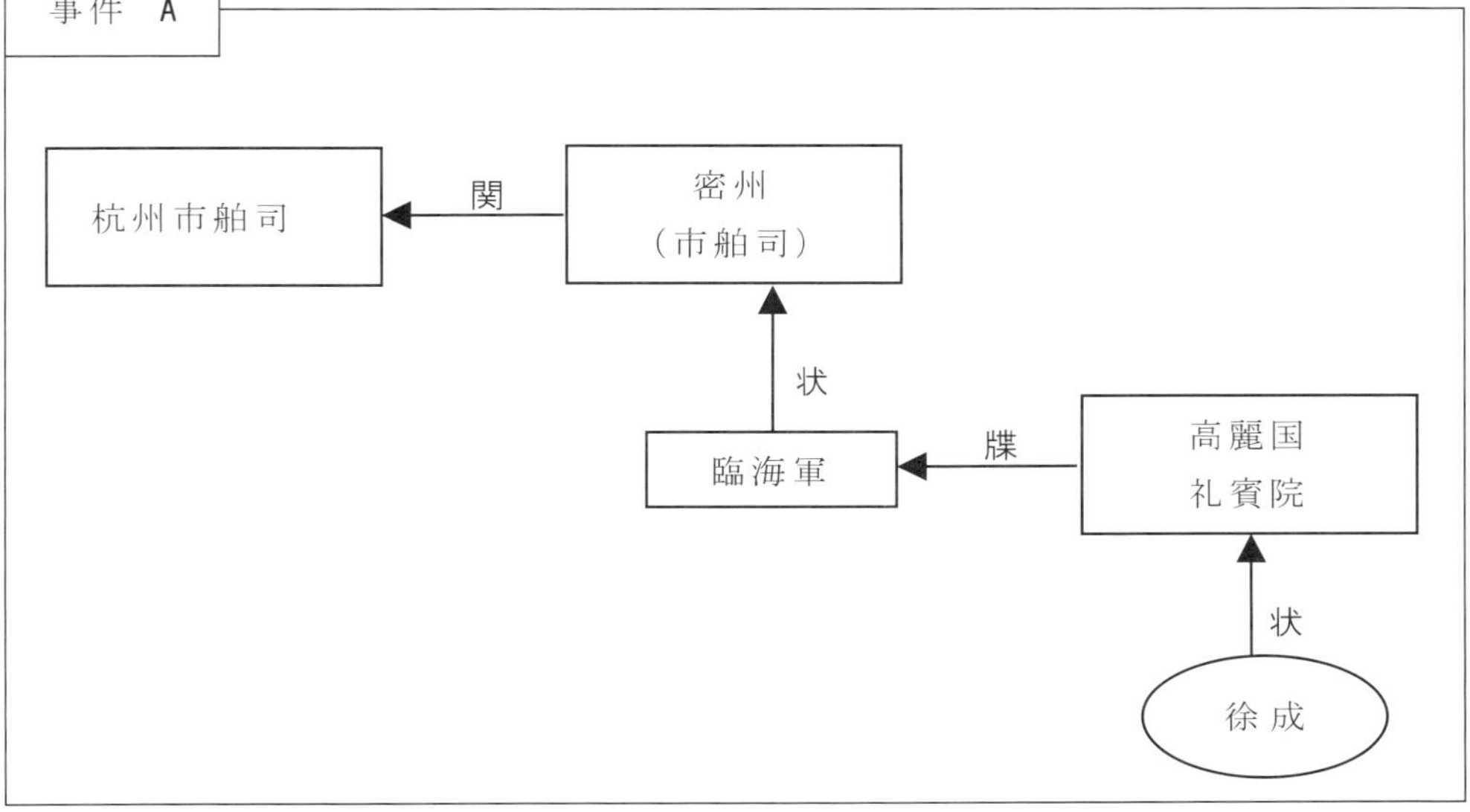

に往くに因り、遂に契丹に通じ、歳久しく跡熟にして、必ず莫大の患と為る。方に事由を具して聞奏し、禁止を乞わんと欲す。[22]

まず（A）から見ると、杭州市舶司は密州から「關」を受けたが、それは州下の臨海軍による「状」に基づいていた。そして臨海軍の「状」によれば、高麗国礼賓院の「牒」を得たが、それは泉州綱首徐成の「状」に基づいていた。その内容は商客の王応昇らが高麗行きの公憑を申請したにもかかわらず、遼国に入って売買したというものであった。そこで杭州市舶司が王応昇ら二十人を逮捕し貿易品を検査すると、それらはすべて遼国の南挺銀・絲・銭物で、無事に渡海して遼国に入るための願文二通までも見つかったという。

この臨海軍とは、元祐三年（一〇八八）三月に密州の膠州湾に臨む板橋鎮が膠西県となり授けられた軍額で、同地に市舶司が設置されていたばかりであった。[23]その市舶司の置かれた臨海軍から密州へ「申状」され、そして密州から杭州市舶司へ「關」が通達されているのである。『慶元條法事類』巻十六、文書門文書式によると「状」とは統轄する官司に上申する際に用いる文書であり、また「關」は長官を同じくして部署の異なる場合や、相関する事案の場合に用いられる文書である。よって市舶司の置かれた臨海軍から密州へ「状」が出されたということは、密州市舶司が実際に設置されたのは臨海軍だが、事案を解決する上司が市舶業務を兼務する知密州や通判であったということであろう。そして密州から杭州市舶司へ「關」が出されたということは、密州から市舶関連事案について杭州市舶司へ報告されたと見られる。[24]

そして臨海軍には、高麗国礼賓省（礼賓院）の「牒」が届けられていた。「牒」とはやはり『慶元條法事類』によると、内外官司で統轄関係にない場合の文書往来に使用される。他国の官司より出された文書とはいえ、宋朝の文書体例に従っていたと見られる。その「牒」には泉州の綱首徐成の「狀」文を記し、同船の王応昇等が高麗行きの公憑を申請しながら遼国に赴き貿易を行ったという。そこで高麗国礼賓省が臨海軍に「牒」を発行し、それを受けて臨海軍は事件の解決を図るべく「狀」を直接の上司である密州へ上申し、さらにそれを受けて密州は杭州市舶司に「關」形式で報告した。それはおそらく事案の泉州の綱首徐成に杭州市舶司で公憑を発給し、密州が公憑を調べた結果、その公憑の発行責任が杭州市舶司であったためと思われ、そこで杭州市舶司が王応昇等を取り調べた結果、遼国の物貨が発見されたのであろう。

この事件（A）から、市舶司設置間もない臨海軍と密州の間で文書が伝達された後、密州と杭州市舶司が並行文書である「關」を通じて情報伝達を行い、事件に対処していたことが諒解される。またこの時期は先に見た海上交易に関する弛禁傾向の最中にあって、公憑発給にも関わらず、禁を破って交易する海商の姿も確認される。

次に（B）の事件について見てみよう。

（B）近く又た今月初十日に於いて、轉運司牒に據るに、『明州申もて報ずるに准るに、高麗人使李資義等二百六十九人、相い次いで州に到り、仍お是れ客人李球は去年六月内に於いて、杭州市舶司公憑を請い、高麗國に往きて經紀し、此れに因り高麗國先に帯び到せし實封文字一角を與り、及び松子四十餘布袋を寄搭して前來す』と。本司看詳するに、顯かに是れ客人李球は彼の國に往き、交搆密熟するに因り、之れが爲に鄉導し、以て厚利を希む。(25)

杭州府に宛てられた転運司「牒」によると、転運司に明州から「申」が送られてきた。これによると、高麗より李資義ら二六九人が明州に至ったという。それは、前年の六月に商客李球が杭州市舶司で高麗行きの公憑を申請し、高麗へ赴いたことによるものであった。

この場合、明州より両浙路転運司に「申」が出されている。この申の形式がどのようであったか不明だが、元祐五年（一〇九〇）当時は、両浙路転運司が提挙市舶司を兼務し、明州市舶務は知州軍事等が兼務した。(26) この度の明州より転運司への申は、明州市舶務から杭州市舶司（両浙路提挙市舶司）を兼務した両浙路転運司への通達であり、よって先に見た「狀」形式を用いた申狀であったと考えられ

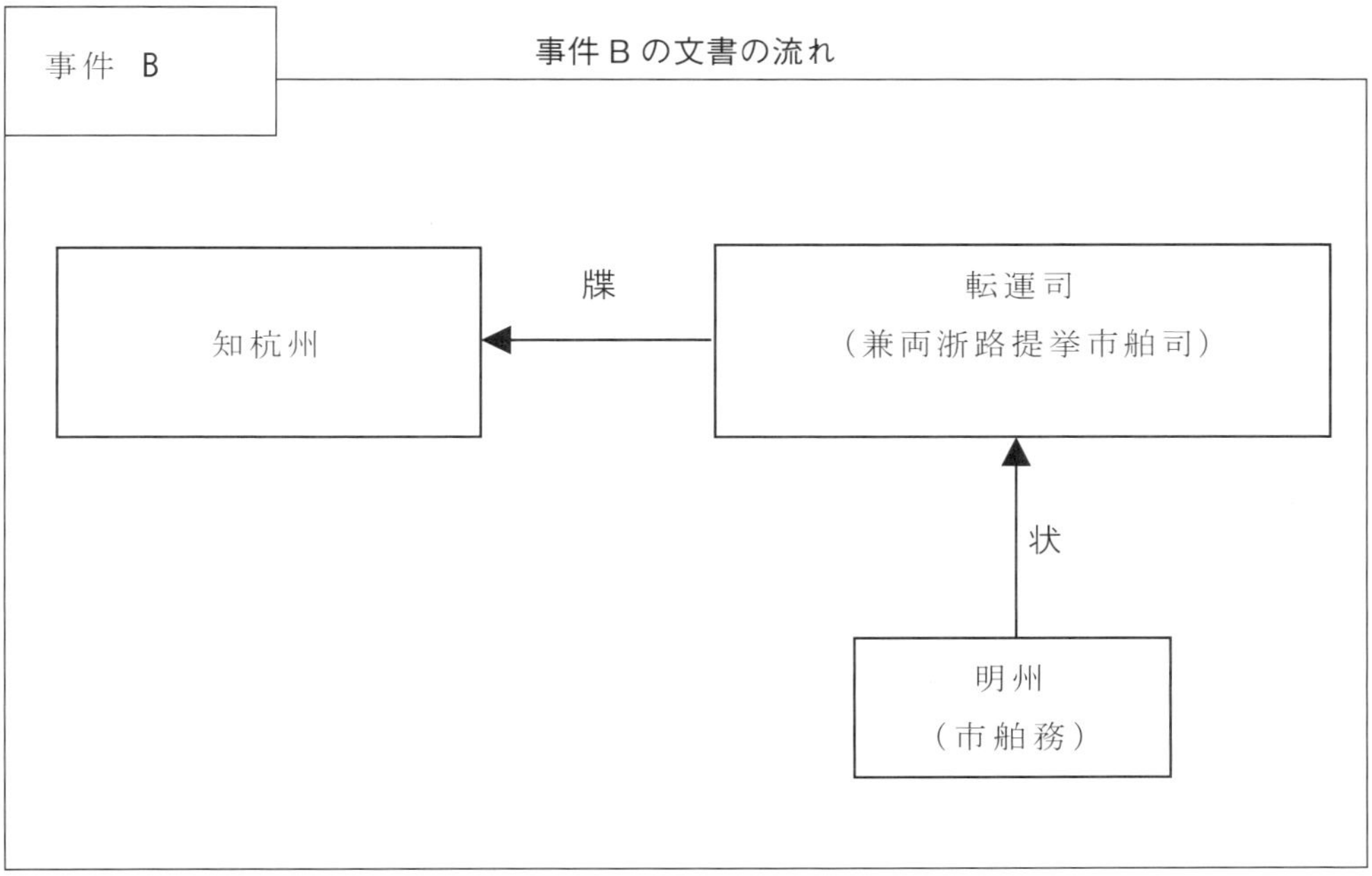

る。前年の六月に海商李球は高麗行き公憑を杭州市舶司で申請し、一年間の貿易・滞在を経て明州市舶務へと帰帆した。しかし、その際に高麗より二六九人が同時に到来したため、明州市舶務は両浙転運司（市舶司）へと申報を送り、事件の打開を図ったのであろう。

以上の二つの事件を通じて、こうした地方で起こった公憑発給等の諸問題について、両浙（杭州）市舶司は地方間でまず問題解決を図ろうと、文書を往来させている。しかもこうした問題に対し、知州であった蘇軾も介入し事件の解決に当たるなど、貿易問題は市舶司兼転運司や知州など地方官府によって処理が進められている。そして、国家に関わる高麗との国交にまで蘇軾が問題を思案した時、蘇軾は以上の地方官府での問題処理を下敷きとして、皇帝へ奏状をしたためたのであった。また本件に携わった蘇軾やその高弟秦観も、朝廷よりも地方官府における貿易外交権限委譲を主張しており[27]、沿海行政がまずは沿海地域の市舶司を初めとする地方行政主導によって運営され、当時の地方行政の為政者もその必要性を認めていた様を見ることができる。

蘇軾はこうした沿海行政に伴う文書の往来について、「見今の兩浙・淮南は、公私騒然とし、文符交錯し、官吏は應答に疲れり」と、同じ「乞禁商旅過外國狀」で述べている。蘇軾にとって高麗との国交回復が望ましくなかったために、同状でその弊害を縷々述べているが、ここで如実に語られているように、宋代に新たに政治課題となった沿海行政を遂行するために、地方官府内あるいは間で様々な文書が交錯し、官吏たちがその応答に追われていた。

（b）両浙市舶司―沿海制置司間の文書往来

両浙市舶司が同じ地域内の諸官司とどのような連絡を取ったのか。史料はこの問題に対してさほど明確に答えてはくれない。僅かに南宋末の両浙市舶司と沿海制置司の間で見られた文書往来が垣間見られる。

『開慶四明續志』巻八には、南宋末に慶元府沿海制置使となった呉潜（字毅夫）の沿海行政にまつわる上奏文三条（奏狀一通、申狀二通）を載せている。呉潜その人は嘉定十年（一二一七）に進士をトップで合格した秀才で、宰相にまで昇り、南宋末におけるモンゴル軍との戦争に尽力した人物として有名である。その呉潜は知慶元府兼沿海制置使を嘉熙元年（一二三七）に勤め、再び宝祐四年（一二五六）に沿海制置使判慶元府として赴任した。上奏文はその時に掛かるもので、主に日本金（倭金）の抽解に関係し、市舶司とも連絡を持った。なお、呉潜の上奏文を集めた明代の裔孫呉開楨・呉開模編『許國公奏議』四巻があるが、本上奏文は収められていない。また文集には『履齋遺集』四巻が現在に伝わっているが、これも明末に編纂されたもので、また呉潜の著でない詩文も含まれていて問題があり(28)、本上奏文も含まれてはいない。

本上奏文は南宋末の沿海行政上、非常に興味深い内容を含んでいる。ここでは本章の主たる課題である両浙市舶司を中心とする文書往来に関してのみ見ておきたい。まず呉潜自身が行った「奏狀」の文面を見ると、以下のようである。

> 臣竊かに朝廷の行下を見るに、仍お倭商の市舶務に赴きて抽博するを放し、深く時措の宜きを得るも、但だ朝廷に一事有り。歳ごとに十七界一萬餘緡の楮を捐ずるに過ぎず、而れども以て深く遠人の心を得べきなれば、敢えて以て上聞せずんばあらず。照得するに倭商毎歳の大項の博易は、惟だ是れ倭板硫黄にして、頗る國計の助けと爲る。此の外は則ち倭金有り、商人攜帯し、各おの數兩に能わずして、未だ深藏密匿し、人に售らんことを求むるを免れず。……獨だ此れ乃ち倭商の自己の物にして、殊さら爲に念ずべし。舶司の例に緣り合に抽解すべきなるに、多く此の間に牙人の啜誘するところと爲り、謂わく官司に厲禁有り、當に汝が爲に密かに貨賣を行うべしと。遠人其の僞りを察せず、多く以て之れを姦牙に付し、輒りに匿す所と爲る。且つ脅すに本朝法令の嚴を以てし、倭商竟に敢えて吐氣せず、常に憾を懷きて去る。臣之れを舶務に叩うに、四年博買の利、收むる所止だ八千餘緡のみ、五

年博買の利、収むる所止だ一萬餘緡のみ。……臣已に闕もて市舶司に報じ、今次倭船の到岸すれば、金子を抽博するを免じ、如し歳額闕くべからざれば、則ち當に最高年分の抽博する所の數を以て、本司代わりて償納を爲すべきを除き、伏して聖慈を望み、即ち睿旨を賜い、舶務に行下し、倭商金子を將て抽博施行を免ぜられん。損する所毫釐無く、而して益する所何ぞ翅《た》だ丘山ならん。伏して敕旨を候つ。[29]

呉潜によると、宝祐年間（一二五三—一二五八）ごろ、日本の貿易品として倭板・硫黄・倭金があるが、このうち倭金は商人個人の物で、数両ほど携帯し、こっそり密売しているという。本来なら市舶司が抽解・博買すべきだが、市舶務牙人が詐欺を働いて横取りしていた。呉潜は市舶務に宝祐四年（一二五六）の博買利益を尋ねると八千緡、五年（一二五七）では一万緡ほどだという。その額はさほど大きくはないので、倭商を哀れんだ呉潜は市舶司に「闕」で通知し、もし倭船が来れば倭金の抽解博買を免除し、市舶司の歳入が欠けるようならば、抽解博買の最高額を基準として、沿海制置司が代償することを伝えた。この措置について皇帝の裁可を求めたのが、本状であった。

また、呉潜が沿海制置使として尚書省に提出した「申狀」（先述の「狀」）について見ておくと、

本司照得するに毎歳の舶務の倭金を抽博するの利、多くて二・三萬緡舊楮に過ぎず、而れども羅織漏舶の金、極めて十數兩に過ぎず。……欲望すらくは朝廷特さら詳察を賜い、前申を施照し、倭人抽博の微息を罷め、倭人漏舶の厲禁を弛め、以て朝廷懷遠の恩を示さんことを。其れ關繫する所、實に不細と爲す。仍お速かに舶務及び本司に行下を賜り照應せしめんことを乞い、如し朝廷未だ以て然りと爲さざれば、即ち其の中に就きて利息を抽剝せし最高年分を擇び、本司の抱解施行するを容されんことを乞う。伏して指揮を候つ。[30]

と、ほぼ同内容のことが述べられている。沿海制置使は市舶務における倭金抽解博買の利益について熟知しており、先の奏状にもあったように、沿海制置使が市舶務に対して何らかの文書を通じて情報を得ていたことを窺わせる。

このように、沿海制置使呉潜は倭金抽解博買問題の解決を図るために、市舶務にその利益額を問い、また市舶司に対して「闕」でもって抽解・博買を行わないように求めていた。

ここから、両浙市舶司は沿海地域における貿易絡みの問題が起こった際に、同地域の沿海制置司へ財政報告などを行いながら問題解決に当たっていることが窺える。やはり両浙市舶司が、同地域の関係諸官司とも「關」などを通じて連絡を取り合いつつ沿海行政を執行し、その上で中央行政府である尚書省へ申状していた様を見ることができよう。

第三節　両浙市舶司と中央戸部との財政文書関係

海外物貨の抽解・博買などといった市舶行政によって得られた利益は、宋代を通じて拡大傾向にあり、太宗時には三〇万緡から五〇万緡に増羨し、[31]皇祐中（一〇四九—一〇五四）には象犀・珠玉・香薬の歳入総額は五三万余り、治平中（一〇六四—一〇六七）にはさらに六三万余りとなった。[32]また、熙寧九（一〇七六）年から元豊元（一〇七八）年までの三年間における香薬出売銭数について、畢仲衍『中書備対』[33]によると、熙寧九年で三二万七六〇六・一四七貫、熙寧十年で三一万三三七四・二〇四貫、元豊元年で二五万三七三八・九五四貫、総計で八九万四七一九・三〇五貫弱に上っている。この時期は、王安石の市易法施行により市易務が設置された時期に当たっており、当該期の香薬出売による全国の利益が年平均三〇万貫程度となるから、その他抽解等による収入を加算すれば、その利益はさらに上ることが理解されよう。ただし、熙寧十年ごろの見銭歳入額は七三〇〇万貫前後と見なされ（新法収益を除くと五〇〇〇万貫程度）[34]、国家歳入に占める割合からすると依然一～二%程度の収入でしかなかったことも注目すべきである。

また元祐元年（一〇八六）では、杭州・明州・広州の市舶司は銭・糧・銀・香・薬など五四万〇一七三緡匹斤両段条箇顆臍隻粒を収めたとされる。[35]南宋の高宗期には抽解・博買による利益が二〇〇万緡にまでなり、[36]紹興二十九年（一一五九）の国家歳入が約四〇〇〇万緡程度であることと比較すると、二十分の一にまで達していたとされるが、[37]当時の市舶行政は戦費捻出の為の一時的戦時体制を取り、抽解物貨に対する高抽解率やより多くの物貨出売などが行われており、[38]それでもその実国家歳入比で五%程度でしかなかった。ただし孝宗時には泉州・広州市舶司それぞれ三～五〇〇万を数えたという。[39]

熙寧元豊年間香薬出売銭数表

熙寧九年		熙寧十年		元豊元年	
市易務	226,675.968	市易銭	177,379.848	市易務	192,375.524
		上界還到（銭）	17,945.950	上界・関到売過密州板橋鎮香銭	20,130.966
		関到売過密州板橋鎮香（銭）	37,914.838		
外州軍関到銭	55,062.695	外州軍関到銭	45,588.953	外州軍関到（銭）	33,161.701
雑買場関到銭	57,659.327	雑買場関到銭	34,853.615	雑買場関到銭	8,070.763
薬銭	－11,791.843				
小計	327,606.147		313,374.204		253,738.954
					出売894,719.305貫

これらの歳入には、国家財政に活用される分（上供）と市舶司財政に用いられる分がある。市舶司における財政運用について、泉州市舶司における抽解・博買の地方財政運用を参考にすれば、『閩書』巻三十九、版籍志、雑課に、

其れ甚だ賤しく解運に堪えざる南海貨物の如き者は、官は之れを市り、其の價を以て市舶公錢庫に入る。……又た擔脚錢有り、番船一舫毎に錢一文七分を筭し、南海船は一舫毎に錢一文一分を筭し、引無しの船は舫毎に五分五厘を收め、以て公使庫に入る。凡そ南海の不堪の物價及び乳香價本二分は官錢庫に藏め、以て聖節・大禮・宗子廩給・諸色綱運錢・官吏請給・搬家・宴番・送迎・修造、凡そ經常の費に供す。擔脚錢は公使庫に藏め、以て吏人月食・諸廳夫脚客車の口糧・宴飲・供送・書司の紙劄・上亭造食・犒兵卒・差使局兵、及び進奏承受錢、凡そ冗雜の費に供す。(40)

とあって、南海物貨のうち上供に堪えない粗悪品の価格相当銭と乳香価格の二割分銭は公銭庫（あるいは官銭庫）に収められ、市舶司行政の経常費用に充てられている。聖節や大礼、千を数えた南宋皇族への廩給は、市舶司財政中の中央経費分と見てよいが、そのほかには綱運に掛る諸経費、官吏に対する手当、蕃客（蕃商）との宴会・送迎、施設修築費など市舶行政にかかわる経費に用いられている。また「擔脚銭」なる税を課し、外国船は一舫ごとに銭一文七分、南海船は銭一文一分、抽解済みの物貨転売証明書（引）のない船は銭五分五厘を納め、公使庫に収蔵された。これらの収入は官吏や人足等の給料、宴会、官舎での紙代など地方行政における雑費に充てられている。ここから市舶司行政による財政収入が地方行政において経費として運用されている様を窺え、しかもその経費目として、市舶司行政を担う州である以上市舶行政に関する費目が挙がるのは当然として、それに限らず、一般的地方行政に

おける費目も含まれていた。市舶司財政は国家財源としてのみならず、地方行政の財政運用においても活用されていたことが諒解される。おそらく両浙市舶司でも同様の財政運用が見られたと思われる。そして宋代地方行政における財政運用権は中央政府に収斂されていたと言われるが(41)、商船に課され一般財源とされた担脚銭は、泉州市舶司独自の財源であったようであり、ここに市舶司行政の独自裁量、あるいは地域性も垣間見られよう。

抽解・博買された物貨の内、上供物貨は宋朝国家の国家歳入として計上されていた。それを含めた市舶司財政に関する財政報告について見ておくと、『宋會要輯稿』職官四四―一四、紹興二年正月二十六日の詔では、

> 詔すらく戸部をして兩浙等三路提擧市舶司の年分を酌中せし起發上京物數、幷びに抽解博買せし實用過錢數、及び賣過せし物色若干等、起發を權住してより後來、所有抽解買賣到せし息錢を取會せしめ、並びに此れに依りて開具し、尙書省に申せよ。内に兩浙は近便に係り、仍お限を責して回報し、先次措置せよ(42)。

と、戸部は両浙等三路の提挙市舶司の年平均における上供物数、抽解博買で実際に用いた銭数と売り裁いた物色が何であったか、また発送を一時中止した後の全ての抽解博買により得た息銭を監査して箇条書きにし、尚書省に申上することが命ぜられている。つまり戸部は市舶司における上供物数と、実際の抽解・博買に用いた銭数・博買で得た物貨の販売目録、また利息銭などをチェックし、尚書省へ報告を行うこととなっている。なお両浙市舶司は近いので期限を限ってさきに措置するよう詔が出ている。この戸部による市舶財政監査は、市舶司による上供額から、市舶司が実際に行った抽解・博買の総数、さらに売却した品目とその利益にまで亙り、市舶財政収入とその上供分（中央財政分）を把握することを念頭に置いたものであったことがわかる。また「酌中年分」として年平均額を提出させているのも、市舶司貿易が利益等の年額を設定せず（或いはできず）、経常的な定額を出せなかったことの現れであろう。

同じく『宋會要輯稿』の史料によれば、翌年には戸部は先の朝旨を受けて、両浙市舶司におけるそれ以前の年を平均した上供物とその数量、一時上供を中止してからの抽解・博買、及び市舶司自らが売り捌いた物数、利息銭を監査し、箇条書きで上申した。また併せて支出の実際総額、保管場所などをはっきりと説明し、欠損や侵隠のチェックを行い、恒久の措置や利害を尚書省へ申上した。そして戸部が両浙市舶司の財政報告を監査すると、市舶司費用の勝手な乱用があり、名目も一致せず欠損があった。そこで戸部は浙西提刑司

に監督させて、市舶司の建炎四年（一一三〇）以後の支出すべき銭物の項目数を調べ、支出すべきでない銭数は追及して官に戻し、それを博買本銭（博買の為の元手）に添入させることを要求した。なお通判は今後、市舶務の舶来物貨の抽解・博買に遇えば、みずから務に入って監官とともに抽買し、紹興三年（一一三三）を初めとして、年の終わりに各務を監査して箇条書きで申述し、博買した物貨の名色数目をはっきりさせ、本銭で利息を運営し、支払うべき銭物は細帳状（細目帳簿）に付け浙西提刑司に申上するよう戸部は奏請し、これに従うよう詔が下っている[43]。ここでは、中央の戸部が両浙市舶司の取り扱う上供物数や、抽解・博買等の額数を把握できておらず、また正当でない財政運用があったために、通判が帳簿に付けてそれを浙西提刑司に報告し、また浙西提刑司も次年度の上供すべき銭物の会計監査をするよう命ぜられている。

　これらの記事から窺えることは、戸部が両浙市舶司における上供数目・抽解博買数目・物貨売却数目・息銭数などの市舶司財政の実態を的確に把握していないこと、また転運司など他の地方官司からの財政侵擾を受けていたために、銭物応在額と見在額が符合していなかったことである。

　南宋の戸部は、市舶司からの四種の財政報告（上供額・抽解博買額・物貨売却額・利益額）を受けて、国家財政に転用した。しかしながら市舶司の収入支出細目等は常賦ではなかったために、皇帝でさえもあずかり知らなかった。例えば、高宗は御史台検法の張闡に市舶の歳入が幾らかを問うたことがあり、それに対して、抽解と和買とで年毎におよそ二〇〇万緡と張闡が答えている。そこで高宗は、三路の（市舶の）収入は常賦以外のものであり、戸部がいかに収支しているかが分からないとして、輔臣に命じて実数を聞奏させている[44]。

　とはいえ、市舶行政による収入の国家財政への財源化は宋代を下るごとに進み、煕寧二年（一〇六九）九月にはまだ「東南は利国の大なること、舶商も亦た其の一に居る[45]」とされたのが、南宋の紹興七年（一一三七）閏十月には「市舶の利は最も厚く、若し措置すること宜しきに合えば、得る所は動もすれば万を以て計る[46]」、同十六年（一一四六）九月二十五日には「市舶の利は、頗る国用を助く[47]」とあり、また前述のようにその額面も漸次多くなっていた。その背後に漢人海商活動の増加とそれに伴う市舶司の抽解・博買による利益増加を読み取っても大過なかろう。しかし、市舶による財政収入はそもそも決して安定的なものではない。『寶慶四明志』にも「慶元司の征、尤も海舶の至るや否やを視《うかが》い、税額は予め定むべからず[48]」と喝破されている。にもかかわらず、市舶収入に国家財政の比重を置けばおくほど、絶えず市舶収入の安定的確保を目指さねばならなくなる。南宋高宗期以降における外蕃商人の抽解・博買奨励による補官制度[49]や、商人の他州転売の許可[50]、またその際の二重抽解などが図られる所以である[51]。そして、市舶収入は地方の市舶財政にとっては巨利に上るため、市舶財政の偸盗・侵擾などの弊害を生み出し、市舶官と商人などとの癒着もあって[52]、中央戸部は国家歳入の増加を目指し市舶司に対してたびたび財政監査を行っていたのであった。

また淳熙元年（一一七四）七月十二日に戸部侍郎蔡詵は、幹弁諸軍審計司趙汝誼に委任して臨安府・明州・秀州・温州市舶務に行き、抽解博買して上供すべき物貨、並びに積年に亙って民間に出売すべき市舶物貨の現存数を、徹底的に総括させて行在に解送させ、所属は送納して、適宜に出売させることを求めている[53]。これよりすると、両浙市舶務に停滞する物貨を送納あるいは売り下ろさせ、戸部の財源確保を目指したようである。なお、趙汝誼はすべて起発すれば恐らく博易本銭が不足するので、量を測って遺留することを申上し、半額残すように命が下っている。

この記事に先立つこと十年、乾道二年（一一六六）六月に両浙市舶司は廃止され、すべての職務は両浙転運司が兼務することとなった。その廃止の理由は両浙地域における市舶務が五カ所に置かれ、抽解・博買が多重・複雑となっていたからであるが、このことを受けて両浙転運司が市舶司財政に関係する収支報告を行うこととなった。『慶元條法事類』巻三十六、庫務門倉庫式に収める慶元年間（一一九五―一二〇〇）当時の転運司の行う年末収支報告書（「収支見在錢物狀」）には、市舶で得た宝貨についての収支も加えられている。故にこの文書式はそれまで市舶司の設置されていた両浙転運司にも当てはまる。そして収支報告の記載事項に関し、年収入については抽解における年々増加額或いは欠損額、また博買における年々増加額或いは欠損額、年支出については購入実費額とその年々増加額或いは欠損額・上供額の年々増加額或いは欠損額を尚書戸部へ報告するものとなっている。転運司は通常、所管州より租税の収支決算書である銭帛帳を受けて銭帛計帳を尚書に報告するが、別途に市舶関係財政収支も併せて報告せねばならなかったことになる。尚書戸部による度重なる市舶司財政報告の要求の後を受けたこの転運司年末収支報告によって、市舶司関係収支が戸部に知られるところとなったと見られるものの、それでも実数把握が難しかったことは、先の戸部侍郎蔡詵の言葉より窺える。

このように、市舶司行政による収入は、特に南宋政権の国家財政にとって重要度をより増し、その市舶財政報告も不可欠なものとなったが、やはり常賦ではなかった。その国家財源への上供に当たっては、年額を定めて年一回に送納するのではなく、一定数量に達した段階で順次発送という手順であったが、(54)ここからも市舶による収入が不定期で、収入を計算して国家歳入に計上できる安定的歳入ではなかったことが分かる。その収入額も定額ではなかったために、泉州市舶司で見たような市舶司における財政運用の独自裁量を許し、中央の戸部はその実数を把握しえず、国家財源の確保のために両浙市舶司などへたびたび監査を入れていた。そして両浙地域においては、孝宗期（一一六二―一一八九）以降に市舶司の廃止と転運司による市舶司関係収支報告が行われるようになった。しかしながら、抽解・博買等によるこれら市舶収入の安定的国家財源化、及び各市舶司における地方財政運用の制限は、宋代を通じて結局見られなかった。それはむしろ、在地での独自裁量権を許した融通的性格を持っていたと言えるだろう。以上によって、先に引いた御史台検法の張闡が高宗に対して「先ごろ、かたじけなくも舶司を領することわずか二年、ひそかに嘗てその利害の灼然たるものを求めれば、法令がいまだ備わっていません。福建・広南はそれぞれ務を一州に置き、両浙市舶務は五カ所に分建しています。三路の市舶は数千里離れ、全く一定の法がありませんでした。あるいはもともと一司の申請で他司が知らないこともあり、或いは一時的な建議に従い、別の時に用いられないこともあります。監官は専任であったり兼務であったりし、人吏も多かったり少なかったりし、夷華の商人を待遇するのに同じであったり違っていたりし、賞刑の制を立てるのも重かったり軽かったりします。発船の所でないのに停泊するのも禁があったりなかったり、産物でない所で購入しても許したり許さなかったり。このような例は挙げても切りがありません(55)」と述べるその背景に、宋代における市舶司行政、引いては沿海行政が、本質的に可変的な現状対応による結果であったことを見通すことができるだろう。

おわりに

前章で明らかにした宋代における市舶司行政を、その行政内容である出国・入国・綱運等の規定(56)ごとに、それぞれの変遷を見てみると、以下のようである。本章第一節で見たような漢商出国に際しての国家的規定（公憑の発給など）は、神宗の熙寧・元豊ごろに仔細が決められ、かつ崇寧年間にかけて出入禁止国の解除が進み、以後南宋時代となってもさほど大きな改革は進められなかった。その背後には両浙地域における海商の海上交易活動の拡大・増加が予想されるが、またその結果として公憑発給制度の国家的容認によって漢人海商の海上交易をさらに促進したであろう。また漢蕃商人の入国規定に関しては、抽解・博買規定が熙寧年間ごろまでに大方そろいつつも、拡大した海商の海上交易の結果として抽解・博買を行う舶来物貨が時代を下るごとにより一層豊富となり、その市舶司による上供物貨・出売物貨の改定も徽宗期や高宗期に進められていった。また、公憑を発給した市舶司のみで抽解・博買を受けることが宋朝の基本的姿勢であったが、時事に応じて、特に両浙市舶司下の各市舶務（華亭・温・江陰等）での抽解・博買を認めることもあった。漢蕃商人は入国し抽解・博買を経た後、残った物貨を他州へ転売に出かけたが、これも元豊の市舶条例制定以降に許可される傾向にあった。こうして見れば、海商たちの商業活動旺盛化に対して宋朝は拡大的に許可を加えていったことが分かるが、そうした商人の商業活動の拡大に応じて、舶来物貨が両浙地域を初め中国沿海部で通流するようになった。と同時に、沿海部での貿易等に関する問題が生じ、両浙市舶司は「關」などを用いて市舶司相互に、また沿海制置使など関係諸官司と連繫し、その解決を図っていた。沿海部における商業活動の活発化によって、流通する物貨を抽解・博買する市舶司は、結果としてその綱運組織の再編成を重ね、首畿へと送納した。こうした傾向は南宋時代より顕著となり、かつ市舶司行政による歳入が国家財政に占める割合も増していったが、その実、然したるものではなかった。ところが、市舶司行政に関係する歳入は常賦でなく、また市舶司行政そのものの性格上商人や蕃客の往来活動に依存するため、収入が不定額で「入るを量る」ことに難しく、したがって市舶司での市舶収入における独自裁量を許し、市舶司財政の不正や他司からの財政浸越を招くこととなり、そのため南宋期には、中央財政を担当する戸部は、たびたび財政申告を市舶司へ命じ、市舶司財政の国家財源化を目指していた。その結果として、両浙市舶司は廃止され（市舶務は存続）、両浙転運司によって市舶司関係収支報告が行われるようになった。

　宋朝を通じて両浙市舶司行政は、たとえば元豊の市舶条例制定を境として固定的に運営されたのではなく、新たな地方行政に直面する中で、現場における商人到来の状況や商人の苦情などに左右されつつ、諸問題に柔軟に対応しながら形成されたものである。また両浙市舶司を中心とする地方諸官司は、頻繁に「關」・「狀」などの文書を相互に送付し、情報の共有にも努めていた。そして両浙地域を始めとする一偏の沿海地域で行われた市舶司行政が、宋代を通じて国家の政治運営、特に南宋における国家財政運用を大きく左右する存在となっていった点に、宋代における沿海行政の政治的重要化の一端を見ることができる。両浙地域の場合、それは結果的には両浙市舶司の廃止となったのであるが、宋代を通じ、特に南宋孝宗期以降は、市舶司行政を国家財政的側面より重要視し、拡大的に海商活動を奨励利用したため、南宋末元初の両浙地域近辺における海商活動の許容と放任に結実し、著名な蒲寿庚に見られるような海商の軍事集団化(57)へと導かれたのであり、明初にいたって、国家による海商活動に対する統制的沿海行政（沿海部民衆への海禁と市舶司貿易の併存、やがて市舶司貿易の廃止と朝貢貿易のシステム化(58)）が開始されていくのである。

注

（1）石井正敏「一〇世紀の国際変動と日宋貿易」（『アジアから見た日本』二、角川書店、一九九二年）、山崎覚士「九世紀における東アジア海域と海商――徐公直と徐公祐――」（同著『中国五代国家論』思文閣出版、二〇一〇年）。
（2）家島彦一「インド洋交易ルートの繁栄――唐とアッバース朝を結ぶルートと港」（『海が創る文明――インド洋海域世界の歴史』朝日新聞社、一九九三年）。
（3）舶来物品のうち特に貿易陶磁に関しては、亀井明徳『日本貿易陶磁史の研究』同朋舎、一九八六年）、山本信夫「日本・東南アジア海域における九～一〇世紀の貿易とイスラム陶器」（『国立歴史民俗博物館研究報告』九四、二〇〇二年三月）。
（4）宮川尚志「孫恩・盧循の乱について」（『東洋史研究』三〇―二・三、一九七一年十二月）。
（5）松浦章『中国の海賊』（東方書店、一九九五年）。
（6）第三章「貿易と都市――宋代市舶司と明州」。
（7）和田久徳「唐代における市舶司の創置」（『和田博士古稀記念東洋史論叢』講談社、一九六一年）。
（8）藤田豊八「宋代の市舶司及び市舶条例」（『東西交渉史の研究――南海篇』荻原星文館、一九四三年）、桑原隲蔵『蒲寿庚の事蹟――唐宋時代に於けるアラブ人の支那通商の概況殊に宋末の提挙市舶西域人』（岩波書店、一九三五年）、森克己『日宋貿易の研究』（国書刊行会、一九七五年）、土肥（草野）祐子「北宋末の市舶制度――宰相・蔡京をめぐって――」、同「提挙市舶の職官」（以上同著『宋代南海貿易史の研究』、汲古書院、二〇一七年）、中村治兵衛「宋代明州市舶司（務）の運用について」（『人文研紀要』（中央大学人文科学研究所）一一、一九九〇年）、榎本渉「明州市舶司と東シナ海交易圏」（『東アジア海域と日中交流――九～十四世紀』吉川弘文館、二〇〇七年）、同「宋代市舶司貿易にたずさわる人々」（歴史学研究会編『シリーズ港町の世界史三　港町に生きる』（青木書店、二〇〇六年）。また一九八〇年代までの市舶司研究史をまとめたものとして、張祥義「宋代市舶司貿易研究の現状と課題」（『亜細亜大学教養学部紀要』二四、一九八一年）がある。中文研究も頗る多く、前掲張氏論文のほか、その主なもののみ挙げれば、石文済「宋代市舶司的設置与職権」（『史学彙刊』一、一九六八年）、陳高華・呉泰『宋元時期的海外貿易』（天津人民出版社、一九八一年）、黄純艶『宋代海外貿易』（社会科学文献出版社、二〇〇三年）、鄭有国『中国市舶制度研究』（福建教育出版社、二〇〇四年）などを参照。

（9）第三章「貿易と都市――宋代市舶司と明州」を参照。

（10）京都女子大学東洋史研究室編『東アジア海洋域圏の史的研究』（京都女子大学、二〇〇三年）、夫馬進編『中国東アジア外交交流史の研究』（京都大学学術出版会、二〇〇七年）。

（11）『宋會要輯稿』職官四四―一、端拱二年五月条、「詔自今商旅出海外蕃國販易者、須於兩淛市舶司陳牒、請官給券以行、違者沒入其寶貨」。

（12）『蘇軾文集』巻三一、乞禁商旅過外国状「一、慶曆編敕。客旅於海路商販者、不得往高麗・新羅及登萊州界。若往餘州、並須於發地州軍、先經官司投狀、開坐所載行貨名件、欲往某州軍出賣。許召本土有物力居民三名、結罪保明、委不夾帶違禁及堪造軍器物色、不至過越所禁地分。官司卽爲出給公憑。如有違條約及海船無公憑、許諸色人告捉、船物並沒官、仍估物價錢、支一半與告人充賞、犯人科違制之罪。

一、嘉祐編敕。客旅於海道商販者、不得往高麗・新羅及至登萊州界。若往餘州、並須於發地州軍、先經官司投狀、開坐所載行貨名件、欲往某州軍出賣。許召本土有物力居民三名、結罪保明、委不夾帶違禁及堪造軍器物色、不至越過所禁地分。官司卽爲出給公憑。如有違條約及海船無公憑、許諸色人告捉、船物並沒官、仍估物價錢、支一半與告人充賞、犯人以違制論。

一、熙寧編敕。諸客旅於海道商販、於起發州投狀、開坐所載行貨名件、往某處出賣。召本土有物力戶三人結罪保明、委不夾帶禁物、亦不過越所禁地分。官司卽爲出給公憑。仍備錄船貨、先牒所往地頭、候到日點檢批鑿公憑訖、却報元發牒州、卽乘船。自海道入界河、及往北界・高麗・新羅幷登萊界商販者、各徒二年。……

一、元祐編敕。諸商賈許由海道往外蕃興販、並具人船物貨名數・所詣去處、申所在州、仍召本土有物力戶三人、委保物貨內不夾帶兵器、若違禁及堪造軍器物、幷不越過所禁地分、州爲驗實、牒送願發舶州、置簿抄上、仍給公據、方聽。候回日、許於合發舶州住舶、公據納市舶司。即不請公據而擅行、或乘船自海道入界河、及往新羅・登萊州界者、徒二年、五百里編管」。

(13) 同右「一、元豐三年八月二十三日中書劄子節文。諸非廣州市船司、輒發過南蕃綱舶船、非明州市舶司、而發過日本・高麗者、以違制論、不以赦降去官原減。其發高麗船仍依別條。

一、元豐八年九月十七日敕節文。諸非杭明廣州而輒發海商舶船者、以違制論、不以去官赦降原減。諸商賈由海道販諸蕃、惟不得至大遼國及登萊州。即諸蕃願附船入貢或商販者聽」。

(14)『慶元條法事類』巻一六、文書門一に引く文書式。あるいは遠藤隆俊「宋代中国のパスポート――日本僧成尋の巡礼――」（『史学研究』二三七、二〇〇二年七月）。

(15)『續資治通鑑長編』巻三〇七、元豐三年八月条。

(16) 山内晋次「中国海商と王朝国家」（『奈良平安期の日本とアジア』吉川弘文館、二〇〇三年）。

(17) 本公憑を用いた研究が日本史研究者に多く見られることは、森公章「宋朝の海外渡航規定と日本僧成尋の入国」（『海南史学』四四、二〇〇六年六月）で言及されている。なお森論文では本公憑を精緻に校訂しており、本文に引用する公憑も多く依拠したことを断わっておく。また、本公憑史料の校訂にあたっては、国文学研究資料館所蔵三条西本『朝野群載』の写真版を利用した。利用にあたっては森公章氏よりコピーを頂いた。ここに格別の謝意を表したい。

(18) 前掲土肥祐子「北宋末の市舶制度――宰相蔡京をめぐって――」、榎本渉「北宋後期の日宋間交渉」（『アジア遊学』六四、二〇〇四年六月）。

(19) 銭帛案について、『宋史』職官志によれば中央財政を管轄する三司の度支六案の一つに挙げられ、軍中の春冬衣・百官の俸祿・左蔵庫の銭帛や香薬庫・権易務などを担当する部署とされている。しかしながら、本公憑が発給された崇寧四年（一一〇五）当時、元豐の官制改革に従って三司は戸部に吸収合併され、度支六案も整理され金部司に統括されることとなった。よって銭帛案は、金銀銭帛の年額・折斛・封椿銭物の催促を担当し、市舶関係は権易案が担当することになった（『宋會要輯稿』食貨五六―三・五、金部）。したがって、当時の中央行政府の金部銭帛案は市舶関係を管轄しないため、本公憑に見える銭帛案は地方行政府に置かれた財務関係を担当する部署と思われる。

(20) 胥吏の位階等については梅原郁「宋代胥吏制の概観」（『宋代官僚制度研究』同朋舎、一九八五年）を参照。中央官庁の例ではあるが、およそ胥吏の序列は上から孔目・勾押・押司・手分となっている。地方州府使院にも都孔目官・都勾押官がそれぞれ一名置かれ、以下胥吏が置かれた（『宋會要輯稿』職官四七―一、判知諸州府軍監）。また市舶司に孔目官や手分（『宋會要輯稿』職官四四―一三、紹興十二年十二月十八日）、都吏・前行・後行・貼司・書表・客司（『宋會要輯稿』職官四四―一八、乾道二年六月二十七日）などの胥吏が置かれていた。

(21)　明州市舶務における市舶兼官の事例に関しては前掲中村氏論文を参照。

(22)　『蘇軾文集』巻三十一、乞禁商旅過外国状「元祐五年八月十五日、龍圖閣學士・左朝奉郎・知杭州蘇軾狀奏。……至今年七月十七日、杭州市舶司准密州關報、據臨海軍狀申、准高麗國禮賓院牒、據泉州綱首徐成狀稱、有商客王應昇等、冒請往高麗國公憑、却發船入大遼國買賣、尋捉到王應昇等二十人、及船中行貨、並是大遼國南挺銀絲錢物、並有過海祈平安將入大遼國願子二道。本司看詳、顯見閩・浙商賈因往高麗、遂通契丹、歲久跡熟、必爲莫大之患。方欲具事由聞奏、乞禁止」。

(23)　『續資治通鑑長編』巻四〇九、元祐三年三月。また呂英亭「宋麗関係与密州板橋鎮」（『海交史研究』二〇〇三年第二期）を参照。

(24)　平田茂樹「宋代地方政治管見――劄子、帖、牒、申状を手掛かりとして――」（『東北大学東洋史論集』一一、二〇〇七年三月）によると、「関」式文書は「長官を同じくする官司同士が関係ある事柄について文書をやりとりする際にこの形式を用いる」と述べるが、『慶元條法事類』巻十六、文書門には「官司の長官を同じくし職局を別にする者、若しくは事相い関する有れば、並びに此の式を用ゆ」とあって、長官を同じくする官司同士の場合か、関係ある事柄の場合かに分けて考えるのがよかろう。ここに見える「関」式文書も、長官を同じくする官司同士の場合ではなく、相関する事柄であったために「関」式文書を用いたのであろう。また平田氏は本史料に触れて「関報」という文書の存在を指摘するが、「関もて報ず」と訓ずるものと考える。

(25)　『蘇軾文集』巻三十一、乞禁商旅過外国状「近又於今月初十日、據轉運司牒、准明州申報、高麗人使李資義等二百六十九人、相次到州、仍是客人李球於去年六月内、請杭州市舶司公憑往高麗國經紀、因此與高麗國先帶到實封文字一角、及寄搭松子四十餘布袋前來。本司看詳、顯是客人李球因往彼國交構密熟、爲之鄉導、以希厚利」。

(26)　前節崇寧公憑を参照、また前掲中村氏論文を参照。

(27)　近藤一成「知杭州蘇軾の治績―宋代文人官僚政策考」（『宋代中国科挙社会の研究』汲古書院、二〇〇九年）。

(28)　『四庫全書総目』巻一六三、集部別集類、『履齋遺集』に依る。

(29)　『開慶四明續志』巻八、奏状「臣竊見朝廷行下、仍放倭商赴市舶務抽博、深得時措之宜、但有一事於朝廷。歲不過捐十七界一萬餘緡之楮而可以深得遠人之心者、不敢不以上聞。照得倭商每歲大項博易、惟是倭板・硫黄、頗爲國計之助、此外則有倭金、商人攜帶、各不能數兩、未免深藏密匿、求售於人。……獨此乃倭商自己之物、殊爲可念。緣舶司例合抽解、多爲此間牙人啜誘、謂官司有厲禁、當爲汝密行貨賣。遠人不察其僞、多以付之奸牙、輒爲所匿。且脅以本朝法令之嚴、倭商竟不敢吐氣、常懷憾而去。臣叩之舶務、四年博買之利、所收止八千餘緡、五年博買之利、所收止一萬餘緡。……臣除已關報市舶司、今次倭船到岸、免抽博金子、如歳額不可闕、則當以最高年分所抽博之數、本司代爲償納、伏望聖慈、即賜睿旨、行下舶務、免將倭商金子抽博施行。所損無毫釐、而所益何翅丘山。伏候敕旨」。

(30)『開慶四明續志』巻八、申状。「本司照得每歳舶務抽博倭金之利、多者不過二三萬緡舊楮、而羅織漏舶之金、極不過十數兩。……欲望朝廷特賜詳察、施照前申、罷倭人抽博之微息、弛倭人漏舶之厲禁、以示朝廷懷遠之恩。其所關繫、實爲不細。仍乞速賜行下舶務及本司照應、如朝廷未以爲然、即乞就其中擇抽博利息最高年分、容本司抱解施行。伏候指揮」。

(31)『宋史』巻二六八、張遜伝、「再遷香藥庫使。嶺南平後、交阯歳入貢、通關市。並海商人遂浮舶販易外國物、闍婆・三佛齊・渤泥・占城諸國亦歳至朝貢、由是犀象・香藥・珍異充溢府庫。遜請於京置榷易署、稍增其價、聽商入金帛市之、恣其販鬻、歳可獲錢五十萬緡、以濟經費。太宗允之、一歳中果得三十萬緡。自是歳有增羨、至五十萬」。

(32)『宋史』巻一八六、食貨、互市舶法。及び『文献通考』巻二十、市糴。

(33)『粤海關志』巻三、歴代事実所引。

(34)宮澤知之「北宋の財政と貨幣経済」(同『宋代中国の国家と経済』創文社、一九九八年)。

(35)『文献通考』巻二十、市糴。なお、諸論文において市舶の利益に関する箇所で、その数字が銭数を示すのか(緡或いは貫)、香薬の総量数を示すのかについてあまり注意されていない(前掲石論文や土肥論文など)。唐後半期から宋代の財政において、諸税品目の総物量数を加算的に表現する方法が見られ、当該史料でも銭数そのものを指すのではないことに注意したい。詳しくは前掲宮澤知之「北宋の財政と貨幣経済」を参照。

(36)『文献通考』巻二十、市糴。

(37)前掲桑原隲蔵『蒲寿庚の事蹟』。

(38)第三章「貿易と都市——宋代市舶司と明州」を参照。

(39)曹勛『松隠文集』巻二十三、上皇帝書十四事、「竊見廣泉二州市舶司、南商充牣、每州一歳、不下三五百萬計」。

(40)『閩書』巻三十九、版籍志、雜課「其甚賤不堪解運如南海貨物者、官市之、以其價入市舶公錢庫。……又有擔脚錢、番船每一觔筭錢一文七分、南海船毎一觔筭錢一文一分、無引之船毎觔收五分五釐、以入公使庫。凡南海不堪物價及乳香價本二分藏官錢庫、以供聖節・大禮・宗子廩給・諸色綱運錢・官吏請給・搬家・宴番・送迎・修造、凡經常之費。擔脚錢藏公使庫、以供吏人月食、諸廳夫脚客車口糧・宴飲・供送・書司紙劄・上亭造食・犒兵卒・差使局兵、及進奏承受錢、凡冗雜之費」。

(41) 宮澤知之「中国専制国家財政の展開」(『岩波講座世界歴史九　中華の分裂と再生』、岩波書店、一九九九年)。

(42) 『宋會要輯稿』職官四四―十四、紹興二年正月二十六日「詔令戶部取會兩浙等三路提擧市舶司酌中年分、起發上京物數、幷抽解博買實用過錢數、及賣過物色若干等、自權住起發後來、所有抽解買賣到息錢、並依此開具、申尚書省、內兩浙係近便、仍責限回報、先次措置」。

(43) 『宋會要輯稿』職官四四―一五、紹興三年六月四日条、「昨承朝旨、取會兩浙市舶司已前酌中年分起發上京物數若干等數、權住起發往來抽解轉買、及一面賣過物數、所用本柄收到息錢、並依此開具供申。仍分明聲說、曾如何支使見在之數、於何處樁管、候比照驅考、有無虧損侵隱、措置經久、可行利害、申尚書省。本部行下本司、取會開具、依應回報去後。今據兩浙提擧市舶司申本司、契勘臨安府・明・溫州・秀州華亭及青龍近日場務、昨因兵火、實無以前文字供攢本司。今依應將本路收復以後、建炎四年・紹興元年・二年內、取紹興元年酌中一年一路抽解・博買到貨物、比附起發變賣收到本息錢數目、開具如後。一本路諸州府市舶務五處、紹興元年一全年共抽解一十萬九百五十二斤零一十四兩尺錢二字八半段等。本部尋行驅考得、雖有所收息錢、其間多有一面支使、名色不一、例各不見具、致許支條法比、欲再行取會。又恐內有違法、擅支數目、遷延月日、不肯依公回報、若不別作擘劃。又緣市舶務所管朝廷錢物浩瀚、唯在提擧司檢察拘轄、似此深恐得以侵用、因而陷失財計。今相度欲乞委浙西提刑司、取索市舶司自建炎四年以後應支使錢物窠名數干照、幷許支條法指揮、逐一子細驅磨、將不合支破錢數、依舊條追理、撥還入官、添助博買錢本、仍乞令諸通判、自今後遇市舶務抽買客人物貨、須管依條躬親入務、同監官抽買、及自紹興三年爲始、歲終取會逐務開具、的實買到物貨名色數目、用過本錢、營運利息、應支使錢物、夾細帳狀、保明申浙西提刑司、從本司取索驅考。如稍有隱漏不實之數、並依無額上供法施行。若逐州通判不依法躬親入務、同監官抽買、亦乞令提刑司按劾施行。詔依」。

(44) 『文献通考』巻二十、市糴、「上因問御史臺檢法張闡、舶歲入幾何。闡奏、抽解與和買歲計之、約得二百萬緡。上云、即此卽三路所入皆常賦之外、未知戶部如何收附、如何支使。令輔臣取實數以聞」。

(45) 『續資治通鑑長編拾補』巻五、熙寧二年九月壬午条。

(46) 『建炎以來繫年要錄』巻一一六、紹興七年閏十月辛酉。

(47) 『中興小紀』巻三十二、紹興十六年九月壬辰。

(48)『寶慶四明志』巻五、商税、「歳有豐歉、物有盛衰、出其途者有衆寡、故征斂亦有盈縮。慶元司征、尤視海舶之至否、税額不可豫定」。

(49)『宋會要輯稿』蕃夷七―四六の紹興六年八月二十三日条及び七―四八の紹興二十六年十二月二十八日条、また職官四四―一九の紹興六年十二月十三日条、及び四四―二五の紹興二十七年六月一日条。

(50)『宋會要輯稿』職官四四―九、崇寧三年五月二十八日条。

(51)『宋會要輯稿』職官四四―二六、隆興元年十二月十三日条、「臣寮言、舶船物貨、已經抽解、不許再行收税。係是舊法。緣近來州郡、密令場務勒商人、將抽解餘物重税、却致冒法透漏、所失倍多。宜行約束、庶官私無虧、興販益廣。戸部看詳、在法應抽解物不出州界貨賣、更行收税者、以違制論、不以去官赦降原減。欲下廣州・福建・兩浙轉運司幷市舶司、鈐束所屬州縣場務、遵守見行條法、指揮施行。從之」。

(52)前掲榎本論文「宋代市舶司貿易にたずさわる人々」。

(53)『宋會要輯稿』職官四四―三〇、淳熙元年七月十二日条、「戸部侍郎蔡詵言、乞委幹辦諸軍審計司趙汝誼往臨安府・明・秀・温州市舶務、將抽解・博買合起上供幷積年合變賣物貨、根括見數、解送行在、所屬送納、趣時出賣。從之」。

(54)『宋會要輯稿』職官四四―一一、建炎元年十月二十三日条、「承議郎李則言、閩廣市舶舊法、置場抽解、分爲麤細二色、般運入京。其餘麤重難起發之物、本州打套出賣。……舊係細色綱、只是眞珠・龍腦之類、每一綱五千兩。其餘如犀牙・紫礦・乳香・檀香之類、盡係麤色綱、每綱一萬斤、凡起一綱。差衙前一名管押、支脚乘贍家錢、約計一百餘貫」。

(55)『宋會要輯稿』職官四四―二五、紹興二十九年九月二日条、「比者叨領舶司、僅及二載、竊嘗求其利害之灼然者、無若法令之未修、何當福建廣南各置務於一州、兩浙市舶務及分建於五所。三路市舶相去各數千里、初無一定之法、或本於一司之申請、而他司有不及知、或出於一時之建明、而異時有不可用、監官之或專或兼、人吏之或多或寡、待夷夏之商、或同而或異、立賞刑之制、或重而或輕、以至住舶於非發舶之所、有禁有不禁、買物於非産物之地、有許有不許、若此之類、不可槩擧」。

(56)市舶司における出国・入国・綱運等の一連の規定については第三章「貿易と都市――宋代市舶司と明州」を参照。

(57)向正樹「蒲寿庚軍事集団とモンゴル海上勢力の台頭」（『東洋学報』八九―三、二〇〇七年十二月）。

(58)檀上寛「明初の海禁と朝貢――明朝専制支配の理解に寄せて――」（『明清時代史の基本問題』汲古書院、一九九七年）。

「李充公憑」（割注は〔　〕にて表記し、脱字は（　）で、誤字は［　］で表記した）

提擧兩浙路市舶司

據泉州客人李充狀、今將自己船壹隻、請集水手、欲往日本國、博買廻賃、經赴明州、市舶務抽解、乞出給公驗前去者。

一、人船貨物

　自己船一隻

綱首李充　梢工林養　雜事莊權

　部領兵弟

　　第一甲　……（省略）

　　第二甲　……（省略）

　　第三甲　……（省略）

物貨

　象眼肆拾疋　生絹拾疋　白綾貳拾疋　甆垸貳佰床　甆堞壹佰床

一、防船家事　鑼壹面　鼓壹面　旗伍口

一、石刻本州物力戶　鄭裕　鄭敦仁　陳佑　參人委保

一、本州令給杖壹條・印壹顆

一、今檢坐　敕條下項

諸商賈於海道興販、經州投狀、(a)州爲檢實、牒送願發船州、置簿抄上、仍給公據、方聽行(c)。廻日、公據納住舶州市舶司。即不請公據而擅行、或乘船自海道入界河、及往登萊州界者、徒二年。〔不請公據而未行者減貳等。〕往大遼國者、徒參年、仍奏裁。並許人告捕、給船物半價充賞。〔內不請公據未行者、減擅行之半。其已行者、給賞外船物、仍沒官〕其餘在船人、雖非船物主、各杖捌拾已上、保人並減犯人參等。

勘會舊市舶法、商客前雖許至三佛齊等處、至於高麗・日本・大食諸蕃、皆有法禁不許。緣諸蕃國、遠隔大海、豈能窺伺中國。雖有法禁、亦不能斷絕、不免冒法私去。今欲除北界・交趾外、其餘諸蕃國、未嘗爲中國客者、並許前去。雖不許興販兵甲器仗、及將帶女口姦細、幷逃亡軍人、如違、

應一行所有之物、並沒官。仍撿所出引、内外（分）明聲說。

勘會諸蕃船州商客、願往諸國者、官爲撿挍、所去之物、及一行人口之數、所詣諸國、(a)給與引牒、(c)付次捺印。其隨船防盜之具、兵器之數、並置曆抄上、候回日照點、不得少欠、如有損壞散失、亦須具有照檢一船人保明文狀、方得免罪。

勘會、商販人前去諸國、並不得妄稱作奉使名目、及妄作表章、妄有稱呼、並以商販爲名。如合行移文字、只依陳訴州縣體例、具狀陳述。如蕃商首領、隨船來諸國者、聽從便。

諸商賈販諸蕃回〔販海南州販及海南州販人、販到同〕、應抽買輙隱避者〔謂曲避詐匿、託故易名、前期傳送、私自貿易之類〕、綱首・雜事・部領・梢工〔令親戚管押同〕、各徒貳年、配本城。卽雇募人管押、而所雇募徒人倩人避免、及所倩人、准比鄰州編管。若引領停藏、負載交易、幷販客減壹等。餘人又減貳等。蕃國人不坐。卽在船人私自犯、准綱法坐之。綱首・部領・梢工同保人不覺者、杖壹佰以上、船物〔不分綱首・餘人及蕃國人、壹人有犯、同住人雖不知情、及餘人知情並准此〕給賞外、並沒官〔不知情者以己物參文沒官〕。

諸海商船貨、避抽買舶物應沒官、而已貨易轉買者計直、於犯人者、名不近理不足、同保人備償、卽應以船物給賞、而同於令轉買者、轉買如法。

諸商賈由海道販諸蕃者、海南州縣同、於非元發舶州（住）舶者抽買訖、報元發州、檢實銷籍。

諸海商冒越、至所禁國者、徒三年、配仟里。卽冒至所禁州者、徒貳年、配伍佰里。若不請公驗物籍者、准行者徒壹年、鄰州編管。卽買易物貨、而輙不注籍者、杖壹佰。同保人、減壹等。

錢帛案手分　供〔在判〕　注〔在判〕

押案宣〔在判〕　厲〔在判〕

勾抽〔押カ〕所供〔在判〕　孔目所撿〔在判〕

權都勾丁〔押カ〕〔在判〕　都孔目所〔在判〕

右出給公憑、付綱首李充收執、稟前須〔項カ〕敕牒指揮、前去日本國、經他回、赴本州市舶務抽解。不得隱匿透越。如違、卽當依法根治施行。

崇寧四年六月　日給

朝奉郎・通判明州軍州・管勾學事・兼市舶謝〔在判〕

宣德郎・權發遣明州軍州・管勾學事・提擧市舶彭〔在判〕

宣徳郎・權發遣提擧市易等事・兼提擧市舶徐
承議郎・權提擧市舶郎

第五章　書簡から見た宋代明州対日外交

はじめに

従来、宋朝と日本との関係は、遣唐使の廃止以降に政治的な外交はなく、代わって貿易や文化交流・仏教交流が盛んであったとされる。代表的研究には、西嶋定生氏の冊封体制に基づく東アジア世界論がある。唐代まで東アジア世界（中国・朝鮮・日本・ベトナムなど）は、第一義的には冊封という君長間での政治的秩序によって規律され、また冊封を受けずとも、朝貢・回賜を行うことなども含めた君長間の政治的関係性として存在していた。唐朝の崩壊後に、そうした政治的国際秩序も併せて崩壊したが、東アジア世界そのものが崩壊したわけでなく、代わって東アジア世界では中国国内の商業発展に基づいて、その富を海外に分配する海商の海上貿易を媒介とした商業交易圏が登場したとする。[1] 誤解を恐れず極言すれば、西嶋氏の唐宋間における東アジア世界の変貌は、政治的国際秩序から商業交易圏へとして語られるが、ここに想定されている政治的国際関係は、冊封という君長どうしの政治的秩序関係のみを指している。また、西嶋氏の説を批判的に継承した堀敏一氏は、冊封関係に加え羈縻政策や和蕃公主などによる唐代の国際関係を想定し、[2] 渡辺信一郎氏も当時の政治的国際関係を天下秩序と名付けて、唐代までの政治的国際関係を理解しようとしているが、[3] やはり当時の国際関係を君長・王者間での政治的折衝あるいは外交のみに特化している。本章で扱う書簡という問題から見ると、こうした君長・王者間では国書がやり取りされるが、上記の王者外交の視点に引っ張られて、慰労制書や論事勅書、あるいは対等関係を示す致書形式などの国書研究を中心に進められており、[4] 近年の研究でも国書のみを通じて当時の国際関係あるいは外交を捉えようとする傾向にある。[5]

確かに宋朝と日本の王者どうしの国書往来はほとんどない。しかしながら、そのことでもって当時に日宋間で〝外交〟がなかったと言えるだろうか。広義で捉えたならば、外交とは外国との交流に関わるさまざまな政治的活動を意味し、そこには王者外交を皮切りに、地方官府どうしなど、様々な政治レベルに応じた外交を想定できよう。事実、唐から宋代にかけては、その政治レベルに応じた書簡が日中間で往来している。よって、当時、日宋間の海を渡った書簡を収集して分析対象とし、その整理を進めることを通じて、従来では見落とされていた王者外交とは異なる新たな外交の諸相を明らかにしたい。そして、日宋間の外交関係を再考察することによって、従来説かれてきた宋代東アジア国際関係の面目を一新し、かつ宋朝の中央集権国家の捉えなおしという問題にまで迫ることが、本章の課題である。

第一節　唐宋時代の書簡と外交

九世紀半ば以降、漢人海商が日本を訪れるようになると、日中間で様々な書簡が往来することとなった。これら書簡は、すべて海商が海上送達し、その後の陸上送達では海商に加えて僧侶が行っている。そうした書簡は渡来した日本僧と日本の太政官府間や日中の寺院間で、また商人と摂関家・僧侶間などで頻繁に出されたが、本章の主題である唐宋時代における日中間での外交（為政者間）に関する書簡を類別すると、（1）国書、（2）牒状、（3）書状と区別することができる。以下簡単に考察しておきたい。

ⓐ　国　書

国書とは中国皇帝と他国の王・君長との間で取り交わされる書簡である。当該期に国書の事例はほとんど見えないが、ここでは参考として唐代の国書を取り上げておく。日本との関係でいえば、国書は皇帝と天皇間となるが、唐代では皇帝より天皇へ「大唐皇帝敬問日本國天皇」（『異國牒狀事』）と題する慰労制書や「敕日本國王主明樂美御徳」（張九齡「敕日本國王主明樂美御徳」『文苑英華』巻四七一）等と題する論事勅書が出された[6]。これら国書の場合、国書を携える使者（天智・天武期の郭務悰）が派遣されるか、あるいは遣唐使（遣唐副使中臣名代）へ直接渡しており、九～十二世紀の書状が海商によって伝達されたことと異なっている。こうした国書は通常函入りであった。『日本書紀』天智天皇三年五月甲子にも「百済鎮将劉仁願遣朝散大夫郭務悰等進表函與獻物」とあり、この函について『異國牒状事』では、

天武天皇元年二月、唐牒状のはこ（「函」）の上に題云、大唐皇帝敬て和（「倭」）王に問と書く。

とする。国書は王者同士で取り交わされる政治的重要性の最も高い書簡だが、先に見た「勅日本國王主明樂美御徳」の末尾に「中冬甚寒、卿及百姓、並平安好、今朝臣名代還、一一口具、遣書、指不多及」とあるように、その書式は書儀を用い、後に見る私信形式の延長上にある。(7)

(b) 牒　状

牒状とは、『慶元條法事類』巻十六、文書門文書式に、

「某司　牒　某司或某官　某事云々、牒云々。如前列數事、則云牒件如前云々。謹牒

年月　日

具官姓　書字」

內外の官司相い統攝するに非ざる者、相い移せば則ち此の式を用ゆ。諸司の補牒此れに準る。唯だ牒某司作牒某人に改め、姓名闕字せず、辭末に故牒と云う。年月日の下に於いて吏人の姓名を書く。官統攝すると雖も申状の例無し及び縣の比州に於けるの類、皆な牒上と曰う。轄する所に於いて符帖の例無き者、則ち牒某司或某官と曰い、並びに闕字せず。(8)

とある官文書式である（以下牒式の文書を牒状と称す）。宋代において日本に出された牒状の事例は、以下の五例を確認できる。

(A)
- 一〇七三年六月―奉國軍牒
- 一〇八〇年九月―「大宋國明州牒日本國大宰府」
- 一〇八一年六月二日―「大宋國明州牒日本國」

（一〇八〇年・一〇八一年）大宰府返牒あり

(B) 一〇九七年九月―「大宋國明州牒」―大宰府返牒あり

(C)　一一一七年―大宋国牒状―返牒あるか
(D)　一一七二年秋―「大宋國明州沿海制置使司牒日本國太政大臣」―「日本國沙門靜海牒大宋國明州沿海制置使司」
(E)　一二七九年七月二十五日―大宋国牒状―返牒なし

その形状を伝える史料はわずかで、事例(C)では紙に包んで銘を書き、錦の袋に入っていたという。[9]これら日本にもたらされた宋側発の牒状は、事例(E)を除いて総て明州が発しており、その返事も日本国大宰府から出されている。こうした牒状を用いた外交は、地方官府間のやり取りであり、書式も前引の牒式に従ったと見られる。事例の詳しい検討は次節に譲る。

(c)　書　状

書状とは基本的に個人間で取り交わされる書簡だが、その書面に一定の形式が認められる。およそ、

(長年不会)＋手紙運び手の到来(返信の場合)＋時候＋問起居＋内容・事項＋運び手に書簡を託す＋「不宣、謹言」＋日付＋送り手名＋受け手名＋脇付＋(追伸)＋(謹空)

といった文面の運びである。為政者間での書状による外交の事例として、呉越国王と藤原摂関家間があり、藤原家から呉越国王への書状が残っている。[10]これらの書簡はもともと呉越国王が左右大臣に宛てたもので、呉越海商による日本との貿易を保護・円滑化を狙った呉越国王の書状に対する返書と見られる。こうした書状形式でも広く外交と見なすことができるから、当時ではたとえそもそも政治性の弱い書状であっても、外交文書となりえた。


以上三種の書簡のうち、宋代の対日外交上より多く見え、かつその特徴を示すのは、(b)牒状である。そこで次節では宋代における対日牒状の事例を検討して、その実態と特質を把握したい。

第二節　宋代明州の対日外交

事例(A)　一〇七三～一〇八二年の「大宋國明州牒状」

まず最初の事例を見てみよう。[11] 事は入宋僧成尋の弟子の帰国から始まる。神宗朝に入宋した成尋はその祈雨に験ありとして神宗に認められ、善慧大師の号を賜った。成尋は日本に帰国することはなかったが、その弟子五人が帰国するにあたって、一〇七三年二月一日に神宗より「金泥法華經錦二十疋」が下賜された。そして六月十二日に弟子たちは下賜品の錦を携えて帰帆するが、その際に「奉國軍牒」と「大宋皇帝志送日本御筆文書」も携帯したという（以上『參天台五臺山記』）。しかしながら日本では弟子の帰国後から、二年後の一〇七五年十月になって、稍く、大宋皇帝の献物（「金泥法華經錦二十疋」）を受け入れるかどうかの議論が朝廷内で起こっている。[12] この間に、不思議と、神宗の御筆文書については、日本の史料は何も語らない。献物の受け入れについてはほどなく決定したようだが、今度はその返礼品を何にすべきかの議論が起こった。「火取玉・水銀・美乃長絹・真珠・細布・金銀・和琴」などがその候補として挙がっている。[13] この返礼品の決定には二年を要し、結局一〇七七年五月に「答信物六丈織絹二百疋・水銀五千両」と決められ、螺鈿筥に納められた。[14] この返礼品の宋への送付には、通事僧仲廻が担当して宋商孫忠の船を利用した。同年十二月八日には、

明州言えらく、日本國僧仲回等六人を遣わし方物を貢すと。[15]

と明州が上奏している。また翌元豊元年（一〇七八）閏正月二十五日[16]には、

明州又た言えらく其の國の太宰府牒を得、使人孫忠の還るに因り、仲回等を遣わし絁二百匹・水銀五千兩を貢せしむるも、孫忠乃ち海商にして、貢禮諸國と異なるを以て、自ら牒を移して報じ、其の物直に答へ、仲回の東歸するに付せしめんことを請う。之に従う。[17]

とある。ここで問題となるのは、日本は返礼品として絹二百疋・水銀五千両を贈っているのに対し、明州はその行為を「貢方物」とあるように、朝貢と位置づけていることである。また六丈織絹を絁としている。ちなみに、唐代における遣唐使の唐朝への朝貢品は『延

喜式』大蔵省によると「銀五百両・絁一千匹・糸五百絇・綿一千屯」である。[18] 唐代の朝貢品と今回の返礼品の類似性が朝貢という〝誤解（あるいは故意）〟を助長したかもしれない。とにかく明州は、今回の日本からの使者（実際には海商と僧侶）の来航を朝貢であると中央へ報告した。そしてさらに、孫忠が海商であって（一般の国使ではないため）、貢礼が他国と異なるから、明州が〝みずから〟牒を移して返答し、貢品の価格を計って返答品を出すことを求め、しかもそのことが許可されている。そもそも朝貢の返答品は一般に回賜品と呼ばれ、皇帝が朝貢のお礼として宴会儀礼中に下すものである。[19] こうした日本との朝貢・回賜が明州の裁量で独自に行われている点は無視できない。この問題に関してはさらに次節で詳しく見ることとして、今回の以後の経過を追ってみよう。

一〇七八年五月二十七日には、宋商孫忠と僧仲廻が日本に帰国しているから、明州の回賜などの処理は迅速に行われた。回賜品は籠子四合に入った錦綺だったようである。[20] しかもそれは大宋皇帝からの献物だと日本側は認識している。この回賜品には回賜文が添えられていたようで、それは「（廻）賜日本國大宰府令藤原經平」文（『善鄰國寶記』）というものであった。この書状は、これまで日本が受信してきた書状とは形式が異なったため、「不可人名、不注年號、幷有廻賜字、猶殘疑殆之由」（『帥記』承暦四年［一〇八〇］五月二十七日）と疑い有りとして、回賜品受け入れの二年後に、またしても日本朝廷内で議論されることとなった。

しかし疑義を挟むのはむしろ、回賜文の宛先が日本国大宰府令藤原経平とするように、いわば地方官府の長へ回賜を行っている点であり、従来の回賜の在り方とは大きく異なる点である。この間の明州の対日外交は、明州独自による朝貢・回賜であり、さらにその交渉先は天皇ではなく大宰府であった。このことは大宰府令であった藤原経平も認識しており、回賜の返礼品（弓・胡籙・刀等）を奉国軍（明州）に送付しようとしている。[21] しかしながらここまでくれば、この一連の事件は、大宰府令藤原経平が朝貢を語った私貿易の様相を帯びてくる。ここには、地方間外交と私貿易が結び付きやすかったことも示されている。

日本朝廷内で二年間議論されているなか、事の対応の遅さにしびれを切らした明州は、別の宋海商黄逢に牒状を持たせて派遣した。黄逢は、一〇八〇年閏八月二十六日には大宰府を経由して越前国に出向いているが、[22] その時の牒状は「大宋國明州牒日本國大宰府」（『異國牒狀事』）と題するものであった。その内容を今知ることはできないが、さらに翌年に明州から催促する牒状を勘案すると、回賜品を持って行った孫忠の帰国が遅いので、大宰府に対して催促したものと見られる。それでも日本朝廷はこの問題に対処するのに、更に一年を要した。やはり明州は、一〇八一年にまた新たな宋商王端に牒状を託し、事態の打開を図った。その全文が幸いにも残っている。

大宋國明州牒日本國

當州勘會するに、先に商客孫忠等を差わし、日本國通事僧仲廻、及び朝廷廻賜副物色を乘載して前去し、今に至るまで歳月を經隔し、未だ廻還するを見ず、訪聞するに彼載に在るを得、本朝の商人劉琨父子□□説事端欺し、或いは本國致遷延久すること有りて、發遣を爲さず、須らく公文を至すべし、

牒具すること前事の如し、須らく

日本國に牒すべし、牒到を候ちて狀を請い、逐人を捉して商客舟船に囚り、傳送して州に赴き、以て法斷に憑依し、狀を其の孫忠等に遣りて亦た疾く發遣し、本州に回歸せんことを請い、留滯を請わず、謹んで牒す

元豐肆年陸月初貳日牒

權觀察推官權節□推萊畜

奉議郎簽書節度判官廳公事花返

朝奉郎通判軍州事胡山

朝議大夫知軍州事王正[23]（或「止」[24]）

今回の明州牒状は元豊四年（一〇八一）六月二日に作成されたが、これまでと異なり日本国宛てとなっている。地方官府である大宰府宛ての牒状では埒が明かないと見た明州が、日本国へとその対象を切り替えていることがわかる。この牒状の形式は前引『慶元條法事類』に准じている。また文中の「日本國」を平出し、一定の敬意を払っていることも分かる。その内容は商客孫忠・僧仲廻に「朝廷廻賜副物色」を託したがまだ帰国しないので、その帰国を催促するものである。この文面から、明州の行う回賜は宋朝廷の代表と語っているが、実際には明州独自であったことは先に見たとおりである。

こうした再三の明州の牒状を受けて、同年十月二十九日には「明州直牒本國幷返牒外題書緘等」が議論され[25]、一年かけてその返牒の

文面を吟味し[26]、一〇八二年十一月二十一日に漸く孫忠の帰国に際して返牒を送付した。それは五色の漆で封した木函入りであった[27]。こうして、神宗の下賜品から始まった明州と大宰府間の朝貢・廻賜の外交は十年の歳月をかけて収束した。

この事例の特徴として、日本側の対応の遅さはもちろんあるが[28]、本来では王者外交であるべき朝貢・回賜等が、明州発行の牒状・回賜文を介して行われ、しかも品目の価格評定や物品選定も明州が行うというものであった。名目は宋朝廷を代表するものであったが、実際は明州の独自外交と見なせるであろう。

事例(B)　一〇九七年の「大宋國明州牒状」

この事例に関しては、『異國牒狀事』に、

承徳元年（一〇九七）九月、大宋國明州牒到來、書の躰先例にかなはす、返牒なきよし、官符にて宰府に仰らる、宰府よりこれをつかはす。……

承徳元年五月、大宋國明州牒到來、太宰府の返牒を遣へきよし、官符を彼府にたまふ、權帥匡房卿これをつくる、敕宣のよしをのせす、宰府私の牒のよしなり。

とあり、また『師守記』にも同じ記事を載せて、

承徳元年九月、大宋國明州牒到來す、十二月二十四日、大宰府の返牒を遣わすべきの由、官符を彼府に賜い、件の返牒權帥匡房卿之を作り、太政官奉を載せざるの由、大宰府の爲に遣牒せらる[29]。

とする。明州からの牒状書式が前例と異なっていたようだが、大宰府からは返牒が出されたようである。通例では日本の大宰府返牒は、朝廷（太政官府）が草案を作成して、大宰府名義で提出するというものであった[30]が、ここでは大宰府の副官であった權帥の大江匡房が、天皇の勅宣（あるいは太政官の名）を文面に出さずに返牒を作成した。

事例(C)　一一一七年の大宋国明州牒状及び国書

まず『師守記』に、

□□（永久）五年（一一一七）九月、大宋國明州牒到來す、紙を以て之を裹む、□□□（表裏有）銘、其上錦を以て裹む。同六年（一一一八）三月十五日右大臣（源雅實）少外記（中原）廣安を召し、宣旨を下され、是れ大宋國孫俊明・鄭清等に附す所の兩箇書、言上の趣き、頗る故有るが似し、先例に相い叶うや否や、紀傳・明經・明法道等博士幷びに式部大輔（菅原）在良朝臣をして勘申せしむるの事なり。(31)

とあって、一一一七年九月に大宋国明州牒が孫俊明・鄭清等によってもたらされた。『異國牒狀事』では「其狀にいはく、知明州軍州事云々」とあるように、知明州軍州事が発行したものであった。今回は牒状に加えて、さらにもう一通あった（前史料「両箇書」）。その文面は、

鳥羽院元永元年（一一一八）、宋國商客孫俊明・鄭清等に書を附して曰く、『矧んや爾じ東夷の長、實に惟れ日本の邦、人は謙遜の風を崇び、地は珍奇の產に富む。曩に方貢を修め、明時に皈順す、隔濶年を彌り、久しく來王の義を缺くも、熙旦に遭逢すれば、宜しく事大の誠を敦くすべし云々』と。此の書舊例に叶うや否や、諸家に命じて之を勘えしむ。(32)

と伝える。全文ではないが文体は四六文で、その内容は日本の宋への朝貢を促すものである。明らかに牒状とは文体も内容も異なる。これは国書であろう。後の新井白石もこの国書が徽宗によるものとしている。(33) よって日本への国書と明州牒状の合わせて二通が出されたのである。宋代において、日本に対しこうした国書が出された事例は他に見ない。徽宗朝における日本への国書発行は、徽宗の外交政策の一環をなすものであるから、本章での課題からは逸している。明州外交の面から見れば、当時の知州は楼异であった。楼异は『宋史』巻三五四の伝に、

字は試可、明州奉化の人。……政和の末、知隨州となり、入辭して、明州に於いて高麗一司を置き、百舟を創り、使者に須に應じ、以て元豐の舊制に遵わんことを請う。州に廣德湖有り、墾して田を爲り、其の租を收めて以て給用とすべしと。徽宗其の説を納む。改めて知明州となり、金紫を賜う。內帑の緡錢六萬を出だして造舟費と爲し、湖田七百二十頃を治め、歲ごとに穀三萬六千を得。(34)

とあるように、明州に高麗使館を設置し、百舟を製造するなど対外政策に意を用いた人物である。こうした楼异の政策と徽宗の積極外

表1　宋代明州牒状表

№.	年　月	牒　状	知明州事	事　項
A	熙寧六年（1073）６月	奉国軍牒	李綖	
	［熙寧十年（1077）12月８日］		李定	僧仲廻の到来を報告
	［元豊元年（1078）閏正月25日］			朝貢・廻賜を独自に行うことを上奏し許可される
	元豊三年（1080）	大宋国明州牒日本国大宰府	王誨	
	元豊四年（1081）６月２日	大宋国明州牒日本国		宋商孫忠の帰国を催促
B	紹聖四年（1097）９月	大宋国明州牒	王子韶	
C	政和七年（1117）	大宋国牒状及び国書	楼异	国書は日本の朝貢を催促
D	乾道八年（1172）秋	大宋国明州沿海制置使司牒日本国太政大臣	趙伯圭	法皇と太政大臣へ、贈物付き
E	祥興二年（1279）	大宋国牒状	？	亡国を通知、日本天皇を奉戴するを求む

交政策が同調した結果、国書と明州牒状が同時に出されたのかもしれない。

事例(D)　一一七二年の大宋国明州沿海制置使司牒状

『師守記』に、

承安二年（一一七二）秋、宋朝牒状到來す、狀に稱すらく、大宋國明州□（沿）海制置使司日本國太政大臣に牒すと、方物を□□（公家）に獻じ、又た太政大臣に送る。□□（同三年）二月、入道太政大臣宋國に返牒を送る、狀に云えらく、日本國沙門靜海大宋國明州沿海制置使司に牒すと、式部大輔永範卿之を草し、入道參議教長卿清書す、太上天皇並びに入道相國答信物を遣る。

同四年二月五日、入道太政大臣清盛公大宋國に返牒を遣る、作る者は式部大輔永範卿、是れ去年の秋比、大宋國牒狀數通來たる云々。(35)

とあるように、南宋期の一一七二年には大宋国明州沿海制置使司牒が日本国太政大臣宛てにもたらされた。これに対して、翌年には太政大臣が「日本國沙門靜海牒大宋國明州沿海制置使司」と題した返牒を送っている。さらに翌年にも太政大臣が返牒を出しており、この間に数通の牒状が宋から来ていた。この太政大臣とは平清盛であるが、この時、明州から太政大臣平清盛と日本国王（後白河法皇）へ供物があった。それぞれには「賜日本國王」、「送日本國太政大臣」という送文が付けられていた。(36)

時の明州沿海制置使は孝宗の異母兄であった趙伯圭である。趙伯圭は『攻媿集』巻八十六、皇伯祖太師崇憲靖王行状によると、

眞里富國の大商、城下に死す、囊齎巨萬、吏沒入せんことを請う、……爲に棺斂を

具え其の徒に屬し、護喪し以て歸らしむ。明年戎酋謝を致して曰わく……、死商の家、盡く歸する所の貲を損し、三浮屠を建て、王像を繪がきて以て祈禱し、島夷傳聞し、感悅せざる無し。今に至るまで其の國人、琛貢を以て至り、猶お王の安否を問う。(37)

とあって、真里富国（Candhaburi. 真臘の首都アンコール西南二〇〇キロメートル）(38)の蕃商が明州城内で死去した折に、その資産を没収せず手厚く護送してむくろを帰国させ、島夷にその名が知れ渡っていた。また、『宋史』の列伝には、

……再び知明州となる。……詔して定海兵を許浦に徙戍せしむ。伯圭奏すらく、定海は控扼の衝に當り、撤備すべからず、制司軍を摘し以て其の地に實たさんことを請うと。之に從う。海寇猖獗し、伯圭人を遣わして其の豪葛明を諭降せしめ、又た明を遣わして其の黨倪德を禽とす。二人素より桀黠を號し、伯圭悉く撫して之を用い、賊黨遂に散ず。(39)

とあって明州沿海制置使として、海賊葛明・倪徳を慰撫して将として起用し、戦艦を造営する（前掲行状）などを行った。また銅銭が海外、特に高麗・日本に流出することを危惧してもいる。(40)こうして見れば、趙伯圭は宋朝にとっての東アジア海域の安寧に努め、かつ金国などへの牽制に力を置いた人物であり、日本国王や太政大臣への贈物や牒状も同じ脈絡で捉えられるという。(41)

日本の法皇に下された供物は「賜」とされ、太政大臣には「送」とある。「賜」の場合、下賜や回賜のように、上者が下者へ与える際に用いる。よって、ここには明州沿海制置使より法皇へ下賜する意を含む。ただ「送」にはそうした上下関係の意を含意しない。よって、この場合、明州沿海制置使より法皇へ下賜は先の事例のごとく朝貢・回賜の延長上に位置づけることも可能と考えられる。太政大臣への「送」物には軍事的協調の意を含むかもしれないが、(42)法皇への「賜」物には別の意図をここに見出しえよう。

事例(E)　一二七九年の大宋国牒状

この年は南宋が滅んだ時である。『師守記』貞治六年（一三六七）五月九日に、

（弘安二年）七月廿五日院において評定有り、大宋國牒狀大凾に入り銘有り沙汰有り、件の牒狀通好すべきの趣なり、其の儀無き者、日本を責めしむるか云々、彼の牒狀昨日關東より進上す云々。(43)

とあって大凾に入った牒状であった。また『勘仲記』弘安二年（一二七九）七月二十九日に、

今日の異國牒状内々に御評定有り、書状の體先例に違い、無禮なり、亡宋の舊臣日本帝王を直奉するの條、誠に過分なるか、但だ落居の分、關東定め計り申すか。(44)

とあるように、亡宋旧臣が日本帝王を大胆にも直奉しようとした内容のようである。当時、すでに明州は蒙古軍によって陥落されているから、この牒状が明州発であるはずがない。よって以上の事例とは大きく異なっている。

第三節　外交文書より見た宋代の外交

(a) 明州の対日外交

以上見てきたように、明州の対日外交は基本的には牒状を介したものであった。(C)の事例はおそらく徽宗国書を明州から発送し、同時に知明州軍州事楼异の牒状も、作成され発送されたのであろう。牒状による明州外交の延長上に国書が発送されているが、唐代の国書伝達とは異なり、海商による伝達の形を取っている。実はもう一つ、国書外交と疑われる事例がある。九条家本『玉葉』承安二年(一一七二)九月二十二日の記事に、

其の後、一條院の御時、異國の供物あり、其の牒状主上御名を書き、但だ仁懐とす、書き間違えるか。仍お沙汰に及ばず返され了んぬ。(45)

とあるものである。一条天皇の在位は寛和二年(九八六)から寛弘八年(一〇一一)に亙る。この一条天皇時には、著名な僧奝然が入宋し、日本情報を伝達したことで知られている。(46)よって、ここに言う「異國」とは宋のことであり、そして、牒状で天皇の名を記す事例はまずありえず、今回の牒状(47)とあるのは国書であったかもしれない。国書で相手の王・君主の名を記す事例は珍しくない。(48)しかしながらこの時に、宋側の、恐らく太宗からの供物・国書があったことは知られるが、その外に明州より牒状が出されたかどうかなどは不明である。(補注)

話を元に戻すと、牒状の発送は基本的には明州が単独に行っており（そもそも牒の発送は中央政府の認可を必要としない）、加えて朝貢や回賜も、名目は宋朝廷を語るが実質は明州単独であった。明州の相手となる機関は大宰府であり、大宰府と牒状の往来を行った。ここに日宋間における地方官府外交を看て取ることができる。

牒状の往来はないものの、明州における朝貢・回賜の先駆的事例がある。宋の天聖四年（一〇二六）十月のことである。『宋會要輯稿』職官四四―四、に、

明州言えらく、市舶司牒すらく、日本國太宰府進奉使周良史状もて本府都督の命を奉じ、土産物色を將て進奉すと。本州看詳するに、卽ち本處の章表無し、未だ敢えて上京に發遣せず。明州をして只だ本州の意度を作さしめ、周良史に諭すに、本國の表章無きに緣り、以て朝廷に申奏し難し、進奉する所の物色、如し留下を肯ぜば、卽ちに價例を約度して迴答し、如し留下を肯ぜざれば、卽ちに却けて給付し、曉示して迴らしめんと欲す。之に從う。(49)

とあるもので、ここに登場する周良史は父を宋台州寧海の海商周文裔、母を日本人に持つ宋商である。この一〇二六（日暦万寿三）年、日本へ移住しようとして自らの名籍を関白藤原頼通に献上し、桑糸三百疋を献上してさらに栄爵をも申請した。もし献上品が受け入れられない場合には、本国（宋朝）に帰って二年後の夏に錦・綾・香薬等を持ち来たって献じることを約束した。しかしながら、六月二十四日、名籍は受け入れられたが、栄爵（五位）の授与は却下され、砂金三十両を下賜された。(50)よって本史料にある同年十月に明州に登場した周良史は、藤原頼通への新たな献上品を求めて帰国したものであろう。そのために明州に到来した周良史は、日本の土産物色を持ち帰ったようだが、明州市舶司は周良史を進奉使とみなした。周良史は大宰府の長官であった少弐藤原惟憲とも結託していたので、(51)貿易を円滑に進めるためにそう語ったのかも知れない。結果的には、日本都督（大宰府）の章表がないので開封へは派遣せず、周良史の事は明州で処理することとなった（史料傍線部）。そして進奉を行う場合には、その査定と回答品の選定を明州で行うことにもなっている。

この事例は、先に見た事例(A)の先駆をなすもので、明州での日本国との進奉や朝貢などが明州で処理されることが、すでに一般的であったと言えるだろう。

(b)　明州対日外交の位置づけ

このような明州の対日外交を宋代の歴史上にどのように位置づけできるだろうか。以下では二つの側面から見ておきたい。まず、宋代の東アジア海域上における外交から見ておく。ここに言う東アジア海域とは中国や朝鮮、日本また東南アジアの諸地域によって囲繞される海域のことである。ここでは当然ながら、国書の往来や朝貢・回賜などの〝王者外交〟が最重要外交として君臨する。北宋における朝貢などの王者外交は、元豊の官制改革以前では客省、以後では鴻臚寺が主管したが、その下部組織の迎賓施設は各国に応じて開封の館駅に設けられた。高麗は同文館、南蕃・交州は懐遠駅などを利用した。ここで注意されるのは、いずれも朝貢などを行う朝貢使・進奉使は、皇帝の君臨する首都開封へと赴き、中央行政府の客省が館駅と協力して「四夷朝貢」「宴享送迎」を担当したことである(52)。

南宋に入ると、やはり客省が朝貢を主管したようである。紹興二十五年における占城国の事例を挙げると、占城進奉使が泉州に到着すると、陸路を取って建州を抜け、皇帝の居所である都臨安へと到着した。その後、進奉使の持ち来った朝貢品について、戸部及び太府寺が価格評定し、その価値に応じて回賜品を選定した。回賜以外の礼物は主客が担当している。こうした朝貢・回賜も当然ながら南宋の中央政府によって担われている(53)。

また明州を媒介とした王者外交の例を紹介しておこう。事例(D)で登場した真里富国は占城と真蠟の抗争の最中、慶元六年（一二〇〇）に入貢してきた。『宋會要輯稿』蕃夷四—九九には、

慶元府言えらく、眞里富國主摩羅巴甘勿丁恩斯里房麾蟄立すること二十年、其の使上殿官時羅跋智毛檐勿盧等を遣わし、表を齎し、……瑞象二及び方物を貢すと。……本府に詔して、禮を以て館待し、方物は人をして管押し前來せしむ、……（十月）十五日、詔して學士院をして敕書を回答せしめ、並びに紅緋羅絹一千匹・緋纈絹二百匹を支給し、等第に本國の進奉人に回賜し、發遣して國に回らしめ、其の瓦器は、慶元府をして收買し、給賜せしむ(54)。

とし、真里富国主の使者は表（国書）と貢物を献じ、慶元府（明州）が接待して首都臨安へと移送させることとし、また後日に勅書を

作成して絹を回賜品とし、加えて慶元府で瓦器を購入させて回賜品に加えさせている。こうした手続きは日本に対する外交と大きく異なっていることが看取される。

これらの王者外交より政治レベルの下級なものとして、〝地方官府外交〟の存在を忘れてはならない。本章でも確認されたように、宋朝では明州、日本では大宰府がその外交窓口として機能し、両者間で牒状を介した外交・交渉が展開された。また、高麗に関しては、礼賓省（ただし中央官府）が牒状を介した外交を行っており、日本大宰府[55]や明州沿海制置使[56]、また北宋では密州市舶司の置かれた臨海軍[57]との交渉が確認される。このように、当時東アジア海域では、各国の外交出先機関として地方官府による外交が見られた。明州の場合には、独自に行う地方行政の一環として外交が行われており、必ずしも中央政府の直接的勅命を待って行われるものではなかった。なお、遼と宋の間では、白劄子を用いた三省・枢密などの中央官府間どうしの文書外交を行っており[58]、以後他国の中央官府と宋との中央官府外交も視野に入れる必要がある。

宋朝外交上における明州対日外交の位置づけをしておこう。遼国と宋朝間における事務方連絡やその協議には、牒状が用いられたことが指摘されている。古松崇志氏によると、「皇帝同士は「致書」形式を持つ国書、両国出先機関の官庁同士（国境沿いの州同士など）では牒を用いる」とし、その注で、河北では宋側雄州・契丹側涿州、河東では宋側代州・契丹側朔州で牒文書のやり取りによって交渉や連絡が行われ、よほどのことがない限り、朝廷同士の直接交渉にはならず、小事は州に裁量権が与えられ、大事の場合、上奏して朝廷へ報告し、裁可をあおぐことを要したが、交渉にあたっての名義は出先の州であったと指摘する[59]。

たとえば、『續資治通鑑長編』巻二三七、熙寧五年八月に、

王安石上に白して曰く、雄州涿州の牒を繳進し、牒語甚だ激切なり、皆な張利一涿州に牒するに言う所非理なるに由り、故に彼此の如きを致す。又た利一北界の事を非理侵侮すること極めて多しと[60]。

とあり、涿州と雄州（張利一）間で牒状が往来している。ここに見られるように、やはり宋と遼との間には王者外交と地方官府外交が存在し、後者は各国の境界に臨む州が担当していた。

また西夏との国境策定交渉にあたって、その事務方協議には牒状が用いられ、さらに西夏側の宥州から牒状が宋側の延州（鄜延計略

司）へと出され、延州から中央へと報告されている。(61)『續資治通鑑長編』巻二二九、煕寧五年正月に、

　延州夏人の牒を以て來上し、牒稱すらく、綏州を除くの外、各おの自來の封堠濠塹更に整定すること無き有りと。……安石曰く、……宜しく延州をして宥州に牒せしめ云えらく、今來の界至全く整定を要めずと雖も、然れども自來未だ封堠有らず、濠塹分明せず、及び全く封堠濠塹無きの處、須らく合に官を差わし重ねて別に修立せしむべしと。(62)

とあって、宥州から延州へ牒状が出され、また王安石は国境策定にあたって延州から宥州へ牒をだすよう求めている。ここでは国境策定という政治的重要課題に対処するために、中央との連絡・協議、そして命令を受けて延州から牒状を出すよう求めているが、小事は一々中央へ報告せず、州間で交渉したと見られる。

加えて南宋と金国間でも「大宋（河北河東）宣撫司牒大金國軍前」、その返書である「大金山西兵馬都部署司牒宋宣撫司」が確認され、河北・河東宣撫司と山西兵馬都部署司との間で牒状を介した地方官府間外交が持たれている（『大金弔伐録』）。

こうした事例で確認されるのは、いずれも牒状を介した各国の州間による地方官府外交の存在であり、牒状を介した明州の対日外交がなんら特殊なものでなかったことである。よって、牒状を介した地方官府間の外交の存在は宋代外交史上極めて重要な命題であることが明らかとなった。

ただ明州においては、対日外交の一環としての朝貢・回賜が本来中央政府が担当する代わりに、明州の裁量で行われていた。唐代においても、地方官府が朝貢・回賜を行うことがあった。前注所引の石見氏の紹介したトルファン文書［72TAM230:46/1(a)］には、

　諸蕃等に報ずる物を擬るに、並びに色數に依りて送□す。其れ交州都督府の報蕃物、當府に於いて折□用、所有《あらゆる》破除・見在、毎年度□□部に申せよ。其れ安北都護府の諸驛賜物、靈州都督府に於いて給せよ。單于大□護府の諸驛賜物、朔州において給せよ。(63)

と見え、概ね都督府・都護府において朝貢貿易を行うこともあったようである。宋代の明州対日外交は、こうした唐代の規定を継承したものであろう。

おわりに

宋代における外交には、少なくとも王者外交と地方官府外交とが存在した。もちろん中央政府外交も想定できる。宋代の対日外交で見ると、地方官府外交が主となり、宋側明州・日本側大宰府が基本的にはその窓口となっていた。たしかに当時の日宋間では、王者外交がほとんど見られなかったが、代わって各国の地方官府が互いに外交を展開しており、決して政治的に没交渉であったのではない。両地方官府の折衝には、外交文書として牒状が共通して用いられた。これは日宋間だけでなく、高麗や遼・西夏・金などでも確認できる。この点においてだけも、従来の宋代東アジア国際関係史の面目を一新する。よって、日宋間に限らない各国の地方官府外交は、東アジアにおいて牒状という共通の官文書を媒介とした、一つの共通の政治空間を持っていた。ここに、宋代外交における牒状外交（地方官府外交）の意義を確かめうる。

こうした牒状外交は、宋代以前の唐代でも存在していたが[64]、ただ唐代の場合、おおむね牒状を介した外交は中央官府間であった。中村氏が紹介する唐と南詔との交渉では、

是れより先、南詔督爽屢しば中書に牒し、……督爽は、三省を総ぶるなり、辞語怨望なり、中書答えず[65]。

とあるように、南詔の中央官庁である督爽と中書（中書門下か?）とで牒状を介した交渉が見られた。また渤海国の中台省（唐の中書省に相当）と日本国太政官との間の牒状外交の事例や、新羅国執事省（国政を総括）と太政官の間でも、牒状を介した中央官府外交があった。したがって、同じ牒状外交とはいっても、唐代では中央官府間であったのが、宋代では地方官府間へと転換したのである。ここでは唐宋間における牒式文書の展開が大きく関係することを附言しておく[66]。

牒状を介した明州の対日外交は、当時において一般的なものであり、日本との朝貢・回賜は明州が行った。高麗・遼・西夏・占城などは使節が首都開封や臨安へと赴き、中央官府の客省などが対応したこととは異なっている。そして、これら日本との朝貢外交は、特に北宋期に見られた。事例(A)や(C)、また第三節の周良史の事例にみられるとおりである。南宋期では朝貢外交の事例はさほど確認され

ない。ここに北宋から南宋への対日外交の転換も想定される。

本章では、宋朝国際秩序における日本の位置づけについて課題を残しているが、宋朝が日本との外交を明州に委譲していたことを考えれば、宋朝の中央集権国家という歴史的意義づけも再考を要するであろう。本来、皇帝政治の重要課題である朝貢・回賜を一部分であれ地方官府が行うのであれば、宋朝中央集権国家は再定義されねばなるまい。また、唐代から宋代への牒状外交の転換（中央官府間から地方官府間へ）も、広く外交が中央行政から地方行政へと分散した結果と見なせるのであり、中央集権化とはベクトルを逆にする。この背後には、当時盛んであった東アジア国際貿易の展開と外蕃諸国の強勢化によって、その事務的・実際的交渉が増加し、地方へ外交問題の裁量権の移譲が図られたのではないかと展望される。[67]今後、国際貿易の盛行した北宋から南宋における天下秩序（国際秩序）と外交の変遷を基軸とする、総括的研究が求められている。

注

（1）西嶋定生「古代東アジア世界と日本史」（『中国古代国家と東アジア世界』東京大学出版会、一九八三年）。
（2）堀敏一『中国と古代東アジア世界』（岩波書店、一九九三年）。
（3）渡辺信一郎「帝国の構造――元会儀礼と帝国的秩序」（『天空の玉座』柏書房、一九九六年）、同『中国古代の王権と天下秩序』（校倉書房、二〇〇三年）。
（4）中村裕一『唐代制勅研究』（汲古書院、一九九一年）、金子修一「唐代の国際文書形式」（『隋唐の国際秩序と東アジア』名著刊行会、二〇〇一年）。
（5）河内春人「東アジアにおける文書外交の成立」（『歴史評論』六八〇、二〇〇六年十二月）、中西朝美「五代北宋における国書の形式について――「致書」文書の使用状況を中心に――」（『九州大学東洋史論集』三三、二〇〇五年五月）。また近年、国書などの書儀に注目し、新たな国際関係を探る廣瀬憲雄「書儀と外交文書――古代東アジアの外交関係解明のために――」、同「古代東アジア地域の外交秩序と書状――非君臣関係の外交文書について――」（『東アジアの国際秩序と日本』吉川弘文館、二〇一一年）など特筆すべき成果も出ているが、やはり王者間における外交文書を扱っている。

（6）中村裕一『唐代制勅研究』（汲古書院、一九九一年）。

（7）坂上康俊「「勅書」の基礎的研究」（山中裕編『摂関時代と古記録』吉川弘文館、一九九一年）。

（8）『慶元條法事類』巻十六、文書門文書式

「某司　牒　某司或某官　某事云々、　牒云々。如前列數事、則云牒件如前云々。謹牒

年月　日

具官姓　書字」

内外官司非相統攝者、相移則用此式。諸司補牒准此。唯改牒某司作牒某人、姓名不闕字、辭末云故牒。於年月日下書吏人姓名。官雖統攝而無申狀例及縣於比州之類、皆曰牒上。於所轄而無符帖例者、則曰牒某司或某官、並不闕字」。

（9）『師守記』「□□（永久）五年（一一一七）九月、大宋國明州牒到來、以紙裹之、□□□（表裏有）銘、其上以錦裹」。

（10）『本朝文粋』天暦元年（九四七）閏七月二十七日「爲清愼公報呉越王書加沙金送文」、『同』天暦七年（九五三）七月「爲右丞相贈太唐呉越公書狀」。

（11）この一連の出来事については原美和子「成尋の入宋と宋商人――入宋船孫忠説について――」（『古代文化』四四―一、一九九二年一月）に詳しい。

（12）『百錬抄』承保二年（一〇七五）十月二十六日。

（13）『水左記』承保三年（一〇七六）六月二日。

（14）『百錬抄』承暦元年（一〇七七）五月五日。

（15）『續資治通鑑長編』巻二八六、熙寧十年十二月乙酉、「明州言、日本國遣僧仲回等六人貢方物」。

（16）日付は『玉海』巻一五四、朝貢による。

（17）『宋史』巻四九一、日本国、「明州又言得其國太宰府牒、因使人孫忠還、遣仲回等貢絁二百匹・水銀五千兩、以孫忠乃海商、而貢禮與諸國異、請自移牒報、而答其物直、付仲回東歸。從之」。

（18）東野治之『遣唐使』（岩波書店、二〇〇七年）。

（19）石見清裕「唐代外国貿易・在留外国人をめぐる諸問題」（『唐の北方問題と国際秩序』汲古書院、一九九八年）。

(20)『水左記』承暦四年（一〇八〇）閏八月十四日「頃之人々着陣、被仰云、大宋國皇帝付孫忠被獻錦綺等、可被安置否」。また、『師記』承暦五年（一〇八一）三月五日「先日所遣問鎭西大宋人孫忠訴申前大貳經平事等、幷大宋皇帝被獻籠子四合進上事也、一見之後返奉已畢」。

(21)『師記』承暦四年（一〇八〇）九月二十日「經平朝臣送孫忠・仲廻等許下文云、件雜物等可傳奉國軍者、又件送文中有弓・胡籙・刀等、尤不便事也」。

(22)『水左記』承暦四年（一〇八〇）閏八月二十六日。

(23)「朝議大夫知軍州事王正」について、官文書式からすると、官職（「朝議大夫知軍州事」）の後に姓（「王」）が来て、そのあとに自筆署名を付すのが通例である（前引『慶元條法事類』）。ゆえに末尾語の「正（或止）」は署名であったのを抄伝する中で誤写されたと考えられる。この姓「王」がだれかであるが、『寶慶四明志』巻一、郡守によると、元豊五年（一〇八二）に王誨が知州であったことが分かる。しかしながら本牒が元豊四年（一〇八一）であるので符合しない。ところが同じく『寶慶四明志』巻十七、寺院、香山智度院条に、元豊三年に同寺が祈雨に験ありとして王誨が上聞したとあるから、本牒状と併せ考えると、『寶慶四明志』の前者を三年の誤写と見なすのが穏当である。また「朝議大夫」は、元豊三年（一〇八〇）の官制改革によって生まれた正六品の寄祿官で、太常少卿・衛尉少卿・司農少卿・尚書左右司郎から改めて創設された（『宋會要輯稿』職官五六―六・一八）。王誨は宗正少卿にかつて任ぜられたとする（『寶慶四明志』巻一）ものの、元豊の官制改革以前では、宗正寺の卿・少卿は国姓趙氏の専任であった（『老學庵筆記』巻六）から史料の錯誤と見なしうる。よって他寺の少卿であったと見なせば、かつて某寺少卿であった王誨が本牒で朝議大夫とするのも問題ないと考える。

(24)『師記』永保元年（一〇八一）十月二十五日。

「大宋國明州牒日本國

當州勘會、先差商客孫忠等、乘載日本國通事僧仲廻、及朝廷廻賜副物色前去、至今經隔歳月、未見廻還、訪聞得在彼載、有本朝商人劉琨

父子□□說事端欺、或本國致遷延久、不爲發遣、須至公文、

牒具如前事、須牒

日本國、候牒到請狀、捉逐人囚商客舟船、傳送赴州、以憑依法斷、遣狀其孫忠等亦請疾發遣、回歸本州、不請留滯、謹牒

元豐肆年陸月初貳日牒

權觀察推官權節□推萊畜

奉議郎簽書節度判官廳公事花返
朝奉郎通判軍州事胡山
朝議大夫知軍州事王正（或「止」）」

（25）『水左記』永保元年十月二十九日。

（26）『水左記』永保二年（一〇八二）十月十三日「早旦匡房朝臣來示予云、大宋國牒狀云、材非子路、何折片言之獄、件句定有議歟、匡房朝臣引論語疏書出證文、午時許參博陸、此間民部卿參入、頃之匡房朝臣參入、民部卿云、片言之句、如論語疏文者雖有兩說、猶無由哉、被改直何事有乎者、匡房於其座書改也」。

（27）『百錬抄』永保二年（一〇八二）十一月二十一日「遣大宋返牒孫忠遣歸本朝事、右中弁匡房朝臣書之」とあり、首書に、「入木凾以五色漆封之云々、金字出錢體」と記す。

（28）榎本涉「北宋後期の日宋間交渉」（『アジア遊学』六四、二〇〇四年六月）。

（29）『師守記』貞治六年五月九日「承德元年九月、大宋國明州牒到來、十二月二十四日、可遣大宰府返牒之由、賜官符於彼府、件返牒權帥匡房卿作之、不載太政官奉之由、爲大宰府被遣牒」。

（30）渡邊誠「平安貴族の対外意識と異国牒状問題」（『歴史学研究』八二三、二〇〇七年一月）。

（31）『師守記』貞治六年五月九日「□□（永久）五年九月、大宋國明州牒到來、以紙裹之、□□□（表裏有）銘、其上以錦裹。同六年三月十五日右大臣召少外記廣安、被下　宣旨、是大宋國所附孫俊明・鄭清等之兩箇書、言上之趣、頗似有故、相叶先例否、令紀傳・明經・明法道等博士幷式部大輔在良朝臣勘申事也」。

（32）『善鄰國寶記』巻上、「鳥羽院元永元年、宋國附商客孫俊明・鄭清等書曰、『矧爾東夷之長、實惟日本之邦、人崇謙遜之風、地富珍奇之產。曩修方貢、皈順明時、隔濶彌年、久缺來王之義、遭逢熙旦、宜敦事大之誠云々』此書叶舊例否、命諸家勘之」。

（33）『白石先生遺文』宋徽宗遺日本書跋。

（34）『宋史』巻三五四、楼异「字試可、明州奉化人。……政和末、知隨州、入辭、請於明州置高麗一司、創百舟、應使者之須、以遵元豐舊制。州有廣德湖、墾而爲田、收其租可以給用。徽宗納其說。改知明州、賜金紫。出內帑緡錢六萬爲造舟費、治湖田七百二十頃、歲得穀三萬六千」。

（35）『師守記』貞治六年五月九日「承安二年秋、宋朝牒狀到來、狀稱、大宋國明州□（沿）海制置使司牒日本國太政大臣、獻方物於□□（公家）、又送太政大臣。□□□（同三年）二月、入道太政大臣送宋國返牒、狀云、日本國沙門靜海牒大宋國明州沿海制置使司、式部大輔永範卿草之、入道參議教長卿清書、太上天皇並入道相國遣答信物。同四年二月五日、入道太政大臣清盛公遣大宋國返牒、作者式部大輔永範卿、是去年秋比、大宋國牒狀數通來云々。」

(36)『玉葉』承安二年（一一七二）九月「二十二日、（大外記）頼業語云、自大唐有供物、獻國王之物、幷送太政大臣入道之物、有差別云々。其送文二通一通書云、賜日本國王、一通書云、送日本國太政大臣、此狀尤奇怪。……今度供物、非彼國王、明州刺史供物也、而其狀奇恠也」。

(37)『攻媿集』巻八十六、皇伯祖太師崇憲靖王行狀「眞里富國大商、死于城下、囊齎巨萬、吏請沒入、……爲具棺斂屬其徒、護喪以歸。明年戎酋致謝曰……、死商之家、盡損所歸之貲、建三浮屠、繪王像以祈禱、島夷傳聞、無不感悅。至今其國人、以琛貢至、猶問王安否」。

(38)山内正博「『宋会要輯稿』に見える〝真里富国〟の記事」（『宮崎大学教育学部紀要』社会科学、三八・三九、一九七六年）。

(39)『宋史』巻二四四、安僖秀王子偁伝附嗣秀王伯圭伝「……再知明州。……詔徙戍定海兵於許浦。伯圭奏、定海當控扼之衝、不可撤備、請摘制司軍以實其地。從之。海寇猖獗、伯圭遣人諭降其豪葛明、又遣明禽其黨倪德。二人素號桀黠、伯圭悉撫而用之、賊黨遂散」。

(40)『宋會要輯稿』刑法二―一五八、禁約三「乾道七年三月十一日、知明州兼沿海制置使趙伯圭言、伏詳銅錢同界法、禁甚嚴、緣海界、南自閩廣、通化外諸國、東接高麗・日本、北接山東、一入大洋、實難拘檢。乞自今應官司、銅錢不得輙載入海船、如有違犯人、重作施行。從之」。

(41)前掲渡邊誠氏論文。

(42)高橋昌明「福原の夢」（歴史資料ネットワーク編『歴史のなかの神戸と平家』神戸新聞総合出版センター、一九九九年）。

(43)『師守記』貞治六年五月九日「七月廿五日於院有評定、大宋國牒狀入大凾有銘有沙汰、件牒狀可通好之趣也、無其儀者、令責日本歟云々、彼牒狀昨日自關東進上云々」。

(44)『勘仲記』弘安二年七月二十九日「今日異國牒狀内々有御評定、書狀之體違先例、無禮也、亡宋舊臣直奉日本帝王之條、誠過分歟、但落居分、關東定計申歟」。

(45)九条家本『玉葉』承安二年九月二十二日「其後、一條院御時、異國供物、其牒狀書主上御名、但仁懷、書間違歟。仍不及沙汰被返了」。

(46)河内春人「『新唐書』日本伝の成立」（『東洋学報』八六―二、二〇〇四年九月）。

(47)当時日本では、外国から来る外交文書を牒状と表現する傾向にあった。高橋公明「外交文書を異国牒状と呼ぶこと」（『文学』六―六、二〇〇五年十一・十二月）を参照。

(48) たとえば、唐代では「敕新羅國王姓名」（『翰林學士院舊規』）や「皇帝問柱國帶方郡王百濟王扶余義慈」（『文館詞林』巻六六四、「貞觀年中撫慰百濟王詔一首」）などが挙げられる。

(49) 『宋會要輯稿』職官四四―四、天聖四年十月「明州言、市舶司牒、日本國太宰府進奉使周良史狀奉本府都督之命、將土產物色進奉。本州看詳、卽無本處章表、未敢發遣上京。欲令明州只作本州意度、諭周良史、緣無本國表章、難以申奏朝廷、所進奉物色、如肯留下、卽約度價例迴答、如不肯留下、卽却給付、曉示令迴。從之」。

(50) 『小右記』万寿三年六月二十六日、『左經記』万寿三年七月十七日、『宇槐記抄』仁平元年九月二十四日。

(51) 亀井明徳「日宋貿易関係の展開」（『岩波講座　日本通史』六、一九九五年）。

(52) 金成奎「宋代における朝貢機構の編制とその性格」（『史観』一四六、二〇〇二年三月）。

(53) 土肥祐子「占城（チャンパ）の朝貢」（『宋代南海貿易史の研究』汲古書院、二〇一七年）。

(54) 『宋會要輯稿』蕃夷四―九九、慶元六年八月十四日「慶元府言、眞里富國主摩羅巴甘勿丁恩斯里房麾蟄立二十年、遣其使上殿官時羅跋智毛檐勿盧等、賫表、……貢瑞象二及方物。……詔本府、以禮館待、方物令人管押前來、……（十月）十五日、詔令學士院回答敕書、幷支給紅緋羅絹一千匹・緋纈絹二百匹、等第回賜本國進奉人、發遣回國、其瓦器、令慶元府收買、給賜」。

(55) 前掲渡邊誠氏論文。

(56) 『開慶四明續志』巻八、「收刺麗國送還人」。

(57) 『蘇軾文集』巻三十一、「乞禁商旅過外國狀」。

(58) 毛利英介「一〇九九年における宋夏元符和議と遼宋事前交渉――遼宋並存期における国際秩序の研究――」（『東方学報』八二、二〇〇八年）。

(59) 古松崇志「契丹・宋間の澶淵体制における国境」（『史林』九〇―一、二〇〇七年一月）。

(60) 『續資治通鑑長編』巻二三七、熙寧五年八月「王安石白上曰、雄州繳進涿州牒、牒語甚激切、皆由張利一牒涿州所言非理、故致彼如此。又利一非理侵侮北界事極多」。

(61) 金成奎『宋代の西北問題と異民族政策』（汲古書院、二〇〇〇年）。

(62) 『續資治通鑑長編』巻二二九、熙寧五年正月「延州以夏人牒來上、牒稱、除綏州外、各有自來封堠濠塹更無整定。……安石曰、……宜令延州牒宥州云、今來界至雖不全要整定、然自來未有封堠、濠塹不分明、及全無封堠濠塹處、須合差官重別修立」。

(63)『吐魯番文書』第八冊（文物出版社、一九八七年）一三七頁「擬報諸蕃等物、並依色數送□。其交州都督府報蕃物、於當府折□用、所有破除見在、毎年申度□□部。其安北都護府諸驛賜物、於靈州都督府給。單于大□護府諸驛賜物、於朔州給」。

(64)中村裕一「渤海国咸和一一年（八四一）中台省牒」（『唐代官文書研究』中文出版社、一九九一年）。

(65)『資治通鑑』巻二五二、乾符二年正月「先是、南詔督爽屢牒中書、……督爽、總三省也、辭語怨望、中書不答」。

(66)唐代の牒式文書についての精緻な研究として、赤木崇敏「唐代前半期の地方文書行政――トゥルファン文書の検討を通じて――」（『史学雑誌』一一七、二〇〇八年十一月）。

(67)北宋の蘇軾やその高弟秦観も、朝廷よりも地方官府における貿易外交権限の委譲を主張していた。近藤一成「知杭州蘇軾の治績――宋代文人官僚政策考」（『宋代中国科挙社会の研究』汲古書院、二〇〇九年）」を参照。

（補注）旧稿では、本段落において、『玉葉』の引用ミスをし、また九条家本を参照しなかったために、紀年を間違え、また「一条院」を「後一条院」とする過ちを犯していたが、森公章「朱仁聰と周文裔・周良史――来日宋商人の様態と藤原道長の対外政策――」（『東洋大学文学部紀要』史学科篇四〇、二〇一四年）において、筆者の誤りをご指摘いただいた。ここに訂正し、また森氏に感謝の意を表す。

第六章　宋代明州と東アジア海域世界――外交と朝貢

はじめに

日本の対外関係史研究の大家であった田中健夫氏は、かつて国際交流・地域間交流を以下のように整理した。(1)

（一）国家対国家の関係。相互に認めあった国家の君主（為政者）の関係で、普通、外交とよばれる。使節の派遣、外交文書の交換、貢物・頒賜（回賜）物の贈酬等の儀礼をともなうのが普通である。戦争もまた国家対国家の関係の一つといえよう。

（二）国家対個人の関係。この場合の個人は国家の権力や地域の利害を背後にもっている人々のことで、使節団員が公務を離れた場合、許可された民間貿易・私貿易に従事する商人、僧侶・留学生等の巡礼・研修、あるいは亡命等もこれにふくまれる。

（三）国家と係わりのない個人対個人の関係。背後に国家を持たないか、あるいは意識しない人びとと相互の関係である。密貿易とか倭寇集団の結成等がこれに当る。（傍線：山崎）

最初の（一）で用いられている「外交」という語の定義は、国家間の政治関係のことであり、その際に交換されるのが外交文書ということになるだろう。また田中氏は、外交が成立するには、君主を戴く国家同士が互いにその存在を認めあうことが前提である、とも述べている。そして、国家間で交換される外交文書の作成には漢字が用いられるから、東アジアの国際秩序の形成とその発展にとって、漢文の知識と漢文文書の往来が重要であったとする。

田中氏は、こうした漢字を共通の文化的素地とする東アジア地域をまた「漢字文化圏」とも規定しているが、その下敷となっているのは西嶋定生氏の冊封体制に基づく「東アジア世界」論である。(2)西嶋氏によれば、「東アジア世界」では共通の文化的素地として漢字文化・儒教・律令・仏教などを持つと見なしているから、田中氏の説明は「東アジア世界」論に基づく議論であることは間違いない。

「東アジア世界」や「漢字文化圏」の議論の中心をなすのは君主・君長間の国際的政治秩序（冊封体制）であり、その秩序構築のために行われる外交の問題であった。そして外交とは、国家権力、特に皇帝や君主権力の一部を構成するものであり、「外交権の行使は、国家統治者の大権の一つ」とされるのである。ゆえに外交を成り立たせる外交文書の検討は、王権間の国際関係や中華秩序の解明のための手段とされ、結果的に王権間で交換された外交文書、つまり国書に対する研究が専ら進められるようになった。なおかつ、冊封体制論より出発した国書研究は唐代を中心として行われた。

金子修一氏は、唐代における国書の冒頭句を分類したうえで検討を加え、唐朝を中心とした国際関係を論じた(3)。中村裕一氏は、外交文書としての慰労制書や論事勅書を、書式に注目して検討している(4)。堀敏一氏は、先の金子論文を批判し、国書の形式は、国と国とのその時その時の力関係や、一方の国家の思惑や、周囲の国際状況等によって左右されるとし、きわめて柔軟な対応であったと述べ、国書を通じた唐代の外交を動態的にとらえる必要を指摘している(5)。石井正敏氏は、唐の周辺諸外国間の外交文書を検討し、文書を媒介とした意志の伝達が行われ、そこには当時の国際意識が明示されていると論じている。また九世紀初頭における渤海の中台省牒と日本の太政官牒の往来を指摘し、それらはあくまで国書外交の補助的・実務的な役割を果たしていたとする(6)。その他にも河内春人氏(7)や中西朝美氏(8)、また国書の書儀に注目した廣瀬憲雄氏(9)などの国書研究が進められている。

これらの研究は、唐代における外交文書研究が中心となっている。唐代の皇帝権力や国際秩序を解明するために、国書研究が進んできたのであるが、唐代の冊封体制が崩壊して以後の宋代においては、中華秩序や外交が低弱な時期であったと見なされ、外交文書研究が進展してこなかった。近年になって呉暁萍氏が宋代の外交文書を整理し、宋と遼・金の間では①誓書・②国書・③移牒の三種の外交文書があり、その他の国との間には①制・②詔・③勅・④口宣の文書があるとした(10)。宋代外交文書研究にとって大きな進展であるが、そこでは国書と官府間文書との混同が見られ、また日本に出された牒には触れられていない。

一方で、元朝の国書（大蒙古国中書省から日本国王宛の牒）などが張東翼氏によって紹介され(11)、それを受けて元朝の国書研究が植松正氏(12)、森平雅彦氏(13)、舩田善之氏(14)などによって、再び盛んに行われるようになった。

このような研究状況の中で課題となるのは、依然立ち遅れている宋代の国書研究のさらなる進展である。しかしながらそれに加えて、唐代までとは異なり、宋代では国書以外の多様な外交文書が存在することを認識することである。たとえば、毛利英介氏が注目するように、遼宋間における外交交渉にあたって朝廷間で「白劄子」と呼ばれる外交文書が存在した(15)。また豊島悠果氏が明らかにするように、高麗の使節が中国滞在中にも文書の遣り取りを行っている(16)。このように、唐代のような一極的帝国秩序（「天下秩序」）の存在しない宋代においては、一口に外交あるいは交渉といっても、様々な層次が存在している。この点を無視しては、宋代の外交や国際関係を捉えたことにはならないだろう。

ここで問題となるのは外交の定義である。先に指摘したような田中氏などに見られる外交の定義は、いわば近代以降の主権国家同士で交わされるものという定義に従っているかのようであるが、それでは上述のように宋代の実状にそぐわない。本章では結論を先取りするようだが、外交および外交文書を以下のように定義する(17)。つまり、外交とは、君主あるいは王者間の一元的な交渉に限らず、朝廷や地方官府、あるいは個人などの様々な層次内で、あるいは層次をまたがって交わされる交渉であり、それらの多様な交渉によって国際関係が処理されることを指す。そして、そうした交渉が執り行われる際に用いられる越境的文書群を、外交文書と呼ぶ。しかしながら、人的交際の折に用いられる文書すべてを外交文書と呼ぶのではない。それらの文書を介して交渉が行われ、国際関係が処理される場合にのみ外交文書と呼ぶ。

このように外交・外交文書を定義すれば、宋代の様々な外交の諸相が見えてくる。よって、本章では、明州城を舞台として、外交文書を通した宋代における重層的な外交の世界を描きだして、当時の多様に外交交渉を重ねて処理される国際関係を示していきたい。なおかつ宋代東アジア海域世界の特徴の一つである、「漢字文化圏」に包摂されない宋代外交の柔軟性を提示することも、本章の目的である。その要となるのが、他の諸国・諸地域と接する地方官府（明州）で処理される外交であり、またその外交文書の処理の仕方に宋代の国際関係の特徴が表れている。そこで、宋代明州における牒を用いた地方官府外交や非漢字文化圏の国書への対応・処理の事例を、以下に確認していきたい。

第一節　宋代明州における牒状と外交

(a) 対高麗牒状外交

・一一一三年の事例

高麗睿宗八年（一一一三）九月乙酉に、高麗国の礼賓省が宋朝明州へ牒状を送っている。[18] その際には、高麗国の西頭供奉官安稷崇が明州へと赴き礼賓省牒を運んだが、牒状の内容は、母后急逝のため円丘祀に間に合うよう使節を派遣できなかったことを通知するものであった。[19] ここでは、高麗国礼賓省が明州に牒式文書（以下牒状と呼ぶ）を出し、明州を通じて宋朝朝廷へ使節を派遣できなかったことを通達している。まず高麗国礼賓省から明州へ牒状が出されており、高麗国にとって宋朝との外交窓口が明州であったことが確認される。また明州は礼賓省牒を受け取ると、その内容を朝廷へ伝達する役割を担っていたことが分かる。

・一一二四年の事例

高麗仁宗二年（一一二四）五月庚子、明州から高麗国へ牒が届いている。[20] 史料上では明州牒の宛先がどこであったか明記されてはいない。その内容は、宋人の高麗国居住に関するものであった。当初、明州の商船に便乗した杜道済と祝延祚が高麗に留まり帰らないという出来事が起こり、この問題に対して明州は、外交文書を高麗へ送り、捜索して両人を帰国させるよう求めた（「明州再移文取索」）。高麗は宋朝朝廷に上表して滞在許可を求め、宋商柳誠が明州牒を高麗へ運び、高麗国への移住を許可する聖旨を伝えている（「傳明州奉聖旨、牒云、杜道濟等許令任便居住」）。

この間の外交交渉は、まず明州が高麗国（あるいは礼賓省か？）へ外交文書を送付して宋人の送還を求めたのに対し、高麗国側は宋朝朝廷に高麗での居住許可を求める上表を行い、宋朝側も明州を通じて移住を許可する皇帝の聖旨を高麗国に伝達している。ここでも宋側の明州と高麗国が牒状を介して交渉し、事態の収拾を図っていたことが分かる。

・一一三六年の事例

高麗仁宗十四年（一一三六）九月乙亥、高麗と明州間で牒状の交換が行われている[21]。この折には、高麗の金稚規・劉待挙が明州に派遣され、牒状を伝達した。その内容は、宋が高麗に仮途して金を征伐し、二聖を奪還する計画に対する返事であった。この高麗国からの牒状に対して、明州は返事の牒状を送っている。その牒状に依れば、宋朝の枢密院劄子を受けて、先の計画は使者呉敦礼の独自判断であって、朝廷にその意はなく疑わないように、と伝えたものであった。

このように見ると、政治上の重要な案件や宋朝皇帝・高麗国王の意志が、地方官府の発給する牒状によって互いに伝達され、外交交渉が処理されていることが了解される。そして、中国側の牒状の受給は明州が担当しており、高麗国との外交交渉を担う窓口機関として機能していた。

・一二五九年の事例

この年の四月に、高麗国から「高麗國禮賓省牒上大宋國慶元府」と題する牒状が届けられている。ことの経緯は、中国国内でモンゴルの捕虜となった三名の宋人が脱出し、高麗へ逃亡したことに始まり、高麗国が宋朝へ送還するに当たって、明州（慶元府）に牒状を発給したのであった[22]。これまで見たような牒状の書式を知らせる全文が史料上に残っていることは極めて少ないが、本件に関してはその牒状が残っているので参考までに以下に載せておく。

高麗國禮賓省牒上大宋國慶元府

當省貴國人升甫・馬兒・智就等三人、久しく狄人に捉拏せられ、越前年正月分逃閃して入り來たるに凖り、勤んで館養を加う。今綱首范彥華・兪昶等合綱船、放洋還國するに於いて、仍お程糧三碩を給い、付與して送還せしむ。請うらくは悉具前事の如きを照らし、須らく大宋國慶元府に牒し、照會施行せられんことを、謹んで牒す。

己未三月　日　謹牒
注簿文林郎金之用
注簿文林郎李孝悌
丞文林郎金光遠
丞文林郎潘吉儒
卿朝識大夫任柱
試少卿入内侍文林郎李軾
判事入内侍通議大夫三司使太子右庶子羅國維
判事正議大夫監門衞攝上將軍奉君用(23)

ここでもやはり、明州と牒状を用いた外交交渉を行うのは高麗国礼賓省であったが、文面中に注目したいのは、事案の処理を慶元府に対して要求している点であり、慶元府はこうした牒状を受理して朝廷に上奏し、省劄を受けて宋人三名を廂軍に加えることとした。この際の外交交渉はあくまでも礼賓省と慶元府間で処理され、それぞれがこの案件に対応する際に、朝廷への協議を図っていたのであり、この事例が先の三例とは異なっている点に注意しておきたい。

以上のように、明州における高麗国（特に礼賓省）との外交交渉は、ほとんど朝廷との協議・連絡を必要としている。この点は後に見る対日本外交との相違点であるが、この相違が宋朝朝廷の外交政策の表れであるのか、あるいは残存する史料上の問題があってのことなのか、今のところ判断しがたい。しかしながら、以上のわずか四つの事例は、いわば非日常的な事態や重大な案件であったため史料に書きとめられたと見られるから（特に『高麗史』や『高麗史節要』の史料）、朝廷にとって比較的事案への関心度が低く明州の対高麗外交として史料に残らなかった外交交渉も、当然あったのではないかと思われる。

最後に確認しておくと、高麗国（礼賓省）との外交交渉は、その外交の窓口機関として明州が処理にあたり、その際に交換される外交文書は牒状を媒介としていた。また、その事例の多くは互いの朝廷での決定や皇帝・国王の意志を伝達する場合であったが、最後の事例のように、各窓口機関で外交交渉が処理し終わる場合も存在したのである。

（b）対日本牒状外交

日本との牒状外交に関しては第五章で整理しているので、ここでは牒状を介した外交交渉にしぼって概略を述べることとする。

・一〇八一年の事例

一〇七三年に成尋の弟子が帰国するにあたり、神宗皇帝より成尋弟子に「金泥法華經錦二十疋」が下賜された（『參天台五臺山記』）。弟子の帰帆後、日本朝廷はその答信物を受け入れるべきかを議論し[24]、一〇七七年五月五日には答信物として六丈織絹二百疋・水銀五千両を充てることとなった[25]。その年の十二月八日には、日本朝廷から派遣された僧仲廻等六名が明州に到着している[26]。一行は大宰府牒を携帯しており、その内容は宋商孫忠の帰国に際して、僧仲廻を派遣して答信物を届けるというものであった。こうした事案に対し、明州は大宰府に牒状を送って、答信物に対して査定し、更なる返答物を送ることを宋朝朝廷に求め、裁可された[27]。

翌年の一〇七八年、宋商孫忠が日本に赴き、おそらく返答物として錦綺を献上したが、日本朝廷がその対応の協議に二年を費やしたころ、一〇八〇年閏八月二十六日、宋商黃逢が「大宋國明州牒日本國大宰府」（『異國牒狀事』）の牒状を随身して大宰府に来着し、ほどなくして越前国に移動した。その明州牒状の内容は孫忠の帰国が遅いために、その催促であったと見られるが、日本朝廷はそれでも対応に遅れる中、一〇八一年十月二十五日に再び明州牒状が到来した[28]。やはり明州が牒状を通じて求めているのは、孫忠等を早く帰国させることであったが、先の宋商黃逢の持参した牒状が大宰府宛てであったのに対し、埒が明かないと見た明州は、その交渉窓口を日本朝廷に求めたようであり、宛先が「日本國」となっている[29]。

再三にわたる明州からの牒状を介した海商の帰還要求に対し、ようやく一〇八二年十一月二十一日、孫忠が帰国することとなり、日本側も返牒を送付した[30]。

この事例から確認されるのは、宋朝明州と日本国大宰府との間で、牒状を介した外交交渉が行われていた点である。明州は、独自に牒状を大宰府や日本朝廷に発給して、海商の帰国を求めているが、その背景にはおそらく日本国からの答信物を期待していたものと考えられる。一〇七七年から一〇七八年の答信物や返答物の往来は、朝貢・廻賜の名をもって行われているが、その実は貿易活動であり、こうした事案の処理にあたって明州と大宰府は、牒状を通じて貿易交渉を行っていたのであろう。

・一〇九七年の事例

一〇九七年の九月に明州牒状が大宰府に届いている。[31] どのような事案に関する交渉であったのか不明であるが、大宰府から返牒が出されている。その返牒には勅宣を載せないこととされたから、日本側は、今回の交渉があくまで大宰府主導であることを示そうとしていたようである。

・一一一七年の事例

一一一七年九月に大宋国明州牒（「其状にいはく、知明州軍州事云々」『異國牒状事』）と宋朝徽宗の国書が孫俊明・鄭清等によってもたらされた。国書の内容は日本に朝貢を求めるものであったが、[32] ここでの牒状の役割は、宋代で久しく行われていなかった国書外交を補完するものであったと見られるものの、その文面内容や外交交渉の内実を知る史料は残っていない。

・一一七二年の事例

南宋期の一一七二年には、「大宋國明州沿海制置使司牒」が日本国太政大臣宛てに送られている。それまでは明州の地方長官である知州が牒状発給の責任者であったが、南宋期に明州に沿海制置使が設置されると、沿海制置使が明州の長官となった。その沿海制置使が日本朝廷の太政大臣に牒状を送って外交交渉を行おうとしたのであり、翌年にはその太政大臣が「日本國沙門静海牒大宋國明州沿海制置使司」と題した返牒を送った。[33] さらに翌年にも太政大臣が返牒を出しており、この間に数通の牒状を介した外交交渉が行われている。この太政大臣とは平清盛であるが、この時明州から太政大臣平清盛と日本国王（後白河法皇）へ供物があった。時の明州沿海制置使は孝宗の異母兄であった趙伯圭であり、宋朝にとっての東アジア海域の安寧に努め、かつ金国などへの牽制に力を置いた人物であった。よって日本国王や太政大臣への贈物や牒状も同じ脈絡の中で捉えられると言われる。やはり、牒状の文面や交渉内容が知れないので決定的なことは言えないけれども、少なくとも明州沿海制置使と日本朝廷との間で牒状を通じて外交交渉が行われていた（成果はともかく）ことは指摘できるだろう。

以上の明州による対日本外交の特徴は、その日本側の窓口機関が大宰府であり、外交交渉がうまくいかなかったり、あるいは事案が重大な問題の時には、その窓口を日本朝廷へと切り替えて牒状を送付し、外交交渉を処理していることである。また明州によるこうした牒状の発給が必ずしも宋朝朝廷の命令を受けて行われたのではなく、明州が独自に外交交渉を展開している。その点は先の対高麗外交とは異なって見えるが、恐らくは宋朝朝廷の対日本外交政策に関する関心度が低いために、明州に外交処理の裁量を許可していたものと考えられ、徽宗の朝貢を求めるような対日本外交政策が重要となった場合には、国書と牒状が合わせて送付されたのであろう。

第二節　宋代明州における国書と外交

これまで確認してきたように、宋代明州では、高麗国礼賓省や日本国大宰府を交渉相手として、外交交渉を行っていた。その際に用いられる外交文書は牒状であり、双方が牒状を介して諸事案の解決を図っていた。重大な問題や、朝廷の関心度が高い事案については、牒状を通じて朝廷の意志を伝達する場合もあった。明州はこのように外交交渉の窓口機関として機能し、牒状による外交交渉を通じて国際関係の処理を進めていたが、明州では非漢字文化圏の諸国からの国書についても処理することがあった。その場合には、明州が独自に諸国と外交交渉を行うのではなかったが、明州が媒介となって、宋朝朝廷と非漢字文化圏の諸国との外交が進められている。以下ではこうした国書を通じた君主外交の場合における、明州の対外窓口機関としての機能を見ていきたい。

・真里富国の朝貢事例

慶元六年（一二〇〇）八月十四日、真里富国の使節である時羅跋智毛檐勿盧等が慶元府に朝貢のため到来した。一行は貢物に加えて、真里富国主である摩羅巴甘勿丁恩斯里房麾の表（国書）を随身していた。その国書は「金打巻子」[34]に国主が直筆したものであったが、さらに木皮に番字が記された文書一通も持参していた。そこで、詔によって慶元府でまず使節一行を接待させ、貢物・国書は臨安へ運ぶこととした。ところが、真里富国の国書（金表字文）と番字文が臨安では解読できず、結局、慶元府に命じて国書の翻訳作業を行わせ、作業従事者として綱首蒲徳修と訳語人呉文蔚に担当させた。蒲徳修等が二通の文書の翻訳を進めたところ、うち一通は、真里富国によって南卑国[35]の人に金表字文の国書を番字文に書写させた副本であったと判明した。そして、翌十五日に真里富国の朝貢に対する回答として、学士院に勅書を作成させ、廻賜品を与えて慶元府より帰国させた[36]。

この真里富国の朝貢事例から、国書を介した王者外交における慶元府の役割を確認しておくと、まず海外からの朝貢使節に対して国書の有無の確認（中身の検閲も行う）を行う。もし国書がない場合には、首都への上京が許可されない場合もあった[37]。今回は非漢字文化圏の国書であったが、慶元府ではその翻訳作業を行い、真里富国との外交を仲介している。宋代東アジア海域世界では、たとえ非漢字文化圏の諸国であっても、そして漢文国書を持参しなくても、国書さえ持参すれば、慶元府での国書翻訳の処理や今回のように他国の番字文への書き換え（結局、朝廷では解読できなかったが）を経ることによって、宋朝朝廷との外交は行われるのである。地方官府である慶元府が媒介となって国書の翻訳処理が行われ、皇帝と非漢字文化圏の国主との外交は成り立ちうるのであった。なお明州に闍婆国朝貢使が到来することもあり、その場合にも、通訳を媒介に明州掌市舶監察御史が尋問を行い、朝貢外交を仲介した[38]。

その後一二〇二年、一二〇五年と真里富国は朝貢しているが、一二〇五年の記事に依ってもやはり、慶元府での翻訳を必要としている。開禧元年（一二〇五）八月二十三日、再び真里富国が朝貢した。もし国書が番字文であれば、慶元府で翻訳して尚書省に上申せよと詔が下っている[39]。そうして、翻訳された国書（「譯表文」）が以下のように残っている。

譯表文に云えらく、「悉哩摩稀陀囉跋囉吽、小心消息、心下意重なり。大朝有るを知り、日日に瞻望す。新州大朝に近く、新たに一將安笁南旁哱囉を差わし出來し、大朝の綱首と同に消息を拜問せんと欲すも、回文新州に轉じ、已に大朝來去するを知る。今一將を差わし出來せしむるも、敢えて空手せず、雄象一頭・象牙一對共に重さ九十二斤・犀角一十隻共に重さ一十一斤有り、盡く大朝に進奉す。消息を回さんことを望乞す、意に大朝、年年進奉絶えざるを知らんと欲すを要む。十月の間回文を發すべし、差わし到る人、四月初九日に出港し、分けて行在の進奏院相公に付去せんとす。悉哩摩稀陀囉跋囉吽送納す」(40)と。

その内容は以下のとおり。

訳された上表文に云う。「悉哩摩稀陀囉跋囉吽（Sri Mahendravarman）は謹んで申し上げます。大朝があることを知り、日に日に瞻望しております。［チャンパの都］新州（Vijaya）(41)は大朝に近く、新たに安竺南旁哼囉を遣わして、大朝の綱首に同行してお伺いしようと思いましたが、返書が新州に伝わり、すでに大朝が来られていたことを知りました。いま使者を派遣しますが、手ぶらというわけにいきません。雄象一頭、重さ九十二斤の象牙一対、重さ十一斤の犀角十隻、すべて大朝に進奉いたします。大朝が絶えず毎年に進奉することを望んでいるのか、お伺いしたいと思います。十月の間に返書を出していただくために、使者は四月九日に出港し、臨安進奏院の相公にお渡しします。悉哩摩稀陀囉跋囉吽がお送りします(42)」。

やはり慶元府での翻訳作業を通して外交関係が構築されるのであり、いわば漢字文化圏と非漢字文化圏との外交の結節点として、慶元府は存在していた。

ところが、この翻訳国書に関して不思議な文章が残っている。唐士恥(43)なる人の「代眞里富貢方物表」と題する表文（国書）である。すこし長いが以下に引用しておく（『靈巖集』巻二）。

葵心北戸、久しく航海の誠を懷い、象譯南琛、初めて職方の奏に上り、畢に誠を螻蟻に輸し、實に義を衣冠に慕う。臣中謝す。竊かに以うに興國渤泥の朝するを悅び、其の始めて至るを嘉し、祥符注輦の貢を偉とし、彼の未だ來たらざるを歎ず、豈に從古の戴盆を期し、忽として當今の同軌を玷せんや。伏して念うらく臣毎に滄溟の中阻を以て、姑らく吉蔑の附庸と爲り、下極熒煌、星霜の變を記す莫く、斷根膏馥、第だ賈舶の編を形し、既に夏王山海の經に登る弗く、亦た汲冢會同の解に與する莫し。且つ西鄰の驃國、尙お德宗鼓舞の懽を效し、而して南境の闍婆、毎に元嘉職貢の敬を續け、退きて陋邦の蕞爾を念い、獨り大節の闕然を爲す。臣是れ敢えて遙かに三呼を起し、恭しく一介を馳せ、貫月乘槎の侶に隨い、迎秋從律の風を占い、牽を效して式て旌頭を啓き、土に任じて仰ぎて祿幣を干むれば、其の徳天合し、其の明日合す、宜しく譯鞮象寄之れ悉く歸すべし、大秦の寶多く、大宛の馬多く、禮樂詩書の甚だ盛んなるを想う。祈りて古人の委賜を殿し、與に玉版の詩書を榮とし、形容は師古の圖を駭し、道里は賈耽の志を續く。恭しく惟うに皇帝陛下、離明繼照し、乾健統天す。中國に至仁有れば、自然近きを篤くして遠きを擧ぐ、小邦其の徳を懷い、豈に徒らに厚く往きて薄く來たらんや。乃ち微臣も亦た大義、三聖に法り、矧んや更に親傳より出づるを知るに至る。彼の四方をして、自ら式て來享を歌せしむ、某辰共（拱辰カ?）を空懷し、與に躬ら朝して屬國の封章を嗣ぐ莫し、自今以て始めて陪臣の復命を聳す、其の敎知るべし。(44)

その大よその内容は次のとおりであった。

日南の地に天子の徳を慕い、ひさしく航海の気持ちをいだいておりました。通訳をつうじて、はじめて朝貢の上奏をたてまつります。真心をすべて微賤の命にもあらわし、仁義を貴人に慕っております。臣中謝いたします。思いますに、太平興国二年（九七七）のときに渤泥国が初めて入朝したことをよろこばれ、大中祥符八年（一〇一五）に注輦国が朝貢し、これまで入貢しなかったことを嘆かれました。どうして、いまの天下統一に傷をつけましょうや。思いますに、臣の国はつねに大海に阻まれているので、しばらく吉蔑国の附庸国となり、『尚書』「禹貢」などにも記載されていません。西の驃国は唐代徳宗に舞楽を献じてよろこばれ、南の闍婆国は劉宋の元嘉十二年（四三五）より恭しくも朝貢をつづけましたが、小さな我が国だけが守るべき大事を欠いておりました。臣は万歳三唱して恭しくも馳せ参じ、堯の登位三十年にあらわれた貫月槎に乗って、秋を迎える風を占い、進物を献じて、土地に応じた祿幣をもとめようと思います。外国の少数民族は、帰順するのがよろしいでしょう。さすれば大秦の宝は多く、大宛の馬も多く、礼楽詩書の教えも盛んとなるでしょう。人君に臣下の礼をとり、経典をいただき、我々の姿かたちは顔師古の図を驚かせ、その旅程は賈耽の志を継ぐことになるでしょう。皇帝陛下は明察で、天下を統治しておられます。中国に至仁のお方が出現し、遠近の者を篤く取り上げられておりますれば、我が国もその徳を慕い、いたずらに贈物を少しだけ持ってきて、たくさん頂いて帰るようなことはいたしませぬ。微臣も大義が三人の聖人を手本にしていることを知るに至りました。これより謹んで陪臣としての報告をおこないます。

一目して明らかなように、先の翻訳された訳表文とは全く異なり、典故をふんだんに踏まえ形式ばった四六文である。およそ真里富国主が知りえないような故事なども文章に含められている。来歴が詳しくわからないので残念だが、ひょっとすれば一二〇〇年に来貢した折に、明州慶元府で翻訳された表文かもしれない。つまり、真里富国の表文（国書）を四六文で書き改めたものではなかろうか。とすると、慶元府での翻訳作業は単純な翻訳だけでなく、中華思想に潤色した上で書き換えがなされていた可能性がある。そしてそこでは、国書の書儀問題や形式などはもはや意味を為さない。結局は、慶元府で外交形式さえ整えれば（国書を持参すれば）、真里富国との外交は成り立ちえるのである。

第三節　宋代外交文書と東アジア海域世界

（ａ）　外交文書より見た東アジア海域世界の重層性

本章では外交の定義をより広義に設定し、従来ではあまり注意されてこなかった東アジア海域世界における多様な外交交渉を、明州にしぼって見てきた。ここで少しまとめておくと、当時の外交文書を用いた外交には①君主・王者外交、②朝廷間外交、③地方官府間外交に大きく類別できる。ただし、宋朝明州と高麗国礼賓省や日本朝廷との間で見られたように、地方官府と朝廷の間でも、外交交渉は成立した。また、呉越国王と摂関藤原家との間で、書状を用いた外交関係も認められる[45]。

①の外交で用いられる外交文書は国書であるが、②や③で当時において特徴的に用いられたのは牒式文書であった。牒状は統属関係にない官府間の事案処理の際に用いられる書式[46]であるが、その性格は極めて融通性を備えるものであった。ゆえに国を異にする外交文書として適合し、宋代では、特に各国の地方官府同士で大いに用いられた。当時を代表する外交文書として、牒状は存在したのであった。明州慶元府はそうした牒状を発給して、他の地方官府と外交交渉を行い、様々な事案の解決を目指した。それらの事案のうち注目

されるのは、高麗国礼賓省との間で処理された宋人（恐らく海商か）の移住問題、また日本大宰府・朝廷と外交交渉を行なった海商の帰還問題であった。これらの事案は、当時においてとくに中国の海商が旺盛な交易活動を行なった結果として、様々に生起する問題であったのであり、地方官府間での外交交渉が当時の海商の交易活動によって求められるようになっていった。また、真里富国の朝貢も蕃商によって導引されており、蕃商や中国海商が東南アジアとの盛んな交易活動を行うことによって、東南アジア諸国の国主と政治的に結びつき、朝貢を促した結果、明州での翻訳作業を必要とする外交交渉が必要となった。そうした海商の交易活動によって引き起こされる諸問題に対して、牒状発給や国書翻訳によって明州慶元府は外交を処理したのである。従って牒状による明州での地方官府外交は、海商の交易活動が盛んとなる唐末九世紀以降の、新局面に対応するために始まったと考えられる。[47]

牒状を用いた地方官府外交は宋と遼や西夏間でも見られたが、これらの場合は少し事情が異なる。宋代は中華帝国が〝相対化〟した時代であり、宋朝とそれら対等国との間では国境問題などの外交交渉が増加し、朝廷の関心度が低い事務的事案などは、地方官府間での外交交渉で済まされていた。[48] 牒状を用いた地方官府間外交が緩衝的であり、国書を用いた君主・王者外交だけの硬直な国際関係ではなく、当時の国際関係に柔構造をもたらせている点は、先の明州慶元府での外交と同じである。[49]

こうして見れば、宋代では特に牒状を用いた地方官府での外交交渉が、当時の国際関係を維持させる重要な要因であったと思われるのである。

（b）宋代東アジア海域世界の外交的特徴

従来の研究を踏まえるならば、唐代（特に前半期）は東アジアの帝国として単一的な中華秩序（「天下秩序」）が存在した。[50] ここでは国書を中心とする君主・王者間の外交が行われ、国際関係が成り立っていた。ところが宋代になると、宋朝の中華秩序は相対化し、遼や西夏、あるいは金などの中華帝国と対等の国家が誕生した。これらの国家間で国境問題などの事案が新たに登場し、それらを処理する上で牒状を介した地方官府外交が行われるようになった。一方で東アジア海域世界では、海商の交易活動が活発になり、それに伴って新たに移住や交易に関する諸問題が生起するようになった。ここでも牒状を介して明州慶元府は相手の地方官府や朝廷と事案の処理を進め、事態の解決を図ろうとした。また海商の活動の活発化は東南アジア諸国との交通を増加させ、宋朝への朝貢を促した。明州慶元府は非漢字文化圏の国書を翻訳し、君主間の外交を成立させ、非漢字文化圏との接合に重要な役割を果たしていた。宋代東アジア海域世界は、「東アジア世界」のような漢字文化圏という〝閉じた〟ものではなかった。

宋朝における外交は、対等国の勃興や海商の交易活動などによって交渉事案が新たに発生し、それらを解決する上で地方官府間での外交が生まれ重層化したものである。そして、それに対応する外交文書として牒状が適合し、牒状を介して外交交渉が行われるようになった。牒状を用いた外交交渉によって、宋代の国際関係が全てではないにしろ処理されていたのであり、最初に定義した意味での外交が大いに行われていた。その意味で宋代は、〝外交の時代〟と呼べるのかもしれない。

おわりに

本章では、これまでの外交の定義では宋代東アジア海域世界の実状に迫ることはできないという視点から、外交及び外交文書を定義しなおして、歴史の俎上に乗せ、宋代東アジア海域世界での外交交渉の諸相、また外交文書としての牒状の役割等を検討した。今後、この外交・外交文書の定義をさらに歴史上において検証し、繰り返し再定義を行い、当時における〝外交〟〝外交文書〟の実像に、より一層迫ることが求められる。

注

（1）田中健夫「漢字文化圏のなかの武家政権――外交文書作成者の系譜――」（『前近代の国際交流と外交文書』吉川弘文館、一九九六年）。
（2）西嶋定生「古代東アジア世界と日本史」（『中国古代国家と東アジア世界』東京大学出版会、一九八三年）。
（3）金子修一「唐代の国際文書形式」（『隋唐の国際秩序と東アジア』名著刊行会、二〇〇一年）。

(4) 中村裕一『唐代制勅研究』(汲古書院、一九九一年)。

(5) 堀敏一「日本と隋・唐両朝との間に交わされた国書」(『律令制と東アジア世界』汲古書院、一九九四年)。

(6) 石井正敏「日本・渤海関係と外交文書」(『日本渤海関係史の研究』吉川弘文館、二〇〇一年)。

(7) 河内春人「東アジアにおける文書外交の成立」(『歴史評論』六八〇、二〇〇六年十二月)。

(8) 中西朝美「五代北宋における国書の形式について――「致書」文書の使用状況を中心に――」(『九州大学東洋史論集』三三、二〇〇五年五月)。

(9) 廣瀬憲雄「書儀と外交文書――古代東アジアの外交関係解明のために――」、同「日本の対新羅・渤海名分関係の検討――『書儀』の礼式を参照して――」、同「『東天皇』外交文書と書状――倭国と隋の名分関係――」(以上『東アジアの国際秩序と日本』吉川弘文館、二〇一一年)、同「古代東アジア地域の外交秩序と書状――非君臣関係の外交文書について――」(『歴史評論』六八六、二〇〇七年六月)。

(10) 呉暁萍『宋代外交制度研究』(安徽人民出版社、二〇〇六年)。

(11) 張東翼『日本古中世高麗資料研究』(ソウル大学校出版部、二〇〇四年)、同「一二六九年「大蒙古国」中書省の牒と日本側の対応」(『史学雑誌』一一四―八、二〇〇五年八月)。

(12) 植松正「モンゴル国書の周辺」(『史窗』六四、二〇〇七年)。

(13) 森平雅彦「牒と咨のあいだ――高麗王と元中書省の往復文書――」(『モンゴル覇権下の高麗――帝国秩序と王国の対応』名古屋大学出版会、二〇一三年)。

(14) 舩田善之「日本宛外交文書からみた大モンゴル国の文書形式の展開――冒頭定型句の過渡的表現を中心に――」(『史淵』一四六、二〇〇九年三月)。

(15) 毛利英介「一〇九九年における宋夏元符和議と遼宋事前交渉――遼宋並存期における国際秩序の研究――」(『東方学報』八二、二〇〇八年)。

(16) 豊島悠果「一一一六年入宋高麗使節の体験――外交・文化交流の現場――」(『高麗王朝の儀礼と中国』汲古書院、二〇一七年)。

(17) 外交の定義については、ハロルド・ニコルソン『外交』(東京大学出版会、一九六八年)、および細谷雄一『外交――多文明時代の対話と交渉』(有斐閣、二〇〇七年)、中西寛「国際政治理論」(『日本の国際政治学　第一巻　学としての国際政治』有斐閣、二〇〇九年)、信田智人「対外政策決定――「小泉外交」における政治過程」(『日本の国際政治学　第一巻　学としての国際政治』有斐閣、二〇〇九年)などを参考とした。これらは近代外交についての定義であるが、大いに参考となる。特にニコルソン氏は、外交を対外政策と交渉とに分けて考える必要を説き、「外交とは、交渉による国際関係の処理であり、大公使によってこれらの関係が調整され処理される方法であり、外交官の職務あるいは技術である」と定義する。また細谷氏は、「外交とは、主権国家が自国の国益や安全そして繁栄を促進するため、また国際社会において国家間の関係をより安定的に維持しその友好関係を強化するため、政府間で行われる交渉あるいは政策を示す言葉である」とする。また古代文明の地域秩序について、「帝国的秩序」と比較的同等の規模の国家間の勢力均衡的な「国家間秩序」とに分け、後者の状況下に外交が発展すると、示唆に富む指摘をしている。

(18)『高麗史』巻十三、睿宗八年（一一一三）九月乙酉「遣西頭供奉官安稷崇如宋、牒宋明州云、去年入朝金緣等回稱、在闕下時、蒙館伴張内翰等諭、來歳又當禋祀、申覆國王、遣使入朝、以觀大禮。聞此已令有司方始備辦。忽母氏薨逝、迫以難憂。今年未遑遣使入朝、以達情禮。請炤會施行」。『高麗史節要』巻八、睿宗八年九月「遣西頭供奉官安稷崇如宋、禮賓省移牒明州曰、去年六月進奉使金緣回諭、來歳又當禋祀、申覆國王、遣使入朝、以觀大禮。已令有司備辦。忽母后薨逝、未遑遣使、以達情禮」。

(19)前掲豊島氏論文。

(20)『高麗史』巻十五、仁宗二年（一一二四）五月庚子「宋商柳誠等四十九人來。初明州杜道濟・祝延祚隨商船、到本國不還。明州再移文取索、國家上表請留。至是誠等來、傳明州奉聖旨、牒云、杜道濟等許令任便居住」。

(21)『高麗史』巻十六、仁宗十四年（一一三六）九月乙亥「遣金稚規・劉待擧如宋明州、牒云、伏審近商客陳舒賷到公憑、今來夏國差別使人、欲同使臣前去高麗議事、差遣陳舒往高麗、於本國掌管事務官處、密諭此意、仍取回報前來。……宋明州回牒、略云、奉行在樞密院劄子奏、勘會昨遣吳敦禮賷詔書、兼令商人陳舒前去。蓋緣朝廷自祖宗以來、眷待諸國、恩義甚厚。……至興兵應援、假途徂征、皆敦禮等專對之辭、非朝廷指授。宜深見諒、無致自疑」。

(22)『開慶四明續志』巻八、收刺麗国送還人「開慶元年四月、綱首范彥華至自高麗、賫其國禮賓省牒、發遣被虜人升甫・馬兒・智就三名回國。制司引問、馬兒者年二十六、揚州灣頭岸北裏。解三也、十二歳、隨父業農、秋時爲韃掠去。……馮解謀逸歸本朝、匿深山中、師退、麗人取以歸寘島上。六年正月、入麗京、拜國主、月給米養之。……又逾年三月船始歸制司」。

(23)『開慶四明續志』巻八、收刺麗国送還人

「高麗國禮賓省牒上大宋國慶元府

當省準貴國人升甫・馬兒・智就等三人、久被狄人捉拏、越前年正月分逃閃入來、勤加館養。今於綱首范彥華・俞袒等合綱船、放洋還國、仍給程糧三碩、付與送還。請照悉具如前事、須牒大宋國慶元府、照會施行、謹牒。

己未三月　日　謹牒

注簿文林郎金之用
注簿文林郎李孝悌
丞文林郎金光遠
丞文林郎潘吉儒
試少卿入内侍文林郎李軾
卿朝議大夫任柱
判事入内侍通議大夫三司使太子右庶子羅國維
判事正議大夫監門衞攝上將軍奉君用」。

(24)『百錬抄』承保二年（一〇七五）十月二十六日「諸卿定申諸道勘申大宋皇帝付成尋所獻貨物可納否」。
(25)『百錬抄』承暦元年（一〇七七）五月五日「請印大宋國返信官符。長季朝臣書黄紙、入螺鈿筥。答信物六丈織絹二百疋、水銀五千兩也」。
(26)『續資治通鑑長編』巻二八六、熙寧十年十二月乙酉「明州言、日本國遣僧仲回等六人貢方物」。
(27)『宋史』巻四九一、日本国「明州又言得其國太宰府牒、因使人孫忠還、遣仲回等貢絁二百匹・水銀五千兩、以孫忠乃海商、而貢禮與諸國異、請自移牒報、而答其物直、付仲回東歸。從之」。
(28)『師記』永保元年（一〇八一）十月二十五日「太宰府言上大宋國明州牒狀事也。……」。
(29)第五章「書簡から見た宋代明州対日外交」を参照。
(30)『百錬抄』永保二年（一〇八二）十一月二十一日「遣大宋返牒孫忠遣歸本朝事、右中弁匡房朝臣書之」。
(31)『異國牒狀事』「承徳元年（一〇九七）九月、大宋國明州牒到來、書の躰先例にかなはす、返牒なきよし、官符にて宰府に仰らる、宰府よりこれをつかはす。……承徳元年五月、大宋國明州牒到來、太宰府の返牒を遣へきよし、官符を彼府にたまふ、權帥匡房卿これをつくる、敕宣のよしをのせす、宰府私の牒のよしなり」。『師守記』「承徳元年九月、大宋國明州牒到來、十二月二十四日、可遣大宰府返牒之由、賜官符於彼

府、件返牒權師匡房卿作之、不載太政官奉之由、爲大宰府被遣牒」。

(32) 『師守記』「□□（永久）五年（一一一七）九月、大宋國明州牒到來、以紙裹之、□□□（表裹有）銘、其上以錦裹、同六年（一一一八）三月十五日右大臣（源雅實）召少外記（中原）廣安、被下 宣旨、是大宋國所附孫俊明・鄭清等之兩箇書、言上之趣、頗似有故、相叶先例否、令紀傳・明經・明法道等博士幷式部大輔（菅原）在良朝臣勘申事也」。『善鄰國寶記』巻上「鳥羽院元永元年（一一一八）、宋國附商客孫俊明・鄭清等書曰、『矧爾東夷之長、實惟日本之邦、人崇謙遜之風、地富珍奇之產、曩修方貢、皈順明時、隔濶彌年、久缺來王之義、宜敢事大之誠云々』此書叶舊例否、命諸家勘之」。

(33) 『師守記』「承安二年（一一七二）秋、宋朝牒狀到來、狀稱、大宋國明州□（沿）海制置使司牒日本國太政大臣、獻方物於□□（公家）、又送太政大臣。□□□（同三年）二月、入道太政大臣送宋國返牒、狀云、日本國沙門靜海牒大宋國明州沿海制置使司、式部大輔永範卿草之、入道參議敎長卿淸書、太上天皇幷入道相國遣答信物。同四年二月五日、入道太政大臣清盛公遣大宋國返牒、作者式部大輔永範卿、是去年秋比、大宋國牒狀數通來云々」。

(34) 明代ではアユタヤ国王からの国書は「金葉表文」と呼ばれ、また清代になると「黄金板」と呼ばれ、金属の板に国書の内容が記された。また明代では番字・回回字の表文について、四夷館や通事を介して翻訳されたが、翻訳に当たって中国側の上下・中華思想がアユタヤには通じておらず、翻訳段階で中華思想によって潤色された可能性があるという。ピヤダー・ションラオーン「アユタヤの対明関係――外交文書から見る――」（『史学研究』二三八、二〇〇二年十月）を参照。

(35) 南卑国については不明。ただ『宋史』巻四八九に南毗国があり三仏斉より風に乗りひと月余りで行けるとある。

(36) 『宋會要輯稿』蕃夷四―九九「慶元六年八月十四日、慶元府言眞里富國主摩羅巴甘勿丁恩斯里房麾蟄立二十年、遣其使上殿官時羅跋智毛檐勿盧等、齎表、（其表係金打巻子、國主親書黑字）。貢瑞象二及方物。（象牙二十株、犀角五十株、土布四十條）。詔本府以禮館待、方物令人管押前來、其象留於穩便處飼養、別聽指揮。綱首蒲德修言、自今年三月離岸、五月二十二日、從本國海口放洋、幸遇南風、晝夜行舟、六十日、到定海縣。十月一日、宰執進呈次。上曰、『眞里富國金表已見之、甚可笑。止是金打小巻子、又於木皮上、別寫一巻、其狀屈曲、皆不可曉。盛書螺鈿匣子、又折一足、弊陋之甚。內有數斤纈帛。此必海上小國、如一小州之類。』謝深甫等奏番字一體、絕類琴譜、竟不知所言何事、方欲下慶元府、令譯而來。上曰『可令譯來。』既而本府言蒲德修等幷譯語人吳文蔚、將金表章、辯譯表文、所有木皮番字一軸、據蒲德修等譯語、卽係金表章副本意一同、恐大朝難辨識金表字文、本國又令南卑國人書寫番字、參合辯照、至是奏上焉。十五日、詔令學士院回答敕書、幷支給紅緋羅絹一千匹・緋纈絹二百匹、等第回賜本國進奉人、發遣回國、其瓦器、令慶元府收買、給賜」。

　また山内正博「『宋会要輯稿』に見える〝真里富国〟の記事」（『宮崎大学教育学部紀要』社会科学、三八・三九、一九七六年）を参照。

(37)『宋會要輯稿』職官四四―四「明州言、市舶司牒、日本國太宰府進奉使周良史狀奉本府都督之命、將土產物色進奉。本州看詳、即無本處章表、未敢發遣上京。欲令明州只作本州意度、諭周良史、緣無本國表章、難以申奏朝廷。所進奉物色、如肯留下、即約度價例迴答、如不肯留下、即却給付、曉示令迴。從之」。

(38)『宋史』巻四八九、闍婆国伝「先是、朝貢使汎舶船六十日至明州定海縣、掌市舶監察御史張肅先驛奏、其使飾服之狀與嘗來入貢波斯相類。譯者言云、今主船大商毛旭者、建溪人、數往來本國、因假其鄉導來朝貢」。

(39)『宋會要輯稿』蕃夷四―一〇〇「開禧元年八月二十三日、眞里富國進獻瑞象一隻・象牙二枝・犀角十株。詔令慶元府以禮館待本國所遣官、取所進表幷象牙犀角、差人管押前來。仍詢問表文、如係番書、就行仔細辯譯、及約計所進物價、申尙書省、以憑支降回賜。……詔令學士院回答敕書、賜紅綿纈羅一百匹・紅綿纈絹一百匹。仍更給降緋纈絹五十匹、賜所遣來人、令本府等第支散、以禮館待、發遣回歸。仍責委綱首、說諭本國所遣官、海道遠涉、今後免行入貢」。

(40)『宋會要輯稿』蕃夷四―一〇一「譯表文云、悉哩摩稀陀囉跋囉吽、小心消息、心下意重。知有大朝、日日瞻望。新州近大朝、新欲差一將安竺南旁哱囉差出來、同大朝綱首拜問消息、回文轉新州、已知大朝來去。今差一將出來、不敢空手、有雄象一頭・象牙一對共重九十二斤・犀角一十隻共重一十一斤、盡進奉大朝。望乞回消息、意要欲知大朝、年年進奉不絕。十月間可發回文、差到人、四月初九日出港、分付去行在進奏院相公。悉哩摩稀陀囉跋囉吽送納」。

(41)藤善眞澄『諸蕃志』（関西大学東西学術研究所訳注シリーズ五、関西大学出版部、一九九〇年）一九頁を参照。

(42)山内正博「『宋會要輯稿』に見える〝真里富国〟の記事」（『宮崎大学教育学部紀要』社会科学、三八・三九、一九七六年）、O. W. Wolters. *CHEN-LI-FU: a State on the Gulf of Siam at the Beginning of the 13th Century, The journal of the Siam Society*, Vol. 36, pt. 1（Sept. 1946）を参考にした。

(43)唐士恥の詳細は不明。金華唐氏の出とされ、寧宗・理宗朝（十二世紀末―十三世紀半ば）の人。吉州や臨江、建昌、万安などの官吏を経たとされる。『四庫全書総目提要』霊巌集部分を参照。

(44)『靈巖集』巻二、代真里富貢方物表「葵心北戶、久懷航海之誠、象譯南琛、初上職方之奏、畢輸誠于螻蟻、實慕義于衣冠。臣中謝。竊以興國悅渤泥之朝、嘉其始至、祥符偉注輦之貢、歎彼未來、豈期從古之戴盆、忽玷當今之同軌。伏念臣每以滄溟之中阻、姑爲吉蔑之附庸、下極熒煌、莫記星霜之變、斷根膏馥、第形賈舶之編、旣弗登夏王山海之經、亦莫與汲冢會同之解。且西鄰驃國、尙效德宗鼓舞之懽、而南境闍婆、每續元嘉職貢之敬、退念陋邦之蕞爾、獨爲大節之闕然。臣是敢遙起三呼、恭馳一介、隨貫月乘槎之侶、占迎秋從律之風、效牽式啓于旄頭、任土仰干於祿幣、其德天合、其明日合、宜譯鞮象寄之悉歸、大秦寶多、大宛馬多、想禮樂詩書之甚盛。祈殿古人之委賜、與桊玉版之詩書、形容駭師古之圖、道里續賈耽之志。恭惟皇帝陛下、離明繼照、乾健統天。中國有至仁、自然篤近而擧遠、小邦懷其德、豈徒厚往而薄來。乃至微臣亦知大義、法乎三聖、矧更出於親傳。令彼四方、自式歌于來享。某空懷辰共（拱辰カ）、莫與躬朝嗣屬國之封章、自今以始聳陪臣之復命、其敎可知」。

(45) 劉恒武「五代呉越国の対日『書函外交』考」（『古代文化』五九―三、二〇〇八年三月）。

(46) 『慶元條法事類』巻十六、文書門文書式、

「某司　牒　某司或某官　某事云々、　牒云々。如前列數事、則云牒件如前云々。謹牒

　　年月　日

具官姓　書字

　內外官司非相統攝者、相移則用此式。諸司補牒准此。唯改牒某司作牒某人、姓名不闕字、辭末云故牒。於年月日下書吏人姓名。官雖統攝而無申狀例及縣於比州之類、皆曰牒上。於所轄而無符帖例者、則曰牒某司或某官、並不闕字」。

(47) 和田久徳「東南アジアにおける初期華僑社会（九六〇～一二七九）」（『東洋学報』四二―一、一九五九年六月）。

(48) 近藤一成「宋代永嘉学派葉適の華夷観」（『史学雑誌』八八―七、一九七八年七月）。

(49) 金成奎『宋代の西北問題と異民族政策』（汲古書院、二〇〇〇年）、古松崇志「契丹・宋間の澶淵体制における国境」（『史林』九〇―一、二〇〇七年一月）。

(50) 渡辺信一郎『中国古代の王権と天下秩序――日中比較史の視点から』（校倉書房、二〇〇三年）。

第七章　宋代都市の税と役

はじめに

『開慶四明續志』巻七、楼店務地条に次の文章がある。

　今天下州郡の王土に二有り、一つに税地と曰う。税地に和買・役銭有り、本色・折變有り、科敷・差役有り。一つに楼店務地と曰う。並びに諸色官物を輸納せず、亦た差科敷役等事無し、止だ一項の官地銭を納むるのみ。(1)

これによると、天下州郡の王土には税地と楼店務地の二種類がある。税地には和買・役銭、(両税の)本色・折変、科敷・差役がある。楼店務地では租税である諸色官物を納めず、差科・敷役もなく、ただ官地銭(楼店務銭)を納めるだけという。ここには官田等の公田や未耕地、また所有者のいない荒地・無税の土地等は捨象されているが、宋代の土地と税役を考える上での良き導引となる。とりわけ本章で問題としたい、都市と都市民たる坊郭・坊郭戸と税役を考察する上での出発点としたい。

　この文章上では、王土上において、坊郭や坊郭戸など都市の土地または都市民を、郷村・郷村戸と区別することはしていない。王土の区分を税役等のかかる税地か、主には都市内の官有地である楼店務地かに区分するのみである。この史料における土地区分と税役の関係を踏まえたうえで、都市民(坊郭戸)における税役負担と、都市固有の課税の一つである楼店務銭について考察し、唐宋変革期に見られた都市・都市民と専制国家との関係性について、論じることを目標としたい。

第一節　坊郭と坊郭戸

まず坊郭と坊郭戸について確認しておこう。城郭都市内を坊郭と称するのは唐後半期より見え始める。元和五年（八一〇）に戸部尚書李仁素が供軍銭の改革を述べ、使職の置かれた州府における供軍銭がすべて留使留州に充てられているのを、上供（送省）と均配することを求めた箇所で、

如し坊郭戸見銭を配すること須らく多く、郷村戸見銭を配すること須らく少なければ、即ち但だ都て見銭の一州數を配定し、刺史に任じて數内に於いて百姓の穏便を看て處置せよ。(2)

とあり、坊郭戸に割り当てられた供軍銭が多く、郷村戸の供軍銭が少ない場合には、刺史が一州内でまとめて百姓の状況を見て配分するよう求めている。ここでは郷村戸と対置して坊郭戸が出てくるが、制度上区別されていたわけではなく、城郭内（坊郭）に住む戸という以上の意味はない。

五代後周では、広順二年（九五二）八月に塩麴条法を定めた勅文に、城郭人戸に対する屋税塩規定がある（『册府元龜』巻六一三、刑法部・定律令五）。のちに見るように、屋税は城郭内家屋等に掛かる雑税の一種であるから、塩法上、あるいは雑税上、坊郭戸に対する賦課規定の始まりとみてよい。坊郭戸に対する屋税賦課は、五代を受けて宋初にも見られた。乾徳三年（九六五）二月丙午には、後蜀討伐にあたって軍費を徴発した諸州坊郭戸の屋税半年分を免除し（『續資治通鑑長編』巻六）、また大中祥符元年（一〇〇八）十月では、泰山封禅を受けて、河南・河北諸州の坊郭戸屋税を減免している（『宋會要輯稿』食貨七〇―一六一）。

そして、宋初に丁産等第簿が作成されるようになると、坊郭戸が明確に規定され、簿籍上、郷村戸と区別して国家によって把握されるようになった（詳しくは第三節の都市民と職役において述べる）。南宋の数字ではあるが、たとえば明州城では宝慶年間（一二二五―一二二七）で坊郭戸五三二一、口九一八三であった（『寶慶四明志』巻十三）。また福建汀州における祖帳の坊郭（坊市）戸数について（『永樂大典』所引『臨汀志』）は、**表1**のとおりである。

ただしこの数字は汀州管内六県（長汀・寧化・上杭・武平・清流・蓮城）の坊郭戸総数を挙げていると見られる。この数字より、坊郭戸に主戸・客戸があり、その数が帳簿上で管理されていることがわかる。

このことについて、『慶元條法事類』巻四十八、文書門賦役式に引く「諸州申夏秋税管額帳」では、県単位で主客戸の戸口数を記述する項目のうち、「新収」「開閣」「逃移」「見管」それぞれに、坊郭・郷村の主戸・丁各若干、客戸・丁各若干、丁・中・小・老・疾病人数を書くことになっている。上記の汀州の祖帳はおそらく汀州の「諸州申夏秋税管額帳」を参照したと見られる。諸州申夏秋税管額帳は、州が県の主客戸口数と税租額を夏税・秋税ごとに作成し、転運司に上申する文書である。税租に関する官文書上においても、坊郭戸の項目が設けられ、その数が把握されていた。

また北宋時代の建康府を振り返って、

建康承平の時、民の坊郭に籍し、口を以て計る者、十七萬有奇、流寓・商販・游手、往來絶えず。(3)

とあり、建康府の簿籍上の坊郭人口は誇張を含むと思われるが一七万余りに上り、さらに流寓・商販・游手の往来も絶えなかったという。

以上見たように、宋代において城郭内の坊郭（ただし、城壁外に居住地が展開され、それらが坊郭とされることもある）に居住する人戸は、坊郭戸として簿籍上に登録された。このような坊郭戸の登場は、宋代より始まるのであり、唐宋変革期の大きな変革点の一つであった。国家による都市民の創造である。ではそうした都市民は、税と役上においてどのように規定されるのか。以下に見ていきたい。

表１

祖帳				
	主戸		客戸	
	2,889戸	5,005丁	2,396戸	2,505丁
老小・単丁・残疾・不成丁		2,233人		8,213人
総計		7,238口		10,718口

第二節　都市民と両税

建中元年（七八〇）に制定された両税法は、人戸の所有する耕作地（両税斛斗を徴収）および現有資産（両税銭を徴収）に応じて課された。州県官吏は郷村と衆議して郷村内の耕作地調査・資産調査・人戸調査をおこない、それらに応じて両税額を割り付けた。両税法制定以後では、これを定戸といった。両税法制定以前の律令制下では、定戸とは戸等決定を意味したが、両税法が戸等制と連動しないために、定戸は両税額を決定する語義となった。(4)

ところが、郷村内の人戸・耕作地・資産調査を意味する定戸が史料上見られなくなる九世紀後半以降（会昌年間以後）から五代宋初にかけて、主に人戸の現有資産に対応して賦課された両税銭は、華北ではその絹帛折納部分が本色と化し、華南では税銭の絹帛折納が咸平三年（一〇〇〇）に夏税とされるようになった。そして夏税は現有資産を基準とした課税から、田土の等級と面積を基準としたものへと変化したとされる。(5)たとえば、夏税である税銭について、熙寧四年（一〇七一）六月に、

> 天下の田、一畝にして税銭数十なる者有り、一畝にして税數銭なる者有り、善田にして税輕るき者有り、悪田にして税重き者有り。(6)

と、楊会が助役法の弊害を論じる箇所で述べているが、これによると税銭が田畝にしたがって、地域によって区々に課されていたことがわかる。つまりは両税が墾田地（土地の肥瘠や収穫量に応じて）を主たる基準として課税されるようになったことを意味している。これは、片や唐末以降見られなくなった資産調査などをおこなう定戸と、同様の調査をおこなって戸等を決定して丁産等第簿が作成され、職役が課されたことと連動しているかもしれない。現有する総合資産と人丁数に応じて職役が課され、所有する田土にしたがって両税が課されるようになったのである。

たとえば『文献通考』巻四、田賦四に引く『中書備對』によると、路ごとに田土総数（「田」「官田」）が記され、そのあとに続けて夏税・秋税数を掲げており、これら夏秋税が田土基準で賦課されたことをうかがわせる。また『寶慶四明志』記載の各県について、たとえば鄞県（巻十二）では「田七十四萬六千二十九畝二角二十九歩」「地一十四萬九千五畝五十七歩」「山九十萬二千六十四畝三角四十七歩」の地目を挙げ、その後に「戸口」「夏税」「秋税」を続けており、これらが鄞県の両税徴収の基準となっていたと思われる。

より具体的に見てみよう。『淳熙三山志』巻十、版籍類一墾田には、太平興国五年（九八〇）に閩・呉越のおこなった税額を改定した時のことを伝えて、

> 未だ幾ばくならずして復た著作佐郎李妥に詔して再び至らしめ、始めて異時の諸雜沿徴物色を蠲き、更に官私の田産を以て、均し

く中下兩等定税を爲す、中田畮の產錢四文四分・米八升、下田畮は三文七分・米七升四勺、園畮は一十文、丁人錢百を輸し、總て夏税錢一萬五千六十三貫二百六文、米一十萬二千五百二十八石四斗六升八合と爲す。(7)

と見える。中下田について夏税銭と米が課されているが、また園についても産銭（夏税）が畝ごとに十文課されている。また田と地については、『至順鎮江志』巻六、賦税に引く蔡逢「丹陽志」に、五代の両浙のこととして、

田地、畝毎の夏税、則ち鹽絹羅綿絲兩大小麥有り、秋租、則ち苗米糯米豆布蘆蔆有り、宋代相仍り、釐革に失し、然して尚お田土の肥瘠を視て、分かちて四等を爲し、曰く上、曰く中、曰く下、曰く等に及ばず。嘗て之を考うるに、上等中等なる者、田は則ち夏に綿有り、秋に米四升五合或いは五升有り、地は則ち夏に絲綿大小麥有り。下等の田、則ち夏に綿無し、秋に米四升五合有り、地は則ち夏に絲綿大小麥無きなり。等に及ばざる者、田則ち夏税幾ばく無し、秋は米一升、地則ち夏税は絹一分、鹽錢一文なるのみ。(8)

とあり、宋代もその制度を受け継いで田地を肥瘠に応じて四等に区分し、地は夏税のみ徴収し、田は夏税と秋租を徴収したとする。また『越中金石志』巻四、「嵊縣學田記」（紹興五年［一一三五］十月）には、学田として買い上げた田地の両税について記録があり、まとめてみると、

水田一百二畝三角二十一歩

桑地四片・山地三片・演（園）地一片・舍基三・雜地一・草茨地一

夏秋二税絹二疋三丈三尺・紬一丈一尺・綿六兩・役錢三貫五百九十五文

秋米、九碩六斗五升

となる。(9) 水田より収穫されるのは秋米であるから、桑地・山地・園地・舍基・雜地・草茨地が夏税対象地であったことがわかる。これら耕作地の地目について韓元吉『南澗甲乙稿』巻九、論田畝敷和買狀によると、

經界に縁り起税し各おの等則有り、田畝を以て之を論ずれば、水田有り、平田有り、高田有り、園地を以て之を論ずれば、平桑有り、山桑有り、陸地有り、茶地有り、竹脚有り、柴様有り、一例を以て便ち頃畝を計りて均敷し難し。(10)

とあって、経界法によって定められた等則によると、田畝には水田・平田・高田、園地には平桑・山桑・陸地・茶地・竹脚・柴様の地目を挙げている。

以上によって、夏秋あわせた両税が耕作地等、農作物を生産する田土を基礎として賦課されていたことがわかる。したがって城郭に住む坊郭戸であっても、「田」「地」等の課税対象の田土を所有していれば両税は賦課されるのであり、その田土が郷村にあるか坊郭にあるかは問題とされないのである。宋代でもまだ城郭都市内部に、郷村と同様、耕作地が残る都市も多かった(11)。それら都市内部に耕作地が存在し、それが検田等によって両税を賦課する「田」「地」「園」等の「税地」と認定されれば、その所有者に対して両税は掛かるのである(12)。

募役法が施行されて後のこととして、元祐元年（一〇八六）四月の殿中侍御史呂陶の上言に、

伏して見るに成都府・梓州路は、自來只だ人戸の田産・税錢上に於いて、等第に依りて差役す。熙寧の初め行役法を施し、別に坊郭十等人戸を定め、營運錢を出だし、以て免役の費を助く。蓋し朝廷の意、本と人戸に專ら營運有りて產税無し、或いは產税有りて兼ねて營運有るが爲に、故に坊郭の營運有るの家を推排し、仍お田產・税錢の外に於いて、別に營運錢數を承認せしめ、以て税戸を助く、誠に均法と爲す(13)。

とあり、成都府・梓州路では差役法時代には田産・税銭基準で等第に賦課していたが、募役法によって、坊郭十等戸に営運銭（助役銭）を出させた。それは坊郭戸に営運があって産税（田産・税銭）なく、産税がありつつ営運がある者がいたので、坊郭戸で営運する家については、田産・税銭とはべつに営運銭数にしたがって助役銭を出させたという。これによれば、坊郭戸には商業資産を有し税地を有さない者や、商業資産を有しかつ税地を有する者がいたことがわかる。

なお『景定嚴州續志』巻二、税賦に、

建德縣民產官產の均税せざる者外に在り

坊郭基地丈を以て計るに三萬三千八百六十四を得、田畝を以て計るに十三萬一千六百三十五を得。

山若しくは桑牧の地畝を以て計るに五十四萬五千二百九十七を得石巖・雲霧地の均税せざる者外に在り。

物力
坊郭基地、三等を以て均敷し、計るに物力三萬一千一百七十二貫有奇。
田山桑牧の地、等を爲すに一ならず、計るに物力七十七萬四百四十八貫有奇。
總て計るに八十萬一千六百二十貫有奇。

民戸の入納に產税有り、和預買有り、悉く絹を輸す。蓋し產税の外、別に和預買を敷し、名色淆紊し、起敷猝煩し、小民曉る能わざるに至る。……今產税・和買の絹を合して一と爲し、物力四十一貫二百毎に、均しく絹一疋を敷す、卽ち一貫三十文ごとに一尺を敷す、坦然明甚なり、合して之を計れば、正に元額一萬九千一十疋の數に足る。(14)

とあって、この史料をもって坊郭基地にも両税（産税）が課されたと解釈する説もあるが、本史料は建徳県において産税と和買がともに絹で納められているので、便宜を図って坊郭基地・田山桑牧の地をすべて物力（銭立て）で算出し、それらを合算して物力四一・二貫ごとに絹一疋を賦課する独特の方式を伝えたものである。むしろ坊郭基地の物力算出については、和買絹に重きが置かれているように思われるが、少なくともこの史料に依って、坊郭基地に両税が課されたと言うには、慎重であるべきであろう。

また坊郭戸が城外の郷村に土地を所有する場合もあり、当然ながらその坊郭戸に対して両税は課された。

（紹興十二年［一一四二］十月四日）戸部看詳するに、郷村戸、數郷皆な物力合に烟爨に歸すべき處有るの外、其れ坊郭及び別縣の戸、物力數郷に在ること有れば、并びに各おの縣分に隨いて併せて一郷の物力最高なる處に歸し、理めて等第を爲して差遣せしめ、仍お各おの人を募りて役に充つるを許す。(15)

この史料は役に関して、坊郭戸で物力が数郷に亙る者については、県分に随って物力の最も多い郷村に纏めてランク付けすることを言うが、坊郭戸が郷村数カ所に資産を有する事例のあることを伝えている。さらに、

（紹興三年［一一三三］正月五日）知岳州范寅敷言えらく、本州の農民、自來兼ねて商旅を作し、太平（半？）外に在り、榜を出だし

て招召し、務めて疾速に歸業せしめんと欲す、如し貪戀して商を作し、肯えて回歸せざれば、其の田權に人の請射を許すと。……是において戶部言えらく、商人の田產、身外に在ると雖も、家に承管有り、見今二稅を輸送するに、人の請射を許し難し、如し因りて客と作り、田產を抛棄すれば、卽ち乞う所に依りて施行せよと。之に從う。(16)

とあって、岳州の農民であった者が商人となって別の地で商業を営んでいたが、もともと所有してあった田産については両税を納入しており、別人の請射を許可し得ないことを伝える。これによると、商人としてほとんど別の地で居住していても、郷村に所有する田産に対して両税を納めていることがわかる。

このように、坊郭戸であっても、所有する田土が郷村・坊郭にかかわりなく、両税の賦課される税地と認定されれば、両税は賦課されたのである。『慶元條法事類』賦役門・違欠税租に引く賦役令に、

諸そ坊郭戶の稅租、手力を差わして催納せしむ。如し末限に入りて欠有れば、卽ち所屬の官司に申せよ。(17)

とあって、坊郭戸の税租については手力が徴収に当たることとされている。また同賦役門・閣免租税に引く戸令に、

諸そ稅租戶の逃亡、州縣各おの籍を置き、鄕村・坊郭戶名・事由・年月・田產頃畝・應に輸すべき官物數を開具し、歸請の日を俟ちて銷注せよ。(18)

とあって、税租戸が逃亡すれば、州県は簿籍に郷村・坊郭戸名・事由・年月・田産頃畝・応輸官物を記すこととされている。これによっても、坊郭戸に田産を所有していた場合を想定できるだろう。

以上から、両税法上においては、坊郭および坊郭戸固有の賦課規定はなく、あくまで税地を所有する人戸に対して、郷村戸・坊郭戸の区別なく両税は賦課されるのである。よって、はじめに掲げた『開慶四明續志』巻七、楼店務地条の王土の区分に坊郭・郷村の区別がないのは、両税法上において妥当なのである。

耕作地ではない坊郭基地に対する両税賦課は、明代万暦八年（一五八〇）に張居正の指令によって行われた丈量を嚆矢とすると思われる。『萬曆休寧縣志』巻三、食貨志・公賦には、休寧県が万暦九年（一五八一）に行った丈量後の槩県等則起税を載せて、(19)

共丈田三千五百九十六頃九十七畝一分二厘五毫

城中等正地歸田税
一等正地一千二百七十二歩（毎畝三十歩計税四十二畝四分）
二等正地二千八百三十二歩（毎畝四十歩計税七十畝八分）
三等正地一千八百三十五歩（毎畝五十歩計税三十六畝七分）
四等正地五百七十三歩（毎畝六十歩計税九畝五分）

とし、休寧県城内の私有坊郭基地（正地）については、「田畝」に換算して両税を課すこととされている。畝当たりの税糧科則は地目「田」と同額で、麦二升一合四勺、米五升三合五勺である。

また『萬曆錢塘縣志』（万暦三十七年刊）田賦に、銭塘県の地目ごとに両税額を載せ、田・地・山・蕩に続けて坊郭基地について、

基地　碑額二十七頃八十八畝四分二釐五毫七絲五忽。册存二十八頃一十七畝七分二釐有奇。萬曆三十三年參查、實在基地二十八頃七十八畝四分一釐六毫有奇（徵基地二十七頃八十三畝六分五釐六毫有奇。毎畝銀八分五釐、米六升六合七勺。　旌功基地一畝二分二釐有奇。毎畝銀一錢二分）。

とあり、坊郭基地の畝ごとに銀八分五釐、米六升六合七勺が課されている。坊郭基地の米の徵科額は地目「田」と同額で、銀が「田」より高くなっている（「田」では銀六分七釐八毫）。よってここに、耕作地でない都市の私有土地に対する両税が、耕作地に換算して賦課されることとなったのである。[20] 耕作地でない都市の土地所有に対する、初めての両税賦課であった。

したがって宋代両税法においては、耕作地でない坊郭基地に対する両税賦課は行われず、両税賦課にあたっては郷村・坊郭を区別せず、検田によって農耕地とみなされた地目に対して行われたと言えるのである。宋代両税法においては、郷村・坊郭の区別がないのが特徴なのであった。

第三節　都市民と職役

次に、坊郭戸における職役と戸等制について見てみよう。太平興国五年（九八〇）二月丙午に京西転運使程能の上言によって、九等戸制とそれに応じた職役賦課が行われた[21]。ところが、地域によっては、坊郭において戸等が設定されていない場合もあった。『宋會要輯稿』食貨一二―二、天禧三年（一〇一九）十二月に、

都官員外郎苗稹と知河南府薛田に命じて同に本府の坊郭居民等（第？）を均定せしむ、戸部尚書馮極の請に従うなり[22]。

とあって、河南府において坊郭戸の戸等を定めるよう命ぜられている。その後、天聖賦役令によって五等戸制に基づく職役賦課が定められ、坊郭戸の上等戸も職役を担った。『續資治通鑑長編』巻一一〇、天聖九年（一〇三一）七月丙辰に、

詔すらく河北諸州は坊郭上等戸を以て衙前軍將・承引・客司に補するを得ることなからしむ。時に上封する者言えらく、河北は多く上戸を差役し、公用の宅庫を掌らしめ、破産する者有るに至ると、故に之を條約す[23]。

とあって、この詔は、河北諸州において、それまで坊郭上等戸が衙前軍将・承引・客司の職役に充てられ公使庫を担当していたが、破産する者がいたために、それを禁ずるものである。ここから坊郭戸の上等戸が衙前軍将・承引・客司の職役を担っていたことがわかる。慶暦三年（一〇四三）四月乙丑には、天下の職役が不均等であるとして、郷村や坊郭において職役を均等に課すよう詔が出ている（『續資治通鑑長編』巻一四〇）。また散従官は税戸あるいは坊郭戸の中で、行いの良い者が差充された（『淳熙三山志』巻十三）。

坊郭戸の戸等制は天聖賦役令によって五等区分とされ、当初は維持された。富弼が京東路安撫使・知青州時代（慶暦七年［一〇四七］五月壬午―皇祐元年［一〇四九］二月辛未）に、慶暦八年（一〇四八）六月癸酉に起こった黄河決壊に対する対策では、富弼は水害を受けた人民を管区内の坊郭・郷村で受け入れ、空き部屋を提供するよう指示を出している。

當司訪聞するに、青・淄・登・濰・莱五州の地分、甚だ河北災傷し、人民を流移し、逐熟過來すること有り。其の郷村縣鎭の人戶、房屋を那趲して安泊せず、多く是れ暴露し、並びに居止する無し。目下漸く冬寒に向い、竊かに慮るに老少の人口、別に飢凍死損

し、甚だ和氣を損うを致す。須らく別に下項を擘畫するを行うを議すべし。
一、州縣の坊郭等人戸、房屋人有りと雖も、見に是れ出賃して人戸と居住するに緣り、空閑の屋室を得難し。今逐等に合に房屋を那趲すべき間數後の如し。
第一等、五間。第二等、三間。第三等、兩間。第四等・五等、一間。
一、鄉村人戸、甚だ空閑の房屋有り、小や屋す可きを得易し。今逐等に合に那趲すべき間數後の如し。
第一等、七間。第二等、五間。第三等、三間。第四等・五等、兩間。(24)

これによると、京東路の坊郭戸では、他の人戸に賃貸しているからとして、鄉村よりも少なく第一等は五間・第二等は三間・第三等は二間・第四・五等は一間を提供するように指示されている。また後文に、

若し下等の人戸委的に貧虛にして、別に房屋の那應する無きこと有れば、一例に施行するを得ず。(25)

とあって、下等戸で貧しく、貸し出す部屋がない場合には免除された。

また、韓琦が知定州時代（慶曆八年［一〇四八］四月―皇祐五年［一〇五三］正月）に、その治績をたたえて、

其八。皇祐の初め、三司絹を出だすこと數十萬、穀粟を收市し、轉運司人戸に均配し、見錢を變納するに、限甚だ促なり。公軍儲乏しからざるを以て、滿歳して方めて輸官し、仍お坊郭第四第・五等戸に配するを免じ、鄉村亦も斛斗を以て折納するを聽さんことを請う。是に於いて人力舒緩す。

……其十。北京商胡口を修塞し、三司坊郭縣鎭五等戸を勸誘して捐草せしめ、第一等は二十五萬束、二等以下は五萬を遞減す。公本州の民力厚からざるを以て、復た澶州に至るに地遠く、若し此れ北京と同等に出草すれば、必ず家業を破蕩せらる、累奏して免るるを得。(26)

とある。皇祐の初め（一〇四九年頃）、三司が絹数十万を出だして穀粟を購入するにあたって、転運司が人戸に均配して現銭で納入させようとしたが、韓琦は坊郭第四・第五等戸については免除した。また慶曆八年（一〇四八）六月癸酉に商胡口が決壊すると、三司は坊郭県鎮の全五等戸に草を出させようとしたが、韓琦は定州の民力が貧しいことをもって免除を願い出ていた。これらによって慶曆・皇

祐年間に、京東路や定州などでは坊郭においては五等戸制が行われていた。

しかしながら、それに先立つ慶暦四年（一〇四四）四月己亥に河東路に赴いた欧陽脩による「河東奉使奏草」（『文忠集』巻一一六）によると、

徃時因りて臣寮の起請の爲に、天下州縣の城郭人戶を將て分かちて十等の差科を爲す。(27)

とあって、慶暦四年以前に臣寮の起請によって、天下の州県坊郭戸が十等戸に区分されて差科を課されることとなっていた。そして、それにしたがって河東路では十等戸制が施行されていたが、十等の区分は各州によって区々であった。続きに、

定戶の時に當りて、其の官吏の能否に繫る。只だ差配に堪任する人戶を將て定めて十等を爲す者有り、城邑の民貧窮孤老を問わざるを將て盡く十等に充つる者有り、只だ主戶を將て十等を爲す者有り、客戶を幷わせて亦た十等を定むる者有り。(28)

とあり、戸等を決定する定戸にあたり、差配に耐えうる人戸を十等区分する場合もあり、また貧窮孤老を問わず加えて十等に区分する場合もあり、また主戸を十等に区分する場合、客戸を入れて十等区分する場合もあった。ちなみに比較的貧しい遼州や嵐・憲等州・岢嵐・寧化等軍などでは、客戸や売水・売柴・孤老・婦人・自存できない者などが十等戸に加えられ、比較的大きな幷州では、客戸は戸等に加えられていなかった。これは、大都市であれば差科に耐えうる坊郭戸が多く、客戸を戸等に加える必要がなかったのに対して、地方の小都市ではそもそも坊郭戸数が少ないために、客戸や弱小・零細民等をも加えざるを得なかったのであろう。

このように、河東路では慶暦四年段階で坊郭十等戸制が施行されていたが、先の京東路や定州などでは慶暦・皇祐年間においてもまだ五等戸制が施行されていたと思われる。よって、十等戸制の施行もかなりの地域偏差を伴っていたと考えられる。

坊郭十等戸制の全国展開は、熙寧四年（一〇七一）十月の募役法施行によって確かなものとなった。『續資治通鑑長編』巻二二七、熙寧四年十月壬子朔注に引く『兩朝國史』「食貨志」によると、募役法はまず、熙寧二年（一〇六九）十二月に条例司の上言によって、募役法の条約が天下に通達され、施行の是非が諸路において審議された。つまり天下諸路において、それまで衙前を担う者に買撲を許可し優遇していたが、それを官の自売に変えて、収益分を雇役銭とし、また、

凡そ坊郭戶及び未成丁・單丁・女戶・寺觀・品官の家に產業物力有る者、舊と役無し、今當に錢を出だし以て募人應役を助せしむ

べし。[29]

として、坊郭戸および未成丁・単丁・女戸・寺観・品官之家で産業物力のある者で、もともと役の課されなかった場合は、役銭を徴収すること等の内容であった。しかし諸路州県で審議したその返事がこなかったので、司農寺はまず一・二の州で施行し、成功すれば諸州において施行することを上言した。そこで、提点府界公事趙子幾が府界の事例を上奏し、その内容が司農寺に下され審議された。そして判司農寺の鄧綰と曽布が上言して、

畿内の郷戸、産業若しくは家貲の貧富を計り、上戸は甲乙五等、中戸は上中下の三等、下戸は二等、坊郭は十等に分け、歳分夏秋に等に随いて銭を輸す。郷戸は四等より、坊郭は六等より以下、輸す勿れ。産業両縣に有る者は、上等は各おの縣に随い、中等は一縣に并せて輸す。析居する者は、析する所に随う。若し官戸・女戸・寺觀・未成丁なれば減半す。三等以上の税戸を募りて役に代え、役の重輕に随いて祿を制し、祿に日を計ること有り、月を計ること有り、事を計ること有りて給す。[30]

とした。畿内の郷戸は上戸（第一等戸）を五等に区分し、中戸（第二等・三等戸）を三等に区分し、下戸（第四等・五等戸）を二等に区分し、[31]坊郭十等戸とあわせて、毎年夏秋に等第にしたがって役銭を納入することとし、郷戸は四等より以下、坊郭戸は六等より以下の役銭を免除する。資産が二県にある場合、上等戸は県ごとに、中等戸は一県にまとめて役銭を納入する。別居する場合は、それぞれに納入する。もし官戸・女戸・寺観・未成丁の戸の場合は半額を減ずる。三等戸以上の税戸を募集し、役の軽重に随って俸給を支給し、俸給については日・月・仕事量を図って支給する、というものであった。そしてこの法が施行されるや、差役された者は歓呼し、開封府で成果をえたので、熙寧四年十月に天下に施行されることとなった。ただし天下に施行されるにあたって、

仍お逐處に随い、均敷して第三或いは第四等に至り、足らざれば、敷して第五等に至るを聽す。（坊郭、自ら逐處の等第に随いて均定す）即し貧乏にして輸すべき無き者は敷する勿れ。[32]

とあるように、役銭は郷村戸では第三等か第四等まで課し、不足するようであれば第五等まで及び、坊郭戸については地域の情況に応じて賦課することとされた。その賦課については、地域の実情に見合った基準で行われた。以下は著名な史料だが、坊郭戸についてだけ見ておくと、

京東東路……坊郭以人戸家業貫百・田土折畝敷出。
京西南路……坊郭戸依科配役例敷出。
京東西路……坊郭人戸、家業貫百・田土折畝敷出。
兩浙路　……以家產貫石百分七十五則出錢。
秦鳳等路……其坊郭以家業均出。
淮南西路……坊郭亦以家業紐貫百、等第均定。
荊湖南路……坊郭以家業均出。
荊湖北路……以人戸逐等物力均出。
江南東路……坊郭以家業錢數均出。
江南西路……其坊郭以活〔家?〕業錢出定。
廣南東路……坊郭以物力均出。
廣南西路……坊郭以等第物力均出。
福建路　……坊郭以物力・房店錢數均出。
河東路　……其坊郭以物力出錢。
河北東路……坊郭亦依等第均出。
河北西路……坊郭以等第均出。
永興軍等路……其坊郭人戸紐計家業貫百均定。
夔州路　……坊郭以人戸物力・田段・房店價値、每貫上定出。
利州路　……坊郭以家業出錢。
梓州路　……梓・遂州、坊郭并用丁產簿等第均出。鄉村、果・普州以稅錢、榮州以歲收租課、戎州以稅色輕重、管〔衍?〕・渠州以税銭沿估銭、廣安軍岳池・新明両縣以税銭沿紐銭、渠江縣分五等均出、富順監・合・昌軍［州？］以種子、懐安軍以税銭水夫、資・瀘州以田地・家産銭。坊郭幷以家業。
成都府路……其坊郭以物力出銭。（『永樂大典』に引く『中書備對』）

と、家業貫百・田土・物力・房店価値・科配役例等さまざまな基準に従った。ただし、梓州路では丁産等第簿を用いて役銭を課している。

これ以後も、郷村・坊郭戸の家業・田土・物力などを基準として、産業簿（また丁産等第簿）[33]は作成された。たとえば紹興十二年（一一四二）七月十八日には、

戸部言えらく、州縣人戸の産業簿、法に依り三年に一たび造り、坊郭は十等、郷村は五等、農隙時を以て、當官供通し、自ら相い推排し、舊簿と對して陞降を批注す。今諸路州縣に行下して、平江府等の處已に降せし指揮に依り、西北流寓の人、合當に造簿すべき年分を候ちて、推排施行せんことを乞わんと欲すと。之に従う[34]。

とあって、坊郭十等戸の産業簿が郷村五等戸とともに三年に一度更新されることが確認されている。同様の記事は紹興三十一年（一一六一）二月二十七日の戸部の上言にも見える（『宋會要輯稿』食貨一四―三六）。南宋期においても坊郭戸の戸等制は施行され続けた。それは、免役銭徴収に利用されただけではなく、和買[35]や科率[36]の賦課基準としても利用された。

以上見てきたように、宋代役法上において坊郭戸は十等戸（当初は五等戸）に区分され、差役・免役銭・和買・科率等を課された。ここで問題としたいことは、先に見た両税法とは異なり、主には役法上において坊郭戸は郷村戸とに区分され、それぞれに簿籍が区別されて作成されていたことである。また郷村戸では五等だが、坊郭戸では十等に区分されていた（おそらくより緻密に都市民の資産を区分するためであろう）。

はじめに引用した『開慶四明續志』巻七、楼店務地条では、税地に「有和買・役銭」「有科敷・差役」とするが、正確にはこれらは人戸のさまざまな資産に準拠して賦課されるのであり、幾分精度を欠く記述である。役銭賦課基準に、耕作地が用いられる場合には、税地に役銭ありとすることは問題ない（先に引用した「嵊縣學田記」を参照）。しかし、とりわけ坊郭戸で営運物力・浮財物力・家業銭な

どを基準とする場合には、必ずしも所有地に準拠して賦課されない。都市内に所有する耕作地でない土地が物力として換算されれば、「有和買・役錢」「有科敷・差役」との表現は妥当性を持つのである。ただし、和買・役銭・科敷・差役は坊郭戸・郷村戸の区別なく賦課されるので、その意味では上記の史料上で両者の区分を設けないことはよいが、これまで論じたように、その賦課にあたって郷村戸と坊郭戸とを区分して、それぞれの戸等に応じて賦課していることを重視したい。郷村戸・坊郭戸という区分を設けて労役をそれぞれに賦課（募役法では銭納化）することは、宋代になって初めて行われたのである。

裏返して言えば、坊郭戸なる存在は役法上においてのみ規定されるのであり、それに付随して和買・科率は課された。そしてこうした坊郭戸の規定そのものは、唐宋変革期において、宋朝専制国家が〝初めて〟郷村民と区別して、役法上において都市民を捕捉し規定するという、画期性を意味しているのである。

第四節　宋代都市の固有税の一――楼店務銭

王土を二分した場合のもう一つの土地、楼店務地について見ておこう。

まず、宋代都市の固有税として「屋税」「地税」がこれまでの研究では挙げられてきたが、それらについては熊本崇氏が以下のように明らかにした。「屋税」は旧五代の華北領域に限定して施行され、坊郭戸に対する「沿納」諸色名目雑銭の一つであり、南宋期にはほとんど史料上から見えなくなる。また「地税」は坊郭のみではなく郷村と一律に賦課される「地」の税であって、両税の枠内で扱われながら、様々な内容を持つ「税地」よりする税賦を指す場合、また官有地等の賃貸料があるいは「地税」と呼ばれる場合があった[37]。

また都市的な課税として下行収買（和買・科率・祇応・行役等）というものもある。宮澤知之氏によると、下行収買とは、官府ないし地方官の必要とする物品を、関係の官庁・地方官が雑買務を通してまたは直接に該当の行に割り当て、正当な対価を支払って調達することをいう。和買の一形態であり、割当の側面が強調されると科率、対価が正当に支払われないことを強調すると祇応、対価の不払い

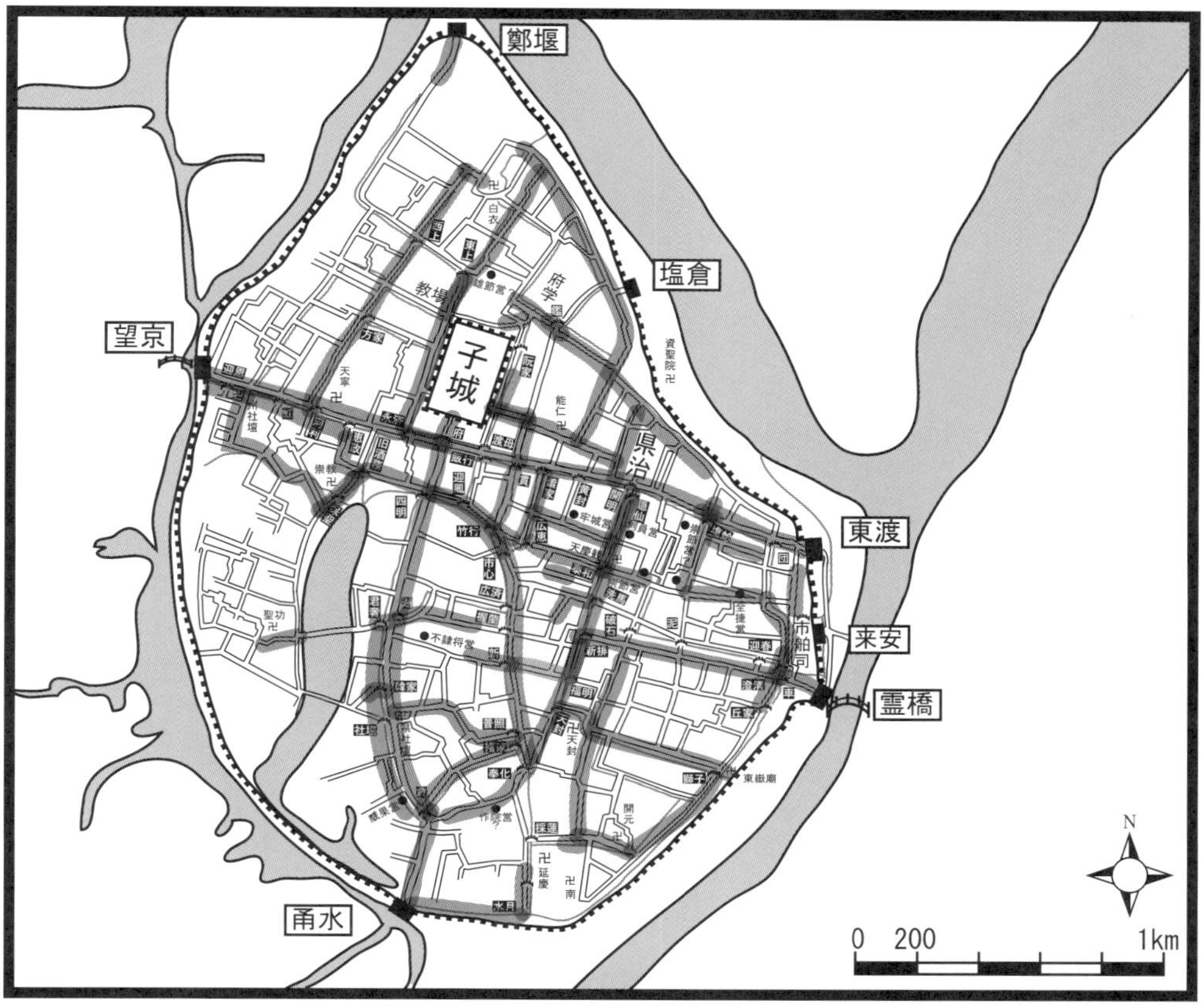

楼店務地図

が当然のこととして表現されると行役等と呼ばれることとなる。行とは、官府が主には坊郭の資力ある商工業者を結成して管理する組織であり、行籍につけられた行戸によって構成された(38)。

ここでとりあげる楼店務銭とは、坊郭内官有地（楼店務地）・家屋を借貸して得た賃貸料を言う。楼店務とは、宋初から見られる場務であり、坊郭内の官有家屋・倉庫・土地等の管理・賃貸を主要な職掌としていた。楼店務の管理する坊郭内官有地を楼店務地といったが、それらは民有地を強制的に徴発・買上げしたり、逃絶戸の没官田宅を官有地化したり、自己の田宅を抵当に入れて返済不能となって没官するなどによって集積されていった(39)。

楼店務地の一例として、南宋の紹興経界法によって設定された明州城の楼店務地三等九則を、第一章に従いながら以下に紹介しておこう(40)。

この紹興経界法による明州楼店務地は、二万九千九百三十丈二尺五寸に及んだ。東渡門より望京門に至る街路（とりわけ鄞県治前から東渡門までを市廊と呼んだ）、子城より南に延びて甬水門に至る街路、また県治より南にくだって倉橋に至る街路、四明橋から奉化橋に至る街路など、明州城の主要な街路が楼店務地となっている。

ところが、

寶祐六年十二月、郡に告ぐる者有り、以爲えらく本府の樓店務地、自來有官司の地段を租賃し、全く官錢を納めず、而して私かに以て人に轉賃し、賃錢を白收する者有り。止だ些少の賃錢を納めて影射する者有り。十餘丈地にして歳ごとに官錢を納むるに能く十數文ならざる者有り。要鬧の地三數十丈に坐據して分文納めざる者有り。甍を連ねて棟を接し、巷を跨ぎて里に渉り、號して府第の地と爲して敢えて過ぎて問わざる者有りと。(41)

とあって、宝祐六年（一二五八）十二月に郡に上告する者によると、楼店務地を借りていても借賃を納めず、ひそかに他人に又貸しして賃銭を得ている者や、わずかな賃銭だけを納めて影射する者、十余丈あまりを借りながら年間に十数文も納めることのできない者、繁華な地二、三十丈を占めながら賃銭を納めない者、甍や軒を連ねて街路を跨り、府第の地と号しても問われもしない者がいたという（後文ではこれらの者を「形勢之家」と称す）。これらは楼店務銭を支払わない形勢の家が多く、その徴収額が減少していたことを伝えている。

徴収額の減少は、不当な都市民によるだけではなく、

遂に□監樓店務吏、自來の納錢底籍及び所管の等則を取索するに、並びに稽攷する無く、已むを得ず諸廂に行下して抄具せしむ。(42)

とあって、楼店務地の納銭底籍や所管の等則が調べようもなくなっており、楼店務地が管理できず、紹興経界法時に比べて、一万三千二百十七丈一尺二寸九分六釐を欠くというから、その半数が帳簿より漏れ落ちていたことになる。

こうした事態は百年に亙って進行しており、宝慶年間における楼店務銭はわずか約二千貫ばかりであった（『寶慶四明志』巻六）。そこで開慶年間（一二五九）に明州を治めた呉潜は、それまでの城内だけでなく、城外に広がりつつあった土地（甬東廂・府西廂）も含めて楼店務地の計測をおこなった（右表を参照）。

表

	総地	年納官銭（十八界）	
東南廂	3053.566	1904.685	0.624貫／丈
東北廂	6180.463	3978.393	0.644貫／丈
西南廂	3727.973	2522.899	0.677貫／丈
西北廂	3751.1184	2262.880	0.603貫／丈
府西廂	2665.423	1055.954	0.396貫／丈
甬東廂	5086.058	2014.100	0.396貫／丈
総　数	24,464.6014	13,738.911	

紹興経界法時には及ばないものの、近似する楼店務地数を得、その年収の官銭は一万三千七百三十八貫九百十一文十八界に及んだ（『開慶四明續志』巻七、楼店務地）。ちなみに、北宋中期（大中祥符五年［一〇一二］—天聖三年［一〇二五］）における開封府の店宅務（楼店務）の課利額は、約十四万貫である（『宋會要輯稿』食貨五五—五）。南宋初期の臨安では歳額三十万緡余り（『宋史』巻四〇四、張運伝）、また蘇州の場合では五万四千二百貫余り（『姑蘇志』巻十五）、福州では四千三百三十四貫三百二十八文（『淳熙三山志』巻十七）、汀州の場合は年額六百貫余りであった（『永樂大典』所引『臨汀志』）。大都市であればあるほどその徴収額が比例して多くなっており、大都市では楼店務地の賃貸が多く、またその賃貸家屋に居住する都市民の多さも示している。

また福建漳州の事例だが、

竊かに以えらく州縣二河の居民千百家、前に官路實地に靠り、元と樓店務錢を納む。……樓店務錢、古例に甲頭に委し、催納取足す。今甲頭を用いずと雖も、都監の人吏、月を按じて門に隨い、批曆領去し、失うこと有る者を容す無し(43)。

とあって、楼店務銭の徴収は元は甲頭、のちに都監人吏が、月ごとに各門前にいたって徴収した。開封府店宅務では毎日徴収する場合もあった（『宋會要輯稿』食貨五五—一一、天聖七年六月条）。

こうして徴収された楼店務銭は、開封の店宅務銭の場合には左蔵庫に納められることもあった（『宋會要輯稿』食貨五五—三）が、諸州県の場合には、

（紹興元年［一一三一］五月七日、兩浙轉運副使劉寧止言えらく、諸州縣の樓店務の官房廊及び地基等を賃するの錢、久來漕司に係隷す(44)。

とあるように、転運司の管轄であり、明州においては公使庫に納められた（『寶慶四明志』巻六）。

公使庫とは公使銭を貯蔵する庫である。当初、公使庫は衙前によって担われた。『欒城集』巻三十八、再言役法劄子（元祐元年［一〇八六］五月十六日）に、

祖宗の世、天下の役人、正役勞費を除くの外、上は衙前より、公使廚宅庫の苦有り(45)。

とある。また先に引用した『續資治通鑑長編』巻一一〇、天聖九年（一〇三一）七月丙辰条では、坊郭上戸が担うこととされたが、破産する者が多かった。よって元祐元年（一〇八六）二月六日には、

降す所の指揮、但だ云えらく、諸そ公使庫・設廚・酒庫・茶酒司、並びに将校を差わし勾當せしむと。(46)

とあり、将校に管理させるようになった。

公使銭は、軍隊や官吏の接待、衙門・倉庫の修理、調度品・軍器の修理、治水、祭祀等、主には坊郭内の諸費用に支出された。その財源は、中央政府よりのわずかな交付を基本として、各州でさまざまな方途に依った。官有の閑田隙地を耕作させて得た収入、雑銭、頭子銭、売酒の羨余、坊場銭、菱蕩課利銭、地利銭、柑橘・蓮根の課利、糞銭、香銭、茶塩の回易による収入、贖罪の羊馬、罰銭、死刑囚の衣物、印刷の余紙売却による収入、潤筆料、内出の遺留物、本銭運用による利潤などが挙げられている。(47)また公使庫の必要物資を行戸より徴収する場合もあった（『宋會要輯稿』刑法二―八二、宣和三年六月二十七日条）。

よって、明州でみられたように楼店務銭が公使庫に納められているのも、公使銭財源の一つであったことを示している。また、

知和州富嘉謀言えらく、……公使庫日ごとに房廊・白地賃銭を収むと。(48)

とあるように、和州でも房廊・白地賃銭を公使庫に収めている。ただし房廊・白地賃銭は都市内だけでなく、郷村でも徴収されたから、必ずしも坊郭に限定されないが、坊郭も含まれるであろう。

以上のように、明州等地方都市の坊郭内官有地を租賃して得た楼店務銭は、おもには地方都市内部の諸経費のために、公使庫に収納された。都市固有税とも呼べる楼店務銭が、都市の運営・維持・管理の費用として徴収され使用された。また、下行収買によっても都市運営が維持されていたことにも触れておきたい。こうした都市的課税が、宋代都市を維持する重要な一駒であった。

おわりに――宋代都市民と専制国家

以上、雑駁な考察をまとめると、唐宋変革の一つとして、宋代には都市民が坊郭戸として簿籍上に登録され、郷村戸と区別して専制国家に支配されるようになった。ただし坊郭戸として登録されるのは丁産等第簿（または産業簿）上においてであり、当初は五等、のちには十等区分にしたがって差役が賦課された。募役法施行後は、免役銭賦課に当たって、人丁数をその賦課基準に算入せずに、各地域に応じてさまざまな基準にしたがったが、そこでも坊郭戸の戸等は維持された(49)。南宋期になると、戸等は和買・科率の基準として頻繁に利用されるが、やはり坊郭戸と郷村戸の区別は維持され続けた。坊郭戸という存在は、役法上において出現する。

一方で、両税賦課に当たっては、そもそも両税が税地と認定された耕作地に対して賦課されるのであり、坊郭・郷村の区別はなかった。坊郭戸であっても税地を所有していれば両税は課されるのであり、郷村戸であっても税地を所有していなければ両税は課されないのである。

そうして、ここで主客戸制の問題が立ち上がってくる。すでに明らかなように、主戸とは両税のかかる税産（耕作地）を所有する人戸であり、たとえ耕作地を所有していてもそれが税産（課税田産）と認定されなければ、それは客戸とされた。主客戸の区分は、税産を所有するかどうかに依って本質規定されるのである(50)。とすれば、主客戸の区分は、両税法上において現れることになる。本章の議論と嚙み合わせるならば、坊郭戸の主戸とは、両税の賦課される耕作地（税産）を所有する坊郭戸であり、その客戸とは税産を所有しない坊郭戸ということになる。さきにも引用したが、元祐元年（一〇八六）四月の殿中侍御史呂陶の上言によると、

伏して見るに成都府・梓州路、自來只だ人戸の田産・税錢上に於いて、等第に依りて差役す。熙寧の初め役法を施行し、別に坊郭十等人戸を定め、營運錢を出だし、以て免役の費を助く。蓋し朝廷の意、本と人戸專ら營運有りて產税無し、或いは産税有りて兼ねて營運有るが爲に、故に坊郭營運有るの家を推排し、仍お田産・税錢の外に於いて、別に營運錢數を承認せしめ、以て税戸を助く、誠に均法たり(51)。

とあるが、成都府・梓州路では「有營運而無產稅」の坊郭戸は客戸となり、「有產稅而兼有營運」の坊郭戸は主戸となる。田産・税銭基準では差役負担が不均等であるから、田産・税銭の有無に関係なく営運銭を基準として助役銭を出させ、税戸（主戸）を助けるのは均法であるという。ここでは役銭徴収にあたって、坊郭十等戸に客戸も加え、その対象としていたとみられる。また先に引用した欧陽脩の史料によれば、比較的大きな都市では十等戸に客戸は加えず、小さな都市では客戸や売水・売柴・孤老・婦人・自存できない者なども十等戸に加えていた。

また、南宋の嘉定年間（一二〇八—一二二四）における句容県では、山がちで舟運が通じず、坊郭内には貧民戸が多いとして、

凡そ邑の民高下を次第して十等戶と號し、負販の小夫、下は植蔬鬻餅の徒に至ると雖も、稍や能く經營すれば皆な焉に在り。(52)

とあり、負販の小夫や植蔬・鬻餅などの者も十等戸に加えられている。よって、都市の規模に応じて、十等戸に加えられる坊郭戸と、そうでない坊郭に住む戸の比率が、反比例することになる。都市の規模が小さいほど、坊郭に在住する戸すべてが十等戸に区分されるということである。この問題については、さらに議論を詰める必要があると思う。

唐宋変革の特徴のもう一つとして、唐末より宋代にかけて都市的課税が現れるようになった。とくに楼店務地は坊郭内の官有地・家屋を租賃にだす土地であり、その賃貸料（楼店務銭）は公使庫に納められた。公使庫は主には坊郭内の運営・維持・管理の費用として使用される公使銭を貯納する庫であり、楼店務銭もその一端を担っていた。坊郭内で徴収された楼店務銭が、坊郭内で消費されたのである。

このように、宋代専制国家において、坊郭戸は役法上においてのみ規定された。それは当時の役負担が、人戸の資産（種々の物力）を基準としていることと関係すると思われる。坊郭戸においては浮財物力や営運物力、また坊郭基地などを多く保有する者が多く、それらは形勢之家とも称されるように、新たに勃興して来った富裕層がその上層を占めた。しかしながら、彼らが必ずしも税産を所有しているとは限らない。そうした坊郭の形勢之家は郷村の上層戸とおのずから資産体系が相違するであろうし、であるからこそ、郷村五等・坊郭十等というそれぞれの区分を用意する必要があったのであろう。また、唐宋間に成長した貧民・富民併せた都市民の社会に占める地位や役割が大きくなり、都市民の資産体系も複雑・多様化した。役法上における坊郭戸の規定および募役法による多様な賦課基

準は、そうした新興の都市民を効率的に労役に差充する、あるいは銭納させるためであった。

しかし宋代両税法は、坊郭基地に対して賦課されることはなかった。宋代両税が基本的には農作物を生産する耕作地を税産と認定して初めて賦課されたのであって、坊郭基地に対する両税賦課は明末張居正の丈量まで待たねばならない。よって、宋代では私的所有された坊郭基地に対して両税を賦課する手立てがなく、都市民から官有の坊郭基地、つまり楼店務地の租賃銭を徴収するにとどまった。

宋代都市における都市民の税役と、都市固有の税を考察することによって見えてきたのは、専制国家が社会的存在として成長した都市民（貧民も含めて）と都市に対して、不完全ながら〝都市民・都市〟と規定した〝初めて〟の支配の姿なのであった。

注

（1）『開慶四明續志』巻七、楼店務地「今天下州郡王土有二、一曰税地。税地有和買・役錢、有本色・折變、有科敷・差役。一曰樓店務地。並不輸納諸色官物、亦無差科敷役等事、止納一項官地錢而已」。

（2）『唐會要』巻五十八、戸部尚書「如坊郭戸配見錢須多、鄉村戸配見錢須少、即但都配定見錢一州數、任刺史於數內看百姓穩便處置」。

（3）葉夢得『建康集』巻四、建康掩骼記「建康承平時、民之籍于坊郭、以口計者、十七萬有奇、流寓・商販・游手、往來不絕」。

（4）山崎覚士「五等丁産簿の歴史的位相」（『唐宋変革研究通訊』三、二〇一二年三月）。

（5）島居一康「宋代両税の課税基準」、「宋代両税の折納」（『宋代税制史研究』汲古書院、一九九三年）。

（6）『續資治通鑑長編』巻二二四、熙寧四年六月庚申「天下之田、有一畝而税錢數十者、有一畝而税數錢者、有善田而税輕者、有惡田而税重者」。

（7）『淳熙三山志』巻十、版籍類一、墾田「未幾復詔著作佐郎李妥再至、始蠲異時諸雜沿徵物色、更以官私田產、均爲中下兩等定税、中田晦產錢四文四分・米八升、下田晦三文七分・米七升四勺、園晦一十文、丁人輸錢百、總爲夏税錢一萬五千六十三貫二百六文、米一十萬二千五百二十八石四斗六升八合」。

（8）『至順鎭江志』巻六、賦税、丹陽志「田地、毎畝夏税、則有鹽絹羅綿絲兩大小麥、秋租、則有苗米糯米豆布蘆蔆、宋代相仍、失於釐革、然尙視田土之肥瘠、分爲四等、曰上、曰中、曰下、曰不及等。嘗考之、上等中等者、田則夏有綿、秋有米四升五合或五升、地則夏有絲綿大小麥。下等之田、則夏無綿、秋有米四升五合、地則夏無絲綿大小麥也。不及等者、田則夏税無幾、秋米一升、地則夏税絹一分、鹽錢一文而已」。

(9) 周藤吉之「宋代の両税負担――特に毎畝の両税額について――」（『中国土地制度史研究』東京大学出版会、一九五四年）。

(10) 韓元吉『南澗甲乙稿』巻九、論田畝敷和買状「縁經界起税各有等則、以田畝論之、有水田、有平田、有高田、以園地論之、有平桑、有山桑、有陸地、有茶地、有竹脚、有柴様、難以一例便計頃畝均敷」。

(11) 山崎覚士「従蘇軾政治課題及其対策来看北宋杭州」（楊振紅・井上徹編『中日学者論中国古代城市社会』三秦出版社、二〇〇七年）。

(12) のちの史料ではあるが、明代嘉靖三十九年（一五六〇）編纂の『寧波府志』巻十一、物土志、則壌には、寧波城郭内の東安郷・武康郷（東南・東北・西南・西北隅）における民田の税率を「毎畝正米二升六合九勺九抄二撮」とし、以下に続けて義没官田・府学田の税率を掲げている。よって、明代嘉靖年間の時点で、寧波城郭内において「田」と規定された土地が存在し、その土地に対してのみ両税が賦課されていることがわかる。また寧波城における「田」ではない坊郭基地は、のちに本文で見るように、明末の張居正による丈量を経て、「在城蓋地」と呼ばれ、清代康熙年間には畝ごとに「二分四釐九毫」の銀が科された（康熙二十五年［一六八六］刻『康熙鄞縣志』巻四、経政攷三、賦役）。

(13) 『續資治通鑑長編』巻三七六、元祐元年四月「伏見成都府・梓州路、自來只於人戸田産・税錢上、依等第差役。熙寧初施行役法、別定坊郭十等人戸、出營運錢、以助免役之費。蓋朝廷之意、本爲人戸專有營運而無産税、或有産税而兼有營運、故推排坊郭有營運之家、仍於田産・税錢之外、別令承認營運錢數、以助税戸、誠爲均法」。

(14) 『景定嚴州續志』巻二、税賦

「建徳縣民産官産之不均税者在外

坊郭基地以丈計得三萬三千八百六十四、田以畝計得十三萬一千六百三十五。

山若桑牧之地以畝計得五十四萬五千二百九十七石巖・雲霧地之不均税者在外。

物力

坊郭基地、以三等均敷、計物力三萬一千一百七十二貫有奇。

田山桑牧之地、爲等不一、計物力七十七萬四百四十八貫有奇。

總計八十萬一千六百二十貫有奇。

民戸入納有産税、有和預買、悉輸絹。蓋産税之外、別敷和預買、名色淆紊、起敷碎煩、小民至不能曉。……今合産税・和買之絹爲一、每物力四十一貫二百、均敷絹一疋、即一貫三十文敷一尺、坦然明甚、合而計之、正足元額一萬九千一十疋之數」。

(15)『宋會要輯稿』食貨一四─二八、紹興十二年十月四日「戸部看詳、鄕村戸、數鄕皆有物力合歸烟爨處外、其坊郭及別縣戸、有物力在數鄕、幷令各隨縣分併歸一鄕物力最高處、理爲等第差遣、仍各許募人充役」。

(16)『宋會要輯稿』食貨六九─五〇、紹興三年正月五日「知岳州范寅敷言、本州農民、自來兼作商旅、太平（半?）在外、欲出榜招召、務令疾速歸業、如貪戀作商、不肯回歸、其田權許人請射。……于是戸部言、商人田産、身雖在外、家有承管、見今輸送二税、難許人請射、如因作客、拋棄田産、即依所乞施行、從之」。

(17)『慶元條法事類』巻四十七、賦役門、違欠税租所引賦役令「諸坊郭戸税租、差手力催納。如入末限有欠、即申所屬官司」。

(18)『慶元條法事類』巻四十七、賦役門、閣免租税所引戸令「諸税租戸逃亡、州縣各置籍、開具鄕村・坊郭戸名・事由・年月・田産頃畝・應輸官物數、候歸請日銷注」。

(19)本史料については伊藤正彦氏よりご教示いただいた。ここに記して謝意を表す。

(20)この問題について論じる日本の研究は少ない。張居正丈量と坊郭基地、そして両税賦課について今後の研究が俟たれる。

(21)前掲山崎「五等丁産簿の歴史的位相」。

(22)『宋會要輯稿』食貨一二─二、天禧三年十二月「命都官員外郎苗稹與知河南府薛田同均定本府坊郭居民等（第?）、從戸部尚書馮拯之請也」。

(23)『續資治通鑑長編』巻一一〇、天聖九年七月丙辰「詔河北諸州毋得以坊郭上等戸補衙前軍將・承引・客司。時上封者言、河北多差役上戸、使掌公用宅庫、至有破産者、故條約之」。

(24)『救荒活民書』巻三、

「當司訪聞、青淄登濰萊五州地分、甚有河北災傷、流移人民、逐熟過來。其鄕村縣鎭人戸、不那趲房屋安泊、多是暴露、並無居止。目下漸向冬寒、竊慮老少人口、別致飢凍死損、甚損和氣。須議別行擘畫下項。

一、州縣坊郭等人戸、雖有房屋人、縁見是出賃與人戸居住、難得空閑屋室。今逐等合那趲房屋間數如後。

第一等、五間。　第二等、三間。　第三等、兩間。　第四等・五等、一間。

一、鄕村人戸、甚有空閑房屋、易得小可屋。今逐等合那趲間數如後。

第一等、七間。　第二等、五間。　第三等、三間。　第四等・五等、兩間」。

(25)『救荒活民書』巻三「若有下等人戸委的貧虚、別無房屋那應、不得一例施行」。

(26) 民国『定縣志』巻十九、韓魏公治績碑記「其八。皇祐初、三司出絹數十萬、收市穀粟、轉運司均配人戶、變納見錢、限甚促。公以軍儲不乏、請滿歳方輸官、仍免配坊郭第四・第五等戶、鄉村亦聽以斛斗折納。於是人力舒緩。……其十。北京修塞商胡口、三司令勸誘坊郭縣鎮五等戶捐草、第一等二十五萬束、二等以下遞減五萬。公以本州民力不厚、復至澶州地遠、若此與北京同等出草、必見破蕩家業、累奏得免」。

(27) 歐陽脩『文忠集』巻一一六、河東奉使奏草、乞免浮客及下等人戶差科劄子「徃時因爲臣寮起請、將天下州縣城郭人戶分爲十等差科」。

(28) 同右「當定戶之時、繫其官吏能否。有只將堪任差配人戶定爲十等者、有將城邑之民不問貧窮孤老盡充十等者、有只將主戶爲十等者、有幷客戶亦定十等者」。

(29) 『續資治通鑑長編』巻二二七、熙寧四年十月壬子朔注『兩朝國史』食貨志「凡坊郭戶及未成丁・單丁・女戶・寺觀・品官之家有產業物力者、舊無役、今當使出錢以助募人應役」。

(30) 同右「畿內鄉戶、計產業若家貲之貧富、上戶分甲乙五等、中戶上中下三等、下戶二等、坊郭十等、歳分夏秋隨等輸錢。鄉戶自四等、坊郭自六等以下、勿輸。產業兩縣有者、上等各隨縣、中等幷一縣輸。析居者、隨所析。若官戶・女戶・寺觀・未成丁減半。募三等以上稅戶代役、隨役重輕制祿、祿有計日、有計月、有計事而給者」。

(31) 陳傅良『止齋先生文集』巻二十一、「轉對論役法劄子」によると「臣謹按熙寧四年八月十一日、行免役、以鄉村第一等人戶分爲甲乙丙丁戊五等、第二・第三等人戶分爲上中下三等、第四・第五等人戶分上下二等」とある。

(32) 『宋會要輯稿』食貨六五―一二「仍隨逐處、均敷至第三或第四等、不足、聽敷至第五等。(坊郭、自隨逐處等第均定) 卽貧乏而無可輸者勿敷」。

(33) たとえば『續資治通鑑長編』巻二九二、元豊元年(一〇七八)九月甲申に、「中書言、應諸縣造鄉村・坊郭丁產等第簿、並錄副本送州、印縫於州院架閣。從之」とある。『建炎以來繫年要錄』巻二十三、建炎三年五月丁亥にも、池州より平江府まで「戶籍丁產簿」によって隊長を選抜して防江の兵とする詔が出されている。

(34) 『宋會要輯稿』食貨一一―一七、紹興十二年七月十八日「戶部言、州縣人戶產業簿、依法三年一造、坊郭十等、鄉村五等、以農隙時、當官供通、自相推排、對舊簿批注陞降。今欲乞行下諸路州縣、依平江府等處已降指揮、西北流寓之人、候合當造簿年分、推排施行。從之」。

(35) たとえば『宋會要輯稿』食貨七〇―九二「(慶元四年〔一一九八〕十二月四日) 端義條具云、……先來第四・第五等人戶田畝物力錢若干、又浮財物力錢若干、衮搭計物力錢若干、卽科和買一匹、坊郭雖不同、大率亦用此等則科納」など。

(36) 『續資治通鑑長編』巻二二四、熙寧四年(一〇七一)六月「劉摯言、……坊郭十等戶自來已是承應官中配買之物、及饑饉・盜賊・河防・城壘

緩急科率、郡縣賴之」。また先述の韓琦・歐陽脩の史料を参照。
(37) 熊本崇「宋制「城郭之賦」の一検討」（『集刊東洋学』四四、一九八〇年十月）。
(38) 宮澤知之「宋代の商工業者の組織化――行――」（『宋代中国の国家と経済――財政・市場・貨幣』（創文社、一九九八年）。
(39) 梅原郁「宋代都市の税賦」（『東洋史研究』二八―四、一九七〇年三月）。
(40) 図の作成にあたって、場所の比定ができなかった部分もあり、本図に示す楼店務地がすべてではないことを断っておく。また、図上では、等則は勘案されていない。
(41) 『開慶四明續志』巻七、楼店務地「寶祐六年十二月、有告于郡者、以爲本府樓店務地、自來有租賃官司地段、全不納官錢、而私以轉賃於人、白收賃錢者。有止納些少賃錢而影射者。有十餘丈地而歳納官錢不能十數文者。有坐據要鬧之地三數十丈而分文不納者。有連甍接棟、跨巷渉里、號爲府第之地而不敢過而問者」。
(42) 同右「遂□監樓店務吏、取索自來納錢底籍及所管等則、並無稽攷、不得已行下諸廂抄具」。
(43) 陳淳『北溪先生大全集』巻四十五、上胡寺丞論重紐侵河錢「竊以州縣二河居民千百家、前葬官路實地、元納樓店務錢。……樓店務錢、古例委甲頭、催納取足。今雖不用甲頭、而都監人吏、按月隨門、批曆領去、無容有失者」。
(44) 『宋會要輯稿』食貨四九―三七、紹興元年五月七日「兩浙轉運副使劉寧止言、諸州縣樓店務官房廊及賃地基等錢、久來係隸漕司」。
(45) 『欒城集』巻三十八、再言役法劄子「祖宗之世、天下役人、除正役勞費之外、上自衙前、有公使廚宅庫之苦」。
(46) 『欒城集』巻三十七、論差役五事狀、「所降指揮、但云、諸公使庫・設廚・酒庫・茶酒司、並差將校勾當」。
(47) 佐伯富「宋代の公使銭について――地方財政の研究――」（『中国史研究』第二、東洋史研究会、一九七一年）。
(48) 『宋會要輯稿』食貨六二―七三、嘉定五年三月二十八日「知和州富嘉謀言、……公使庫日收房廊・白地賃錢」。
(49) 小倉正昭「募役法の資産対応負担原則の歴史的意義（1）（2）（3）」（『鈴鹿工業高等専門学校紀要』二三―二、二四―一、二五―二、一九九〇―一九九二年）。
(50) 高橋芳郎「宋代主客戸制と戸名――戸籍法上の取扱いを中心に――」（『宋代中国の法制と社会』汲古書院、二〇〇二年）、島居一康「主客戸制と課税対策」（前掲『宋代税制史研究』）。
(51) 『續資治通鑑長編』巻三七六、元祐元年四月「伏見成都府・梓州路、自來只於人戶田產・税錢上、依等第差役。熙寧初施行役法、別定坊郭十等人戸、出營運錢、以助免役之費。蓋朝廷之意、本爲人戸專有營運而無產稅、或有產稅而兼有營運、故推排坊郭有營運之家、仍於田產・稅錢之外、別令承認營運錢數、以助稅戸、誠爲均法」。

（52）『景定建康志』巻四十一、蠲賦雜錄、大卿李公大東「蠲和買榜」「凡邑之民次第高下號十等戸、雖負販小夫、下至植蔬鬻餅之徒、稍能經營皆在焉」。

第八章　唐五代都市における毬場（鞠場）の社会的機能

はじめに

中国都市史における唐宋変革期は、商業革命・都市革命の名で語られる事が多い[1]。たとえば、唐代都市で見られた坊牆制や市制は唐後半期より商業活動の活性化に伴い弛緩し始め[2]、侵街行為や夜市の営業が行われ、また、都市の各地区で商店街が立ち並ぶようになる[3]。まさに商業活動が都市を変革させ、都市は『清明上河圖』に見られるように、活気あふれる商人・庶民の生活の場となったとされる[4]。客商などを相手にする邸店など倉庫・問屋・宿場を兼業する業種の出現や[5]、流通業の整備・拡大によって、都市部に下層労働者や老病など社会的弱者が集中し、そのための養老（「居養院」）・収容施設（「養濟院」）などが新たに設置されるようになった[6]。加えて貧者のための共同墓地「漏澤園」の設置も見られた[7]。

このように、当時の都市で起こった変革は、もっぱら商業や流通に特化して語られることが多い。しかしながら唐後半期以降宋初までは、いわゆる藩鎮体制と称される統治体制が採られた時代である。藩鎮体制を説明することは容易ではないと考えるが、ここでは唐の統治領域を道で分割し、道単位で主に節度使兼観察使を置き、とくに召募制による専業兵士（官健）が、節度使の治府のある州などに常駐した体制であったことを指摘するにとどめる。つまりは、律令体制下では戍辺・宿衛などの兵役が、府兵やあるいは一般諸州府からの農民徴発によって担われるという兵農一致の社会であったのが[8]、中央軍での彍騎・軍鎮下の長征健児制などの導入によって、兵農分離の社会へと開元年間（七一三―七四一）をさかいに移行した[9]。召募による節度使下の軍隊である官健は官によって衣食を給与され、そうした官健を養うための軍費は道財政や中央財政の大半を占めるようになる[10]。こうしてとりわけ節度使のいる都市を始めとする諸都市には、数千人単位の専業兵士が常駐することとなった。

中国都市より見れば、開元年間以降の藩鎮体制によって、それまで存在しなかった専業兵士が突如として都市に滞在することとなる。それまで表立っては編戸農民として租税を納めていた（あるいはそのはずの）者が、むしろ租税を食む存在となったのである。財政上の問題は別として、都市においては、それだけの人間を収容する空間が必要となるであろう。本章で問題とする毬場がその場所に相当すると考える。

毬場は後に見るように、もともとは撃毬を行うための広場（グランド）にすぎなかった、唐後半期以降の社会状況を受けて、撃毬以外の用途に利用された。そこでは、節度使と兵士たちとの関係構築のための特別な空間として、中国都市史上初めて、都市内部に設けられた。よって本章では、唐宋変革期の都市の問題として、従来取り上げられることのなかった広場としての毬場に注目し、唐後半期から五代にかけて、毬場が果たした社会的機能を明らかにしたい。そこでは唐宋間の都市の変革がなにも商業的・流通的側面だけではなく、当時の社会状況を踏まえた上で、ある広場がある政治的・社会的意味を持って出現する様を見るだろう。

第一節　毬場概観

(a)　撃毬について

撃毬（あるいは「撃鞠」「打毬」。以下「撃毬」に統一する）とは、馬に騎乗してマレット（「毬杖」）でボール（「毬・鞠」）を打ち合い、先にゴール（「毬門」）に入れた者が勝利する、いわゆるポロのことである。[11] 撃毬がどこで発祥したのか、ペルシア[12]や吐蕃[13]など諸説あり、定説を見ない。また中国には唐代に伝わったとされ、『資治通鑑』巻一九九、永徽三年（六五二）二月乙卯に、高宗が楼に登って群胡が街中で撃毬するのを見て、撃毬をしたい衝動を抑えて毬を焼き払った、とあるが、『封氏聞見記』巻六[14]、打毬では太宗に作っている。いずれか決め難いが、神龍二年（七〇六）埋葬の章懐太子墓の墓道東壁面には撃毬の場面が描かれ（図1）、中宗となると撃毬の観覧を好み、吐蕃の使者と臨淄王李隆基や駙馬都尉楊慎交などと競技させたりしている（『封氏聞見記』巻六、打毬）。またその玄宗も、先の吐蕃との撃毬対決で勝利し得意となってか、即位後も撃毬を好み（『新唐書』巻二二五上、安禄山）、以後歴代の皇帝の嗜好するところとなった。徳宗は寒食節に将軍たちと内殿で撃毬し（『舊唐書』巻十二、徳宗紀）、穆宗は宦官と撃毬しているさなか、落馬する宦官を見て驚き、歩くこともできない病気となり（『資治通鑑』巻二四二、長慶二年［八二二］十二月）、その次の敬宗は幼く日々撃毬に眩れ、宦官や軍将と撃毬ののち酒に酔い、彼らに暗殺される始末であった（『舊唐書』巻十七上、敬宗紀）。それでも宣宗や僖宗などは撃毬の名手として伝わっている。

図１　撃毬図

宮中での撃毬の流行は、そのまま地方へと波及してゆくこととなった。『封氏聞見記』巻六、打毬に言うように、撃毬は「軍中の常戯」であり、軍事訓練としても利用され、のちに見てゆくように節度使が内地に置かれるようになるにつれて、各都市で撃毬が行われた。永泰元年（七六五）九月に吐蕃が長安を攻め、淮西節度使李忠臣が援軍要請の詔を受けたのは撃毬の最中であったし（『資治通鑑』巻二二三）、同年に剣南節度使郭英乂は放蕩の限りを尽くし、妓女をロバに乗せて撃毬させた（『新唐書』巻一三三、郭英乂）。また成徳節度使李宝臣の弟李宝正が魏博節度使田承嗣の子田維と撃毬中に、突如馬が驚き、誤って田維を死なせてしまった。この事故をきっかけに両鎮の仲が悪くなったという（『資治通鑑』巻二二五、大暦十年［七七五］三月）。撃毬中に事故は付き物で、のちの昭義節度使劉悟ははじめ李師古に従い、その撃毬中に李師古の馬と激突し、あわや斬られるところであったし（『舊唐書』巻一六一、劉悟）、唐末の天復三年（九〇三）十月には、朱全忠の甥朱友倫が撃毬中に落馬して亡くなっている（『資治通鑑』巻二六四）。また五代の呉国二代目の楊渥は撃毬を好み、喪中にもかかわらず昼夜を問わず蠟燭を幾重にも張り巡らせて撃毬に耽り（『資治通鑑』巻二六六、開平元年［九〇七］正月）、前蜀国の王衍も同類であり、錦の幕を囲って撃毬に耽った（『資治通鑑』巻二七一、龍徳元年［九二一］正月）。

このように、唐代の後半期以降、各地に節度使が設置されるに従い、撃毬が全国的に普及していくさまが窺える。撃毬の流行に従い、毬場も各都市に設置されるようになった。以下に毬場について見てゆく。

（b）毬場について

まずは毬場の存在した都市を確認しておこう。図2は史料上から確認される毬場のある諸都市を示している。首都であった長安、副都の洛陽は別として、幽・鎮・青・鄆州など反側の地であった節度使会府（節度使の置かれる都市）をはじめ、成都や広・福・桂州など順地の会府にも見られる。いつごろ節度使のいる州城に置かれるようになったか不明なものが多いが、たとえば福州では、元和八年（八一三）に福建観察使であった裴次元が州城内の西北隅から州治の東百歩の地に移設したとされ（『淳熙三山志』巻十八、兵防）、また敬宗のとき、昭義軍節度使劉従諫は治所を邢州から潞州へと移した際、

従諫即ち軍を山東に徙し、毬場を開き、柳泉を鑿ち、大いに役を興し以て厭す。[15]

とあるように、毬場を新たに開いており、多くは節度使等が置かれたときから都市に設けられたと思われる。稀な例として節度州城でなく、饒州刺史顔標が鄱陽に毬場を新設する場合（『唐摭言』巻十、姚巖傑）もあったが、毬場のほとんどは、節度使によってその治所である州城に建設されていた。

次に、毬場の立地場所については、都市の内部に置かれていた。先の福州の事例からでも窺われるが、鄆州の毬場を例にとると、劉悟が節度使李師道に寝返って首を打ち取るときに、

兵を以て鄆州に趣く。夜に及び、門に至り、示すに師道の追牒を以てし、乃ち入るを得。兵士繼いで進み、毬場に至り、因りて其の内城を圍み、火を以て之を攻め、師道を擒えて其の首を斬り、魏博の軍に送る。[16]

とあって、劉悟軍は鄆州城門を入って毬場に到着し、そして内城を火攻めにして李師道を捕えており、毬場が都市内部にあったことが分かる。おそらく毬場は、都市の外城内の空き地を利用して設置されていたであろう。

その広さは、もともと十数人が撃毬をして馬を馳せるために十分な広闊を必要としたが、たとえば、徳宗朝において様々な武勲を挙げた西平群王李晟の子であった唐随鄧節度使李愬は、父に似て知略に長けた名将であり、蔡州の呉元済を見事に捕らえ功績を挙げた。そのおりに、蔡州に入った李愬は、

（呉）元濟就擒してより、愬一人も戮せず、其の元濟の爲に帳下廚厩の間に執事する者、皆な其の職を復し、之をして疑わざらしむ。乃ち兵を鞠場に屯し以て裴度を待つ。翌日、度至り、愬櫜鞬を具えて度の馬首を候つ。度將に之を避けんとし、愬曰く「此の方上下等威の分を識らざること久し、公因りて以て之を示さんことを請う」と。度宰相の禮を以て愬の迎謁を受け、衆皆な聳觀す(17)。

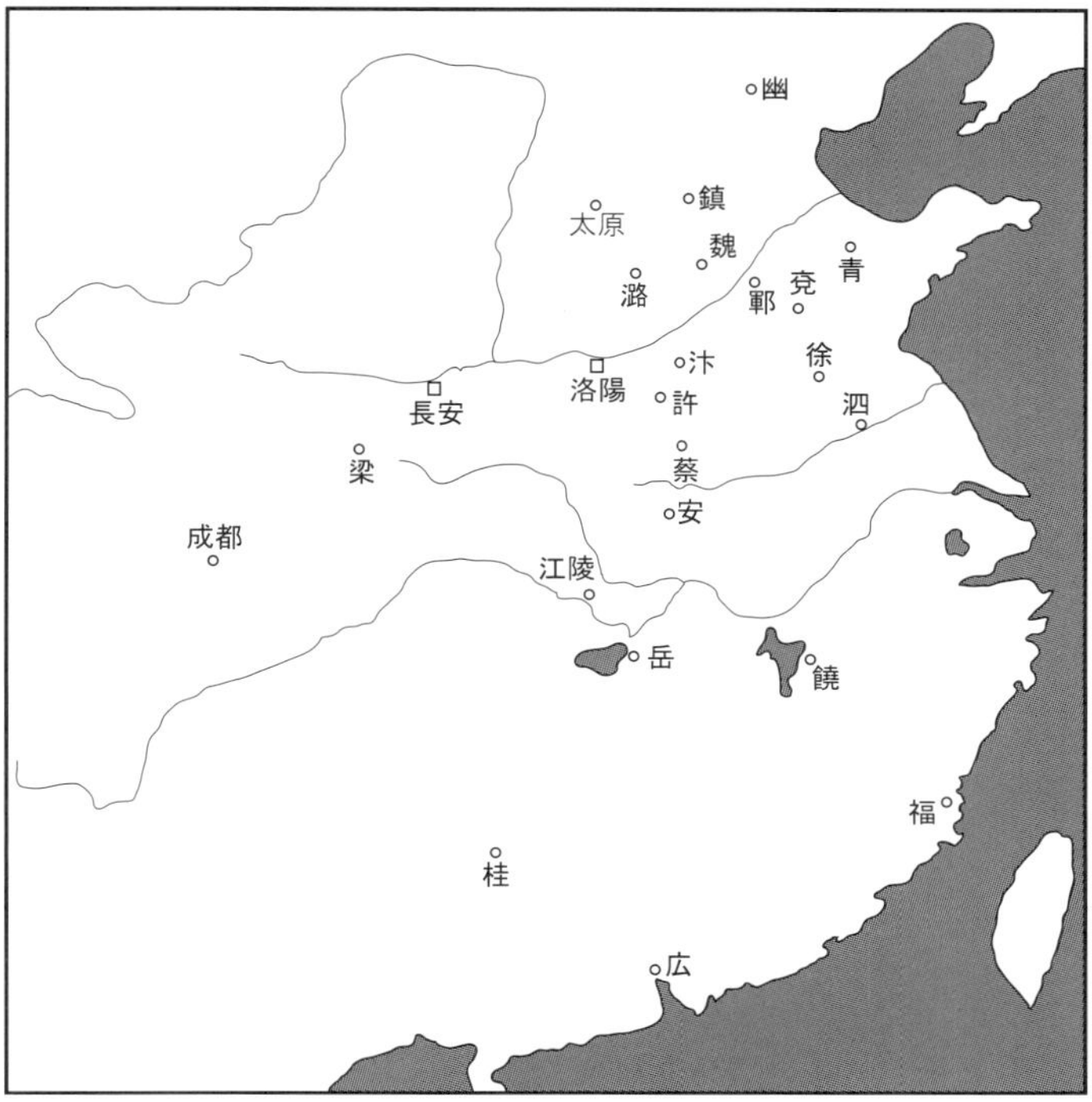

図２　唐代毬場設置都市

とあって、兵を毬場に駐屯させ、淮西を宣諭するため実質的に元帥の任を帯びた宰相裴度が蔡州に到着すると、上下の分を示すために李愬は裴度の馬の手綱を取り、蔡州の人々に見せつけたという。毬場に官軍兵卒が駐屯した様が窺える。

また、龐勛の反乱軍が泗州に至ったとき、

勛銀刀等都の竄匿及び諸もろの亡命を招集し舟中に匿し、衆千人に至る。丁巳、泗州に至る。刺史杜慆之を毬場に饗し、優人致辭す(18)。

とあって、刺史杜慆は毬場に千人を収容して宴会を行っている。またその龐勛も皇帝より慰撫のために派遣された康道偉を毬場で接待し、その折に偽って龐勛に降った盗賊が数千人に上った様を見せつけている（『資治通鑑』巻二五一、咸通九年［八六八］十一月）。そのほか元和十三年（八一八）四月に崔従は鎮州の毬場で三軍を集めて詔を読み上げ（『舊唐書』巻一七七、崔従）、五代後梁の末帝の時、首都汴

図３　毬場図

京で都将の李霸が反乱をおこすと、龍驤四軍都指揮使杜晏球は、騎馬五百を毬場に配備した（『資治通鑑』巻二六九、貞明二年［九一六］四月）。また宋初の李筠は潞州で馬三千匹を養い、毬場で軍事演習を行っていた（『宋史』巻四八四、李筠）。よって毬場は、数千人程度を収容できるグランドであったとみなせる。

長安などの宮中に設けられた毬場は宮殿の殿庭などに設置されており、「親掃毬場如砥平、龍驤驟馬曉光晴。」（楊巨源「觀打毬有作」『全唐詩』巻三三三）と詠われるように平らであったり、また中宗時の駙馬都尉武崇訓と楊慎交は油を垂らすなど贅を凝らして毬場を築いたが（『資治通鑑』巻二〇九、景龍二年［七〇八］七月）、これらは宮中に見られる特殊な例であり、地方都市の毬場は樹木や岩石のあるグランドであったと見られる。著名であるが、唐太子李賢の墓に描かれた撃毬図には樹木や岩石が描かれており（図３）、また洛陽で五代後唐の清泰帝が皇族を巻き込んで自焚するが、そのとき王淑妃と許王従益は毬場に身を潜めて免れたという（『資治通鑑』巻二八〇、天福元年［九三六］閏十一月辛巳）。おそらく木石の陰に隠れたのであろう。

こうした毬場には亭や院が設けられることも多かった。盧龍軍節度使李載義は勅使を毬場後院で接待し（『資治通鑑』巻二四四、太和五年［八三一］正月庚申）、西川節度使路巖は夏の暑い日には毬場の庁中で涼んでいた（『北夢瑣言』巻四）。また先の饒州刺史顔標は「鞠場亭宇」を建設した（『唐摭言』巻十、姚巖傑）。のちに見るように、毬場では宴会が多く行われるが、節度使や勅使など身分の高い者は院・亭に座し、兵卒たちは地べたに筵を敷いて酒を酌み交わしたと思われる。

以上、当時に見られた毬場の特質について確認した。唐後半期より、節度使の置かれる都市では、その内部に数千人収容できる毬場が節度使などによって建設され、あわせて院や亭なども併設された。置かれた都市は反側地や順地に関わりなく、軍隊を保有する節度使の赴任する都市であり、その意味で、唐後半期の藩鎮の登場によってそれまでの都市空間に新たに設けられたグランドなのであった。

ここに唐後半期の地方都市の一特徴を確認することができるが、毬場が新たに都市空間の一要素として登場した事だけが特徴なのではない。毬場の使われ方、その機能にこそ、唐後半期以降の社会状況が反映されている。本来であれば、撃毬で流れた汗が染み込んだ広場（グランド）であるはずが、この毬場空間ではそれ以外の用途で様々に利用され、かつ唐後半期以降においても重要な役目を果たした。以下に毬場が撃毬以外で使用された例と、そこに集合した人々を考察し、毬場のさらなる歴史的意義を見てゆきたい。

第二節　毬場の機能

（a）宴会の場

先に見た淮西節度使李忠臣が吐蕃侵攻による長安への援軍要請の詔を受けたのは諸将たちと撃毬の最中であったが（『資治通鑑』巻二二三）、『新唐書』巻二二四下、李忠臣伝では「方め鞠場に宴し、使者至り、即ち師を整えて引道す」とあり、諸将たちとの撃毬には同時に宴会も行われたと見られる。むしろ毬場は、節度使が兵卒との宴会を行う場としてよく利用された。

大和四年（八三〇）に興元で軍乱がおこった際、山南西道節度使として赴任した温造が乱を鎮めた時の異説として『太平広記』巻一九〇、温造では、

> 他日、毬場中に樂を設け、三軍下士並びに任執弓劒を帯びて之に赴く。遂に長廊の下に於いて就食せしむ。坐筵の前、堦に臨みて南北兩行、長索二條を懸け、軍人をして各おの面前の索上に於いて、其の弓劒を掛けて食せしむ。逡巡して、行酒至り、鼓譟一聲、兩頭齊しく其の索を抨き、則ち弓劒地を去ること三丈餘り。軍人大亂するも、以て其の勇を施す無し。然る後戸を闔じて之を斬り、五千餘人、更に噍類無し。[19]

とあって、毬場での宴会風景を伝えている。宴会では三軍下士など兵卒を集めて、音楽を奏でて飲食が進められた。その毬場では長廊下が備えられ、そこに筵を並べて席が設けられている。温造の策略によって、戸を閉めて兵卒を閉じ込め、五千人余りが斬殺されたという。ここから、この毬場での宴会にまず五千人余りが参加しており、また院やそこから延びる廊下などの建物があり、筵で席が設けられ、さらに宴会では音楽が奏でられ、酒食がふるまわれたことが分かる。

さらに史料は続けて、

其の間有百姓親情に随い及び人に替りて設に赴きて來たる者有りて甚だ多し、並びに玉石一槩なり。(20)

とあって、民衆が毬場に赴いて宴会の会場設営を行っており、同時に殺害されていた。宴会の催される毬場には、節度使や兵卒だけではなくて、会場設営のために民衆も出入りしていたことが分かる。

先に述べた龐勛が泗州に至った際、

刺史杜慆之を毬場に饗し、優人致辭す。(21)

とあって、毬場での宴会に優人などが興を添え、主催者への世辞を述べる場合もあった。

その他、嶺南節度使であった劉崇亀は広州で起こった婦女刺殺事件を解決するため、現場に残された肉切り包丁の持ち主を探し出す一計を案じた。他日大宴会を行うので全ての包丁を持って毬場に参集するようにと屠殺業者に伝え、その包丁を廚房に残させて、翌日こっそりその中の一本と凶器となった包丁とを取り換えて犯人を捜し出したとされる（『太平廣記』巻一七二、劉崇亀）。ここでは恐らく毬場が宴会場となり、そこに屠殺業者が集合する場として描かれている。

また桂州毬場での宴会のおりには、

長慶中、李渤桂管觀察使に除せられ、名儒呉武陵を表して副使と爲す。……又た數日毬場に宴を致し、酒酣す、呉乃ち婦女看棚に聚觀するを聞き、意に甚だ之を耻づ。(22)

とあって、毬場での宴会に、婦女が集まり桟敷を設けて観覧したという。このように毬場宴会には、設営係や芸人、屠殺業者、婦女などの民間人も出入りしていた。

節度使等が毬場宴会などで接待するのは自軍の兵卒だけでなく、桂管観察使であった杜式方は勅使を毬場で接待し（『太平廣記』巻一二二、楽生）、盧龍軍節度使李載義も勅使を毬場後院で接待し（『資治通鑑』巻二四四、太和五年［八三一］正月庚申）、龐勛も慰撫のために派遣された勅使康道偉を毬場で接待した（『資治通鑑』巻二五一、咸通九年［八六八］十一月）。また龐勛軍を慰撫するのに毬場宴会を行ったり（先述の杜慆の事例）、許昌の毬場では節度使薛能が、許昌を経由する徐州兵のために毬場で宿泊させたりした（『資治通鑑』巻二五三、広明元年［八八〇］九月）。兵卒を慰労する場合にはそれなりの広場が必要であるから、広い毬場が利用されたのである。このように、毬場は主に節度使が主催する兵卒のための宴会の場として機能していた。

（b）処刑の場

普通、中国史で犯罪人や盗賊などの処刑場は市で行われたが、[23]唐後半期では毬場が利用される例が見られる。以下に確認しておこう。

長慶元年（八二一）、杜佑の息子杜式方が桂管観察使であったとき、西原山賊が反乱し、招撫のために勅使が中央より派遣された。詔勅を山賊に伝えるために観察使配下の押衙楽某が派遣された。楽某は心義のある儒者であったので、賊の頭目は大いに喜び、楽某のために宴席を設けた。頭目は楽某の佩する刀を欲しがり、楽某は仕方なく小婢二人と交換する。この事を賊より賄賂を受け取ったと誣告する者がいて、冤罪を訴えても中央から来た勅使はますます怒って取りあわなかった。冤罪であることを知りつつも、勅使に従わざるを得なかった杜式方は、せめて楽某のために、その処刑に当って融通をきかせてあげた。処刑の日時が来ると、

式方乃ち州の南門に登り、引出せしめ、之と與に訣別す。樂生沐浴巾櫛し、樓前に拜啓して曰く、……。式方灑泣し、遂に領して毬場内に至らしめ、厚く酒饌を致す。……（所由）其の頭を拉き之を殺し、然る後笞し、笞し畢り、之を外に拽く。[24]

とあって、毬場で処刑が行われた。史料の後文で、桂州城の南門には楽某の死んだ場所があって草が生えないというから、処刑の行われた毬場は南門すぐに位置しただろう。

また、青州で突将馬狼児が鎮兵を率いて反乱したさい、節度使であった薛平は府庫と自らの財物をすべて使って精兵二千を募り、反乱軍を迎え撃って大いに破った。馬狼児をはじめとする首謀者たちは逃れて身を隠し、かれらに従った鎮兵たちは帰順したが、すこし

遅れて帰順した者は毬場で斬された（『舊唐書』巻一二四、薛平）。やはり毬場が処刑の場として利用されている。

次の事例を見ておきたい。昭義軍節度使劉従諫が会昌三年（八四三）四月に病死すると、その甥の劉稹は喪を発せず、自ら留後となり帰朝しなかった。そこで宰相李徳裕は成徳、魏博、河中等の藩鎮軍に劉稹を討伐させた。名将であった河中節度使石雄は潞州に入り昭義軍乱を鎮めたが、その際に、

詔して劉従諫の尸を發し、潞州の市に暴すこと三日。石雄其の尸を取り毬場に置き之を斬剉す。[25]

とあって、詔が下って劉従諫の遺体を潞州の市に三日曝すこととされた。さらに石雄はその遺体を毬場で斬り捨てた。死してなお劉従諫に対するこの二段階の処罰を確認しておくと、潞州の市で遺体を曝すのは、罪人等に対する処罰であり、市に集う市井の民衆に対する見せしめであり、また祝祭でもあった。その後、石雄はわざわざ毬場に遺体を運んで、さらに遺体に対して処刑を行ったのである。毬場では節度使配下の兵卒が集う機会の多かったことはこれまで見てきたとおりである。よって、石雄はこうした毬場での遺体への処罰を兵卒や将校などへの見せしめのために、それら兵卒・将校を集めて行ったのであろう。ここに毬場という空間が、市井の民衆を対象とした処刑や曝し場としての市とは異なり、主には兵卒や将校等を対象とした処刑の場として利用されていたと考える。直前の青州節度使薛平の毬場における処刑も、やはり藩鎮の兵卒への見せしめの意味合いがあったろう。

やはり毬場での処刑が将校・兵卒への見せつけの機能を果たしていた事例として、河東節度使鄭従讜の例を見ておこう。中和元年（八八一）、李克用が長安入りした黄巣を討伐することを理由に兵五万を率いて河東に迫り略奪を働いたが、大雨にあって北へと帰るに際し、鄭従讜は教練使論安等を百井に駐屯させて、李克用に備えた。ところがその論安が勝手に帰還したので、鄭従讜は韡衫も脱がずに論安を斬した（『資治通鑑』巻二五四、中和元年七月）。このことについて『舊唐書』巻一五八、鄭従讜では、

初め論安師を率いて闕に入り、陰地に至り、數百の卒を以て擅に歸す、（鄭）従讜諸部校を集めて之を鞠場に斬す。[26]

とし、毬場に将校を集めて論安を処刑した。軍命に従わない者に対する処罰として、毬場で将校を集めて見せしめとし、軍紀の徹底を図っていた。

以上のように、唐後半期では毬場空間は主に軍紀に背いた兵卒や将校などを処刑して、他の兵卒や将校を集めて見せしめとし、軍紀

粛正をはかる場であり、市井の民衆が処刑を観覧する市と機能を異にしていたことが指摘できよう。処刑の場として以外に、毬場ではやはり将校・兵卒を集めて軍紀粛正や主従関係の確認、また節度使と将校・兵卒との共同意思の形成がはかられた。次に移ろう。

（c）宣言・演説の場

先にも少し触れたが、平盧軍節度使李師道が敗れると、元和十三年（八一八）四月に鎮州の王承宗は帰順の意を示し、憲宗は崔従を宣諭に向かわせた。すなわち、

淄青賊の平らぎ、鎮州の王承宗懼れ、上章して徳・棣二州を割きて自ら贖い、又た二子をして入侍せしめんことを請う。憲宗使臣を選びて宣諭せしめ、従を以て中選す。……童奴十數騎を以て、徑ちに鎮州に至る。鞠場に於いて宣敕し、三軍大集す。從諭すに逆順を以てし、辭情慷慨たり、軍士感動し、承宗泣下し、禮貌益ます恭し、遂に徳・棣の戸口・符印を按じて還る[27]。

また『新唐書』巻一一四、崔従伝には、

軍士を毬場に集めて宣詔し、爲に逆順大節禍福の效を陳べ、音辭暢厲たり、士感動し、承宗自失し、貌愈いよ恭し、泣下に至る、即ち二州の戸口・符印を按じて之を上る[28]。

とあり、崔従は毬場に王承宗をはじめ鎮州の将卒を集め、詔を宣布している。さらに崔従は、兵卒たちを前に順逆の道理を声高に朗々と説き、兵卒たちの心を震わせた。王承宗も我を忘れて涙を流し、恭順な態度を示したという。このように毬場では、節度使をはじめ兵卒を集めて詔を宣言し、また演説を行う場でもあった。

昭義軍留後を自称した劉稹は挙句に都知兵馬使の郭誼の策略によって殺害されたが、その郭誼や諸将は手柄に対する褒美を望んでいた。

（石）雄至り、（郭）誼等麥賀し畢り、敕使張仲清曰く「郭都知の告身來日當に至るべし。諸の高班の告身此に在り、晩牙來りて之を受けよ」と。乃ち河中兵を以て毬場に環らし、晩牙、誼等至り、唱名して引入す、凡そ諸將桀黠の官軍を拒む者、悉く執りて京師に送る[29]。

先にも登場した河中節度使石雄が潞州に到着し、郭誼らの参賀が終わると、勅使であった張仲清は郭誼らへの高官昇進を記した告身を渡すので、夕刻の帰宅時に取りに来るよう述べた。その際、官軍に背いた者を捕らえるために、河中軍を毬場周囲に配置している。つまりこの時には諸将などに対する告身の授与が、毬場で行われようとしていた。

また黄巣が長安を占拠していた中和二年（八八二）十月、平盧軍留後の王敬武は諸道が関中に兵を派遣するなか、ひとり援軍を出さなかった。というのも黄巣の偽命を受けていたためであったが、王鐸は都統判官の張濬を派遣して説得に向かわせた。張濬は王敬武と接見するや叱責し窘めた。そして、

既に宣詔し、軍士兵を按じて黙然たり、濬並びに將佐を召して鞠場に集め之を面諭して曰く「人生忠を效して義を仗け、冀う所は粗や順逆を分ち、利害を懸知す。黄巣前日販鹽の虜なるのみ、公等累葉の天子を捨てて販鹽の白丁に臣たり、何ぞ利害の論ずべけんや。今諸侯勤王し、天下響應す、公等獨り一州に據り、坐して成敗を觀る。賊平ぐるの後、去就何ぞ安ぜんや。若し能く此際難を排して紛を解き、陳師鞠旅して、共に寇盗を誅し、鑾輿を迎奉すれば、則ち富貴功名、指掌して取るべし。吾公輩安を捨てて危に卽くを惜むるなり」と。諸將改容して引過し、敬武に謂いて曰く「諫議の言是なり」と。卽時出軍し、濬に從い京師に入援す。[30]

とあって、詔を宣言した後、張濬は将佐を毬場に集めて、まのあたりに説得した。聞き終えるや将佐たちは態度を改め、王敬武に張濬の言う通りだと意見した。王敬武は即刻出軍し、長安へ援軍に向かったという。

ここでは宣詔が行われた後、張濬がおそらく王敬武も含めて諸将を毬場に集めて面諭している。張濬がわざわざ毬場に集合させたのは、そこに集う諸将たち全員を説得し、彼らの意見を統一させて、王敬武も従わざるを得ない状況を演出させるためであり、事実、王敬武は諸将たちの言う通りとなった。張濬は王敬武を説得させるために、毬場という空間で富貴功名を得ようという共同意識を形成させて、王敬武に従わせたのである。毬場空間が諸将の共同意思形成の場となっていたことが諒解されるだろう。

こうして見れば、時間は遡るが大和五年（八三一）正月に幽州で楊志誠が軍乱を起こしたとき、

時に朝廷（李）載義に徳政碑文を賜う、載義中使を延べて撃鞠し、志誠亦も焉に與り、遂に鞠場に於いて叫呼謀亂し、載義易州に奔す、志誠乃ち本道馬歩都知兵馬使と爲る。[31]

とあって、盧龍軍節度使李載義が勅使と撃毬しているときに、毬場で声を挙げて作乱し、李載義を追い出したのも、単に李載義と勅使が撃毬宴会（『資治通鑑』巻二四四、大和五年〔八三一〕正月庚申「盧龍監軍奏李載義與敕使宴於毬場後院」）をしていたからでなく、毬場における共同意識形成の機能を踏まえたうえでのことであったのではなかろうか。毬場という空間で、主君である李載義を追い出して、自らがリーダーとなって乱を起こし、自分が次なる主君であることを将卒すべてに認知させることに成功したのである。

またたびたび登場する劉悟が平盧軍節度使李師道の首を落としたのち、

卯より午に至り、（劉）悟乃ち兩都虞候に命じて坊市を巡り、掠者を禁じ、即時皆な定む。大いに兵民を毬場に集め、親ら乘馬して巡繞し、之を慰安す。師道に贊ずる逆謀者二十餘家を斬し、文武將吏且つ懼れ且つ喜ぶ(32)。

とあって、都虞候に鄆州市街を巡検させ落ち着かせた後、兵民を毬場に集合させ、劉悟は馬に乗って巡回し慰撫した。これまで見てきたように、毬場には主に将卒が集められ、宴会や処刑、宣言などが行われたが、朝廷に叛旗を翻していた李師道が滅ぼされた後の混乱を収拾するために、劉悟は兵卒や民衆を毬場に一同に集めて騎上で慰撫し、そこに参集した人々に平和が訪れたこと、またこの段階での鄆州城の支配者を見せて回ったのである。兵卒や民衆は毬場において次なる支配者をその目で確認したのである（実際には劉悟は義成軍節度使となる）。

また、劉知遠は武節都指揮使の史弘肇に諸軍を毬場に集めて出軍時期の告示させたところ、

武節都指揮使滎澤の史弘肇に命じて諸軍を毬場に集め、告ぐるに出軍の期を以てす。軍士皆な曰く「今契丹京城を陥れ、天子を執り、天下に主無し。天下を主る者、我王に非ずして誰かならん。宜しく先に位號を正し、然る後出師すべし」と。爭いて萬歲を呼び已まず。知遠曰く「虜勢尙お強し、吾が軍威未だ振わず、當に且く功業を建つべし。士卒何ぞ知らんや」と。左右に命じて之を遏止せしむ(33)。

とし、太原の毬場に参集した軍士たちは劉知遠に皇帝の座に就くことを求め、万歳と叫ぶ声が止まなかったという。劉知遠はこれを制したというが、十日前に契丹主が洛陽に入り、後晉を大遼国と改めており、またこの五日後には劉知遠は太原宮にて即位しているから、挙げた史料のような毬場での軍士たちによる万歳三唱も、劉知遠による毬場での共同意思形成の機能をにらんで、パフォーマンスさせ

たのかもしれない。いずれにしても、劉知遠の即位は毬場での軍士の意志統一があってはじめて成し遂げられたものである。

このように毬場は、主には兵卒や諸将が集められ、宣言や演説、また慰撫などが行われ、その場において主従関係の認知や共同意識の形成がはかられる空間なのであった。

これまで、唐後半期に毬場が諸都市に登場したこと、そして毬場には諸機能があったことを確認してきたが、次なる問題はなぜにそこで宴会や処刑、宣言・演説が行われるようになったのか、そしてそこに参集するのが諸将や兵卒などであったのかである。中国都市空間における毬場の歴史的位置づけを、以下に探りたい。

第三節　毬場の歴史的意義

安史の乱以降、節度使が内地に設置され、その兵員が召募制を採ったことはすでに周知のことである。節度使軍の中核を構成するのは牙内軍等と呼ばれた召募兵であり[34]、かれら兵卒の俸給は官より支給された。よってその兵卒を官健とも呼んだ。

其れ召募して家糧・春冬衣を給う者、之を官健と謂う[35]。

とあるように、家糧・春冬衣が支給されたが、また『大唐六典』巻五、兵部尚書に「天下諸軍有健児」に注して、

開元二十五年、敕して天下に虞無しと爲すを以て宜しく人と休息し、自今已後、諸軍鎮間劇・利害を量り、兵防健兒を置き、諸色征行人内及び客戸中に於いて召募し、丁壯の健兒・長住邊軍に充つるを情愿する者を取り、毎年常例の給賜を加え、兼ねて永年の優復を給い、其の家口同に去るを情願する者、軍州に至るを聽し、各おの田地屋宅を給う[36]。

として、永年の租税免除も受け、かつ家族が同行する場合には家屋まで支給する規定であった。また「諸色征行人の内及び客戸の中に於いて」とあるように、遠征に行った者や客戸の中から専業兵士として官健となることを願う者が選ばれた。ここに言う客戸とは、本貫より移住した税産を保有しない戸を指すが、こうして免税規定のある諸色征行人や課税されない客戸など、本来的には税を払うべき

人々が却って、税を徴収する州などの地方財政からの支出によって、その俸給がまかなわれる事態となった。特に代宗の広徳二年（七六四）以降、逃戸の元の田土に対する占有権が二年の猶予期間（のちに三年から五年）ののちに放棄され、代わって現耕作者の占有が認められるようになり、結果として時期を逃せば逃戸はすでに故郷の土地はなくなってしまい、帰郷したくてもできなくなった。そして帰る場所を失った逃戸は、以後、国家の政策によって不断に生みだされ続けた。(37) こうした逃戸には、やはり別の逃戸田を支給され、租税免除期間を経て租税を担う主戸となる者もいたが、官健となったのち田土を支給される場合もあったであろう。長慶元年（八二一）正月には、

> 應ゆる諸道管内の百姓、或いは水旱兵荒に因り、流離死絶す。見在の桑産、如し近親の承佃無ければ、本道觀察使に委して官健中において、莊田無く人丁有る者を取り、多少に據りて給附し、便ち公験を與え、任じて永業に充て、有力職掌人をして妄りに請射を爲さしむるを得ず。其れ官健は仍お種糧を借し、三年の租稅を放す。(38)

との赦文が出されている。逃亡・死絶者の田土は、その近親者に耕作する者がいない場合、観察使配下の官健のなかから田土を持たない者が、その田土の支給を受け永業としてもよいこととされた。こうして官健は、国家によって生み出され続けた逃戸や流離者たちの行き着く先の一つとなり、また失った土地を別に新たに支給され、主戸へと転じていたことは間違いなかろう。

こうした官健の人数は、全国で見ると、徳宗の建中元年（七八〇）で七十六万八千人余り（『資治通鑑』巻二二六、建中元年）、また憲宗元和二年（八〇七）で八十三万人余り（『舊唐書』巻十四、憲宗紀）、長慶年間（八二一—八二四）には九十九万人（『舊唐書』巻十七下、文宗紀）ほどに上った。各州府では、例えば史思明討伐のため郭子儀が都統となった上元元年（七六〇）の数字（『唐大詔令集』巻五十九、郭子儀都統諸道兵馬収范陽制）によると、渭北に官健一万人（馬軍二千・歩軍八千）、朔方に蕃漢官健八千人（馬軍八百、歩軍七千二百）、鄜坊等州に官健一万人（馬軍千人・歩軍九千人）、寧州に官健一万人（馬軍千人・歩軍九千）、涇原に官健二千人（馬軍五百・歩軍千五百）などとあって、ここには外鎮軍の官健も含むと思われるので、おおむね藩鎮会府下に凡そ数千人、多い場合は一万人程度いたと見られ、先の毬場の収容人数と近似する。

節度使軍を構成するもう一つの兵士として団結兵があるが、こちらは、

土人を差點し、春夏歸農し、秋冬追集し、身糧醬菜を給う者、之を團結と謂う。[39]

とあるように、農民を農閑期に徵集するので、州城に常駐することはなかった。

一方の官健は専業兵士であるから、戦時での出兵以外に、四季を問わず平時での軍事訓練が必要不可欠であった。こうして毬場は、官健等の軍事訓練場として利用された。後梁の朱全忠は即位後も、

興安鞠場の大敎閲に幸して、帝自ら指麾し、踴抃せざる無し、坐して進退を作し、聲宮掖に振るう。[40]

とあって、毬場での軍事演習に自ら指揮を振るったのも、節度使時代の名残であったろうし、また先に紹介した李筠も「筠有馬三千匹、闢鞠場閲習、日夜謀畫爲寇」（『宋史』巻四八四、李筠）と毬場を開いて軍事演習を行っていた。そもそも、『封氏聞見記』に撃毬は「軍中の常戲」と言うように、撃毬そのものが馬術訓練と娯楽を合わせたものであったから、これまで見てきた撃毬の史料も、単なる節帥たちの娯楽としての意味だけでなく、諸将などを加えた軍事訓練の一環として捉えてよいだろう。南宋嘉熙年間（一二三七―一二四〇）初めには、精強な兵士を育てるために「時に之れに弓弩を試し、之れに武藝を課し、暇あれば則ち馳馬撃毬し以て楽と為し、秋冬には之れをして校獵せしむ。其の材力精彊なるもの有れば、則ち厚く之れに賞賚せよ」と、撃毬を奨める上言がなされている（『宋史』巻一九四、兵八）。唐後半期以降における撃毬の流行は、単なる嗜好性の問題でなく、召募によった官健を始めとする兵卒や将校等の軍事訓練の必要性から生み出されたものであり、各都市に設けられた毬場も、兵農分離による唐後半期以降の社会状況の中で設置されたのである。

しかしながら専業兵士たる官健は、当時において「驕兵の風」と呼ばれ、主君である節度使を駆逐し、新たな主君を擁立することがあった。それは兵力強化の方法として給与を厚くして優遇する方法を取ったために、かえって兵士を強大化させて、その統御も不可能となり、節度使と兵士との深刻な対立を生んだと言われる。[41]そのような兵士の歓心を買うために、宴会が多く行われたことも指摘されており、毬場での宴会もそのような脈絡で捉える事が出来るだろう。またそうした「驕兵」は反側の地の藩鎮に多くみられたが、順地化の進んだ憲宗以降、またもともと順地であった藩鎮においても、節度使は二・三年で任地を移ったので、より官健などとの主従関係は希薄になりがちであったろう。桂州毬場などでの宴会は、やはり藩帥と兵士との歓楽を同にする手段として機能していた。またただ

歓心を買うのみでは兵士たちを飼い馴らすことはできない。そこで毬場において処刑を執行し、兵士たちへの見せしめとして軍紀の引き締めを行う必要もあった。そして毬場での宣言・演説を通して、節度使と専業兵士たちとの共同意識形成が、節度使権力にとって何よりも必要不可欠であったのである。

同光元年（九二三）に後唐荘宗が魏州で即位したときの事として、

> 初め、荘宗卽位の禮を行い、鞠場を卜いて吉たり、因りて壇を其の間に築く、是に至りて詔して之を毀つ。[42]

とあって、魏州の毬場において即位壇を設け、即位儀礼を挙行した。同記事の『資治通鑑』胡三省注に「同光元年、帝壇を魏州牙城の南に築き、告天即位す」と言うように、魏州の内城の南に位置した毬場で告天している。しかも、義武節度使王都の帰順を受けて、ともに撃毬するために即位壇を壊すつもりであった荘宗を諫めた張憲は、「比ごろ行宮闕廷を以て毬場と為し、前年陛下即ち此に立つ」（『資治通鑑』巻二七三、同光三年［九二五］正月）とも言っていて、これに従えば、毬場は以前には行宮の宮廷であったらしい。ここから、荘宗は魏州において即位する以前に、行宮の宮廷を壊して毬場とし、そして即位する年にそこに即位壇を設けていたことになる。毬場に即位壇を設けたのは、如上の議論に従えば、荘宗は、毬場という広場で即位を行うことによって、毬場における共同意思形成の機能を活用して、儀礼に参加する文武臣僚（「帝升壇、祭告昊天上帝、遂卽皇帝位、文武臣僚稱賀」『舊五代史』巻二十九、荘宗紀三）に、新たなる皇帝として周知させたのであろう。そして、王都が入朝するに際して、これまで明らかにした毬場の諸機能を再び活用するため、たとえ「祭接天神受命之所」で風雨に因らない限り壊すことのない即位壇とはいえ破壊し、荘宗と王都を始めとする諸臣・兵卒に至るまでの君臣関係構築の場として、毬場を復活させたのであった。

おわりに

以上みてきたように、唐五代において主に節度使の赴任する都市に開闢された毬場は、宋代に入ると史上から姿を消し始める。ただ

し、仁宗期に淮陽軍で起こった軍乱に際して、

（冠平）始め淮陽に至る、……一日、軍變を告ぐる者有り。公既に密かに其の名を得、乃ち陽りて以て妄言を爲し去らしむ。明日鞠場に大閲し、因りて盡く之を擒う。(43)

とあって、淮陽軍の長官冦平に軍乱を密告する者がおり、冦平は妄言だと言って帰らせたが、翌日毬場で軍事演習を行い、首謀者をすべて捕えたという。

また煕寧四年（一〇七一）に慶州で軍乱が起こった際も、首謀者始め十九名が毬場で処刑された（『欒全集』巻四十、蔡公墓誌銘）。南宋期にも金房鎮撫使王彦は軍紀を犯した者を処刑するのに、まず諸将を毬場に集めて酒を酌み交わしたのち、叱責を加えて斬した（『續資治通鑑』巻一一〇、紹興元年［一一三一］十一月）。紹煕三年（一一九二）七月には、瀘州で騎射卒張信等が乱を起こし、張信が諸軍を集めて毬場で宴会を行っている。しかし、他の兵卒張昌・卞進によってその場で殺害され、卞進は「不叛者從我」と叫んで、諸軍を静めたという（『續編兩朝綱目備要』巻二、『續資治通鑑』巻一五二）。

これら宋代の毬場史料は、主に西夏や金との間における宋朝の軍事的前線地に見られ、そうした軍事的前線地に特に設置されていたと見られるが、これまで明らかにしてきた唐五代の毬場の諸機能を踏襲していることが諒解される。しかしながら毬場は、以後、史料上から見えなくなる。

宋代に入っても、撃毬は流行し続けていた。太祖の時、郭従義は便殿の殿庭で撃毬し、太祖に「将相のすべきことでない」とたしなめられた（『宋史』巻二五二、郭従義）が、かの文彦博は成都に赴任している際、鈐轄廨で撃毬し（『宋史』巻三一三、文彦博）、また『東京夢華錄』にも軍中での百戯として驢馬に乗る撃毬が描かれており（『東京夢華錄』巻七、駕登宝津楼諸軍呈百戯）、南宋臨安には市井に「打毬社」があり、大教場で撃毬が行われていた（『都城紀勝』社会、『西湖老人繁勝錄』）。しかし注目すべきは撃毬が流行し、都や民間で行われていても、その活動空間は毬場ではなくなっているという点である。たしかに宋代以降、毬場は一部の都市を除いて都市空間から消滅していた。

その理由は、やはり唐五代の毬場空間が、節度使と将校・専業兵士のための共同意思形成の空間であったのに対して、宋代になると

各地の節度使配下の官健牙軍などの中から精鋭を選んで禁軍とし、残りの老弱兵士を廂軍へと編成した結果[44]、もはや各都市の禁軍・廂軍配下の兵士たちと、その長官との間に毬場で共同意思を形成する必要がなくなったために、毬場での諸機能が不必要となり、都市空間から消滅していったのであろう。宋代では各都市の禁軍・廂軍は原則的に軍営に閉じ込められ[45]、軍事訓練の際には教場に赴くこととなった。また、軍司令官によるクーデタ防止のために、指揮系統の三分割や、地方駐留部隊と国都部隊との交代（更戌制）などの統制策が採られた[46]。ここに、宋代における禁軍・廂軍再編成と、都市における兵士の活動・訓練場所、また長官との命令・共同意思関係などに関する諸問題が見えてくるが、本章の扱う範囲を超えている。後攷に期したい。

中国唐代における毬場の誕生は、とりもなおさず兵農分離の社会への転換に伴い、各都市に滞在する新たな都市の構成員である専業兵士を、唐後半期以降の社会構成の一員として存在させる空間であり、かれら諸都市の専業兵士が禁軍・廂軍へと再編成されていく宋代以降、軍隊の駐屯する一部の都市を残して、その歴史的使命を終え、都市空間から消えてゆくのであった。

注

（1）斯波義信『中国都市史』（東京大学出版会、二〇〇二年）。
（2）加藤繁「宋代に於ける都市の発達に就いて」（『支那経済史考証』上、東洋文庫、一九五二年）。
（3）伊原弘『王朝の都　豊饒の街』（農山漁村文化協会、二〇〇六年）。
（4）伊原弘監修『『清明上河図』をよむ』（勉誠出版、二〇〇四年）。
（5）日野開三郎『唐代邸店の研究』正・続（『日野開三郎東洋史学論集』一七・一八、三一書房、一九九二年）。
（6）福沢与九郎「宋代に於ける救療事業について」（『福岡学芸大学紀要』三、第一部文科系統、一九四八年）、福沢与九郎「宋代に於ける窮民収養事業の素描」（『福岡学芸大学紀要』六、第二部文科系統、一九五一年）、梅原郁「宋代の救済制度――都市の社会史によせて――」（『都市の社会史』ミネルヴァ書房、一九八三年）、星斌夫『中国の社会福祉の歴史』（山川出版社、一九八八年）。
（7）福沢与九郎「宋代助葬事業小見」（『福岡学芸大学紀要』七、第二部社会系統、一九五七年）、伊原弘「宋代都市における社会救済事業――公共墓地出土の磚文を事例に」（『中世環地中海都市の救貧』慶應義塾大学出版会、二〇〇四年）。

（8）渡辺信一郎「唐代前期における農民の軍役負担」（『京都府立大学学術報告』人文・社会、五五、二〇〇三年）。

（9）濱口重國「府兵制度より新兵制へ」（『秦漢隋唐史の研究』東京大学出版会、一九六六年）。

（10）渡辺信一郎「唐代後半期の中央財政――戸部曹財政を中心に――」、同「唐代後半期の地方財政――州財政と京兆府財政を中心に――」（『中国古代の財政と国家』汲古書院、二〇一〇年）。

（11）今村鞆「日鮮支那古代打毬考」（『朝鮮』一九六・一九八、一九三一年）、向達「長安打毬小考」（『唐代長安与西域文明』明文書局、一九八一年）、福本雅一「中国における撃毬の盛衰と撃毬図屏風について」（『学叢』二一、京都国立博物館、一九九九年）。なお、史料上「打毬」「撃毬」と出てくる場合に、それがポロを指すのか、あるいは騎乗せずにおこなう陸上ホッケーのようなものを指すのか、不明なことが多く、従来の研究でも混同している場合がある。本章では史料上で騎乗が確認できる場合の「撃毬」を扱う。

（12）前掲向氏論文を参照。

（13）『中国古代体育史』（北京体育学院出版社、一九九〇年）、また楊向東『中国古代体育文化史』（天津人民出版社、二〇〇〇年）も併せて参照。

（14）『章懐太子墓壁画』（文物出版社、二〇〇二年）。

（15）『新唐書』巻二一四、劉稹「從諫卽徙軍山東、開毬場、鑿柳泉、大興役以厭」。

（16）『舊唐書』巻一二四、李師道「以兵趣鄆州。及夜、至門、示以師道追牒、乃得入。兵士繼進、至毬場、因圍其內城、以火攻之、擒師道而斬其首、送于魏博軍」。

（17）『舊唐書』巻一三三、李愬「自（吳）元濟就擒、愬不戮一人、其爲元濟執事帳下廚廐之間者、皆復其職、使之不疑。乃屯兵鞠場以待裴度。翌日、度至、愬具櫜鞬候度馬首。度將避之、愬曰此方不識上下等威之分久矣、請公因以示之。度以宰相禮受愬迎謁、衆皆聳觀」。

（18）『資治通鑑』巻二五一、咸通九年九月「（龐）勛招集銀刀等都竄匿及諸亡命匿於舟中、衆至千人。丁巳、至泗州。刺史杜慆饗之於毬場、優人致辭」。

（19）『太平廣記』巻一九〇、温造「他日、毬場中設樂、三軍下士並任執帶弓劒赴之。遂令於長廊之下就食。坐筵之前、臨堦南北兩行、懸長索二條、令軍人各於面前索上、掛其弓劒而食。逡巡、行酒至、皷噪一聲、兩頭齊抨其索、則弓劒去地三丈餘矣。軍人大亂、無以施其勇。然後闔戶而斬之、五千餘人、更無噍類」。

（20）同右「其間有百姓隨親情及替人有赴設來者甚多、並玉石一槩矣」。

(21)『資治通鑑』巻二五一、咸通九年九月丁巳「刺史杜慆饗之於毬場、優人致辭」。

(22)『太平廣記』巻四九七、呉武陵「長慶中、李渤除桂管観察使、表名儒呉武陵爲副使。……又數日于毬場致宴、酒酣、呉乃聞婦女于看棚聚観、意甚耻之」。

(23)相田洋「棄市考――祝祭としての死刑――」（『福岡教育大学紀要』四四、一九九五年）。

(24)『太平廣記』巻一二二、楽生「式方乃登州南門、令引出、與之訣別。樂生沐浴巾櫛、樓前拜啓曰、……。式方灑泣、遂令領至毬場内、厚致酒饌。……（所由）拉其頭殺之、然後笞、笞畢、拽之於外」。

(25)『資治通鑑』巻二四八、会昌四年八月丁未「詔發劉從諫尸、暴於潞州市三日。石雄取其尸置毬場斬剉之」。

(26)『舊唐書』巻一五八、鄭從讜「初論安率師入關、至陰地、以數百卒擅歸、（鄭）從讜集諸部校斬之於鞠場」。

(27)『舊唐書』巻一七七、崔従「淄青賊平、鎮州王承宗懼、上章請割德・棣二州自贖、又令二子入侍。憲宗選使臣宣諭、以從中選。……以童奴十數騎、徑至鎮州。於鞠場宣敕、三軍大集。從諭以逆順、辭情慷慨、軍士感動、承宗泣下、禮貌益恭、遂按德・棣戸口・符印而還」。

(28)『新唐書』巻一一四、崔従「集軍士毬場宣詔、爲陳逆順大節禍福之效、音辭暢厲、士感動、承宗自失、貌愈恭、至泣下、即按二州戸口・符印上之」。

(29)『資治通鑑』巻二四八、会昌四年八月「（石）雄至、（郭）誼等參賀畢、敕使張仲清曰「郭都知告身來日當至。諸高班告身在此、晩牙來受之」。乃以河中兵環毬場、晩牙、誼等至、唱名引入、凡諸將桀黠拒官軍者、悉執送京師」。

(30)『舊唐書』巻一七九、張濬「既宣詔、軍士按兵默然、濬並召將佐集於鞠場面諭之曰「人生效忠仗義、所冀粗分順逆、懸知利害。黄巣前日販鹽虜耳、公等捨累葉天子而臣販鹽白丁、何利害之可論耶。今諸侯勤王、天下響應、公等獨據一州、坐観成敗。賊平之後、去就何安。若能此際排難解紛、陳師鞠旅、共誅寇盗、迎奉鑾輿、則富貴功名、指掌可取。吾惜公輩捨安而即危也」。諸將改容引過、謂敬武曰「諫議之言是也」。即時出軍、從濬入援京師」。

(31)『舊唐書』巻一八〇、楊志誠「時朝廷賜（李）載義德政碑文、載義延中使擊鞠、志誠亦與焉、遂於鞠場叫呼謀亂、載義奔於易州、志誠乃爲本道馬歩都知兵馬使」。

(32)『資治通鑑』巻二四一、元和十四年二月「自卯至午、（劉）悟乃命兩都虞候巡坊市、禁掠者、即時皆定。大集兵民於毬場、親乘馬巡繞、慰安之。斬贊師道逆謀者二十餘家、文武將吏且懼且喜」。

（33）『資治通鑑』巻二八六、天福十二年二月丁卯「命武節都指揮使滎澤史弘肇集諸軍於毬場、告以出軍之期。軍士皆曰「今契丹陷京城、執天子、天下無主。主天下者、非我王而誰。宜先正位號、然後出師」。爭呼萬歲不已。知遠曰「虜勢尚強、吾軍威未振、當且建功業。士卒何知」。命左右遏止之」。

（34）堀敏一「藩鎮親衛軍の権力構造——唐から五代へ——」（『唐末五代変革期の政治と経済』汲古書院、二〇〇二年）。

（35）『資治通鑑』巻二二五、大暦十二年五月辛亥「其召募給家糧・春冬衣者、謂之官健」。

（36）『大唐六典』巻五、兵部尚書「開元二十五年、敕以爲天下無虞、宜與人休息、自今已後、諸軍鎭量閒劇・利害、置兵防健兒、於諸色征行人内及客戸中召募、取丁壯情願充健兒・長住邊軍者、毎年加常例給賜、兼給永年優復、其家口情願同去者、聽至軍州、各給田地屋宅」。

（37）山崎覚士「天聖令中の田令と均田制の間」（『唐代史研究』一一、二〇〇八年）。

（38）『唐會要』巻八十五、逃戸、長慶元年正月赦文「應諸道管内百姓、或因水旱兵荒、流離死絶。見在桑産、如無近親承佃、委本道觀察使于官健中、取無莊田有人丁者、據多少給附、便與公驗、任充永業、不得令有力職掌人妄爲請射。其官健仍借種糧、放三年租税」。

（39）『資治通鑑』巻二二五、大暦十二年五月辛亥「差點土人、春夏歸農、秋冬追集、給身糧醬菜者、謂之團結」。

（40）『舊五代史』巻六、梁太祖、乾化元年七月戊寅「幸興安鞠場大教閲、帝自指麾、無不踴抃、坐作進退、聲振宮掖」。

（41）前掲堀氏論文を参照。

（42）『舊五代史』巻六十九、張憲「初、莊宗行卽位之禮、卜鞠場吉、因築壇于其間、至是詔毀之」。

（43）王珪『華陽集』巻五十五、寇平墓誌銘「（寇平）始至淮陽、……一日、有告軍變者。公旣密得其名、乃陽以爲妄言使去。明日大閲於鞠場、因盡擒之」。

（44）前掲濱口氏論文、小岩井弘光『宋代兵制史の研究』（汲古書院、一九九八年）。また淮建利『宋朝廂軍研究』（中州古籍出版社、二〇〇七年）。

（45）久保田和男『宋代開封の研究』（汲古書院、二〇〇七年）「第三章　禁軍配備の変化と首都の都市空間」。

（46）久保田氏同著「第六章　城内の東部と西部」。

附章　海商とその妻――十一世紀中国の沿海地域と東アジア海域交易

はじめに

九世紀半ば、東アジア海域において中国海商が登場し、以後、日本や朝鮮、東南アジアを結ぶ交易や文化交流に重要な役割を果たした。とくに両浙地域の海商は、朝鮮や日本に赴き、南海物産や中国物品を貿易した。[1]日本では、新羅海商に続いて中国海商が大宰府鴻臚館での貿易を行い、[2]中国では、かれら中国海商を管理するため宋代になると市舶司が設置され、市舶司による貿易体制がとられるようになる。[3]こうした中国海商の貿易活動は、日本に対する場合、鴻臚館での波打際貿易であったが、十一世紀半ばとなると、かれら中国海商が日本に居住して唐坊を形成し、[4]貿易形態も住蕃貿易へと変化していった。[5]中国海商に注目すると、彼らの貿易方法が祖国を拠点として海外に貿易に出かける様態から、十一世紀には海外に居住して貿易活動を行うようになったのである。

こうした中国海商の活動と交易形態の変化について、日本史の分野からの研究は盛んであるが、[6]中国史からの関心は比較的低いと言わざるを得ない。その結果の一つとして、海商研究に有効的な中国史料が十分に利用されておらず、研究の余地を残している。また中国史の問題としても、中国海商の登場する九世紀半ばから、住蕃貿易へと変化する十一世紀半ばの期間は、広く唐宋変革期ととらえることができるが、そうした視点からも海商研究を進める必要がある。つまりは海商の発生とその活動について、当該時期中国社会における位置を探る考察が必要なのである。

その方法の一つとして、海商やその家族の生活などに注目した研究を挙げることができる。本章で取り上げる海商周良史については、これまで多くの研究で言及されてきたが、まだまだ研究する余地を残している。そこでまず周良史について、これまでの研究で明らかとなっていることを概略しておこう。[7]

周良史は、父を周文裔にもつ海商で、十一世紀前半に活躍した。母は日本女性であったが、それは周文裔がすでに大宰府・博多周辺に「住蕃商人」として居留して日本女性を妻としたと考えられ、さらに大宰府官と親密な関係を結び、高僧の渡航を援助することで、摂関家に知られていたとする。父周文裔は一〇一二年に日本に赴き、大宰大監藤原蔵規を通じて、藤原道長に孔雀などを献じた。一〇二六年に、周良史は母が日本女性であることから関白藤原頼通に名籍を献じて爵位を望み、日中間を往復した。このように海商周良史は、当時において日宋貿易に携わり、摂関家や皇族とも近しい存在であった。

そしてここに、彼の妻であった施氏を顕彰した碑文「敕封魏國夫人施氏節行碑」がある。「敕封魏國夫人施氏節行碑」は、海商周良史の妻であった施氏の行いや、息子たちに対する教育などを顕彰したものである。これは慶元二年（一一九六）の春に、同郷の寧海県人であった王澡（あるいは王藻、字は新甫）が作成した碑文で、明の崇禎五年刊の『寧海縣志』巻十に収められている。

本史料について、これまでの研究では触れられてこなかったが、そこには周良史とその妻、また海商であった周一族の栄進が記されており、本史料を分析することによって、従来の研究の誤りと、さらにその研究上に新たな知見を加えることができよう。また、当時の東アジア海域を股にかけた海商と、中国沿海地域に生きたその妻の生活を追うことで、当該時期における沿海地域社会の一端を示すことができるだろう。

よって本章では、本史料の紹介と分析を通じて、十一世紀における海商一族の生活を追ってみたい。

第一節　「敕封魏國夫人施氏節行碑」について

それではまず、以下に「敕封魏國夫人施氏節行碑」の全文を掲げておく。その際には、全体を六つの段落に分けて、それぞれ訓読と現代語訳を付しておいた。

〈凡例〉

一、原文は崇禎『寧海縣志』をテキストとして、『浙江通志』巻二六六、「施氏節行碑」（「浙本」と略）と対校し、字句の大きく異なるものだけを校訂した。

一、段落分けは筆者が行った。

王澡（字新甫、邑人）撰「敕封魏國夫人施氏節行碑」（明・崇禎『寧海縣志』巻十）

段落①

〈原文〉

孺人施氏、四明人。故府君周公諱良史之妻、故宣德郎贈少師諱（原無「諱」字。據浙本）弁之母。今、台之寧海縣東四十里有嶴、介于數山之間、清溪周其前、大海環其外、水石參錯、桑麻蓊鬱。其中多周氏居、蓋其故第也。施氏、于四明爲望族、孺人有容色性行、其家愼擇所配。時府君雖不事官學、而以能文稱、居鄉慷慨、有器度、喜賙給。人頗推長老、故施氏以歸之。周之先、嘗總大舶、出海上。府君至孝、不肯離其家、納孺人之明年、侍其父適日本國。去三月（浙本作「二月」）而生少師。後七年而府君哀訃至、少師生、府君既不及見。

〈訓読〉

孺人施氏は、四明の人なり。故府君周公諱は良史の妻にして、故宣徳郎贈少師諱は弁の母なり。今、台の寧海県東四十里に嶴有り、数山の間に介し、清渓は其の前を周り、大海は其の外に環る、水石参錯し、桑麻蓊鬱す。其の中周氏の居多し、蓋し其の故第なり。施氏、四明において望族たり、孺人に容色性行有り、其の家慎みて配する所を択ぶ。時に府君官学を事とせずと雖も、而ども能文を以て称さる。郷に居りて慷慨、器度有りて、賙給を喜ぶ。人頗る長老に推す、故に施氏以て之に帰《とつ》ぐ。周の先、嘗て大舶を総べて、海上に出づ。府君至孝にして、其の家を離るるを肯ぜず、孺人を納むるの明年、其の父に侍して日本国に適《ゆ》く。去くこと三月にして少師を生む。後七年にして府君の哀訃至り、少師生まれ、府君既に見るに及ばず。

〈現代語訳〉

孺人施氏は明州の人で、亡き夫周良史の妻であり、亡き宣徳郎贈少師周弁の母である。いま、台州寧海県の東四十里（約二二km）の地に墓がある。それは山々の間にあって、清らかな河川がその前をめぐり、大海原がその外に広がり、水石入り混じり、桑や麻が生い茂る地である。そのなかで周氏の家が多いのは、元々の旧居だからである。

施氏は明州では名望の一族で、容姿や行いが優れていたので、家族は慎重に配偶者を選んでいた。当時、周良史は仕官のための学問をしなかったが、文章が上手だと称賛された。地元では豪快で、器も大きく、人に恵むことを喜びとしていた。人々は長老に周良史を推薦し、よって施氏は周良史の妻となった。周良史の親は、かつて船舶を率いて海上に出ていたが、周良史は至って親思いで、その家族と離れることを良しとせず、施氏を妻に迎えた翌年に、父に従って日本国へと行ってしまった。その三ヵ月後に周弁が生まれた。七年後、周良史の訃報が伝えられ、周弁は生れてより父の顔を見ることができなかった。

段落②

〈原文〉

而孺人年二十有二、孀、居家益貧、父母欲奪而嫁之、毅然守志、不可回。先此、里閭未知讀書、而孺人始敎其子、有憐之者、則曰、莫若使田富貴、焉可必（恐以後有脱文）。有誚之者、則曰、是見錢遲、其窮可立待也。孺人益自信不疑、而敎之愈篤。廼遣就舅家、求良師友、以訓誨之。少師少苦瘡瘍、累年不能療。孺人親自撫視、至達旦不寐。方是時家惟四壁、而孺人以一寡女子、倚少師爲命、而少師又多病、人莫不爲孺人危之。少師毎學于他郡、或馳赴京師、行之日、孺人素飯（原文作「飯素」。今乙正）禱于家、俟其還、無恙廼爲肉食。自學以至仕裝槖悉自辦、不取諸鄰里、至鬻衣奩以資之。有賓客至、必親爲之執爨具、食無少倦。故少師益得以結賢大夫、就成其業。

〈訓読〉

而して孺人年二十有二にして、孀となり、居家益ます貧しく、父母奪いて之を嫁がしめんと欲するも、毅然として志を守り、回すべからず。此れより先、里閭未だ読書を知らず、而れども孺人始めて其の子を教う。之を憐む者有り、則ち曰く、「田《たづく》りて富貴ならしむるに若くは莫し、焉んぞ必ずしも……」と。之を誚《そし》る者有り、則ち曰く、「是れ銭を見ること遅ければ、其の窮、立ちどころに待つべきなり」と。孺人益ます自ら信じて疑わず、而して之を教うること愈いよ篤し。廼ち遣りて舅家に就き、良き師友を求め、以て之に訓誨せしむ。少師は少くして瘡瘍に苦しみ、累年療す能わず。孺人親自ら撫視し、旦に達するも寐ざるに至る。是の時に方《あた》り、家惟だ四壁のみ、而ども孺人一寡女子を以て、少師に倚りて命と為す、而ども少師又た病多し、人、孺人の為に之を危ぶまざる莫し。少師他郡に学ぶ毎に、或いは京師に馳赴するに、行くの日、孺人素飯して家に禱り、其の還るを俟ち、恙無ければ廼ち肉食を為す。学びてより以て仕うるに至るまで、装槖は悉く自辦し、諸れを隣里より取らず、衣奩を鬻ぎて以て之に資くるに至る。賓客至ること有れば、必ず親ら之が為に爨具を執り、食に少しも倦む無し。故に少師益ます以て賢大夫と結び、其の業を就成するを得。

〈現代語訳〉

そして施氏は二十二歳で寡婦となり、家は益々貧乏となった。父母は服喪の期間を早めて施氏を別の家に嫁がせようとしたが、施氏は毅然として志を守り、決意を撤回させることはできなかった。それ以前、郷里に読書できる者がいなかったが、施氏は初めてわが子に学問を教えた。このことを憐れに思う者がいて「子どもに田んぼを耕させて富や地位を手に入れるのがよい。必ずしも……」と言い、そしる者は「現金を手にすることをぐずぐずしていると、貧乏はたちどころにやってくるぞ」と言った。施氏はますます自信を持って疑うことなく、わが子をより一層熱心に教育した。夫の父の家に行かせ、素晴らしい先生や友人を探して、わが子に教えさせた。周弁は小さいころからできものに苦しみ、何年たっても治すことができなかった。施氏は自ら看病し、朝方まで寝ないこともあった。当初、家は壁のみあるような貧しい状態であったが、施氏はいち寡婦でありながら周弁をいのちと頼んでいた。周弁も病気がちであったので、施氏を危惧しない人はいなかった。周弁が他の州で勉強したり、都臨安に向かうときはいつも、出かけているあいだ施氏は粗末な食事で家で無事を祈り、周弁の帰宅を待ち、何もなく帰って来れば肉料理をふるまった。学問を始めて官に仕えるまでの身支度はすべて自ら用意し、近所から助けてもらうこともなく、衣装箱を売ってはその足しにするほどであった。客人がくれば、かならず自分で飯炊き道具をにぎり、つくる食事に遜色はなかった。ゆえに周弁はますます賢明な士大夫たちと関係を持ち、学業を成就することができたのである。

段落③

〈原文〉

年十八薦于郷、三薦登進士第。先是、台之擧進士者曠、歳不得一人。至少師而以文章取高第、于是、廼知孺人爲善敎子也。嘉祐六年少師釋褐、主越州會稽簿、遷建之松谿、婺之武義、黄之黄陂三縣令。得以祿及其親者十有九年。孺人以元豐三年（當作「二年」）[8]七月初五日卒于黄陂之官舍。享年七十有四。後十三年宣德郎卒于官、諸孫始遷孺人之柩、與少師葬于江寧府上元縣金陵郷紫金嶺。

〈訓読〉

年十八にして郷に薦められ、三薦して進士の第に登る。是れより先、台の進士に挙げらるる者曠《すくな》し、歳に一人を得ず。少師に至りて文章を以て高第を取り、是において、廼ち孺人の善く子を教うるを為すを知るなり。嘉祐六年、少師釈褐し、越州会稽の簿を主り、建の松谿、婺の武義、黄の黄陂の三県令に遷る。祿を以て其の親に及ぶを得ること十有九年。孺人は元豊二年七月初五日を以て黄陂の官舎に卒す。享年七十有四。後十三年して宣徳郎官に卒す、諸孫始めて孺人の柩を遷し、少師と江寧府上元県金陵郷紫金嶺に葬る。

〈現代語訳〉

（周弁は）十八歳で郷試（解試）に通過し、三度目にして進士に及第した。それ以前、台州の進士合格者は寂しいもので、一年に一人もいなかった。周弁になって文章の能力で好成績を得、そうして施氏がよく子を教育したことが知られるのである。嘉祐六年（一〇六一）に周弁は初めて官途に就き、越州会稽県主簿となり、そののち建州松谿県令、婺州武義県令、黄州黄陂県令を歴任した。親類にまで給与が及ぶこと十九年にも上った。施氏は元豊二年（一〇七九）七月五日に黄陂県の官舎で亡くなった。享年七十四。その十三年後に周弁は、官に就いたまま亡くなった。孫たちは祖母施氏の柩を移して、父周弁とともに江寧府上元県金陵郷の紫金嶺に葬った。

段落④

〈原文〉

政和三年（當作「二年」）冬、孫炳・煒援元圭霈恩、敍孺人起家本末、乞封于朝廷。朝廷審其不誣、加以今號（原作「號令」。據浙本）、廼降訓詞、曰、朕荷天景貺、嘉與宇內、共承茲休。汝胚胎吉祥、慶鍾來裔、二孫瀝懇、祈煥異恩。朕方篤孝治、以勵（浙本作「一」）天下。錫此命書、其克歆享。嗚呼、孺人夙有淑德、中外所知、鬱而不彰、存歿爲恨。一旦朝廷恩逮九泉、發徽音于數千載之後、命下之日、聞者榮之。

〈訓読〉

政和二年冬、孫の炳・煒は元圭の霈恩を援け、孺人起家の本末を叙し、封を朝廷に乞う。朝廷其の誣ならざるを審らかにし、加うるに今号を以てし、廼ち訓詞を降し、曰く「朕は天の景貺を荷い、宇内と、共に茲の休を承くるを嘉す。汝吉祥を胚胎し、慶びは来裔に鍾《あつま》る、二孫瀝《しき》りに懇《もと》めて、異恩を煥らかにせんことを祈う。朕方に孝治に篤く、以て天下を励す。此れに命書を錫う、其れ克く歆享せよ」と。嗚呼、孺人夙に淑徳有るは、中外の知る所、鬱として彰らかならず、存歿為に恨む。一旦朝廷恩もて九泉に逮び、徽音を数千載の後に発す、命下るの日、聞く者之を栄とす。

〈現代語訳〉

政和二年（一一一二）の冬、孫の周炳、周煒は元圭の恩赦によって、施氏栄達の始末を述べ、朝廷に封号を求めた。朝廷はそれが偽りでないことを確かめ、（「魏国夫人」の）封号を与えた。また皇帝の御言葉が下された。「朕は天の大いなる賜物を受け、天下とともにこの幸いを享受することを嬉しく思う。汝は吉祥なる子を宿し、その慶びは子孫に集まった。二人の孫はしきりに、格別の恩を明らかにするよう求めてきた。朕は孝によって統治することに熱心であり、そうして天下を励ましておる。ここに命書を与える、受け取りたまえ」。ああ、施氏が早くから淑徳であったのは中外の誰もが知っておりながら、世に現れることなく、死者も生者も恨みに思っていた。ひとたび朝廷の恩が地下の九泉にまで及び、名声が数千年後にまで伝わることとなり、命令が下った日に、それを聞く者は栄誉なことだと思った。

段落⑤

〈原文〉

孺人性剛、動有法度、接宗族郷里、以和孝聞、飭身儉約（原作「倫約」。據浙本）不妄。孀居五十餘年、未嘗出閨閤、而家事悉自主之、不以累其子、使得悉志于學。洎少師登第、孺人年五十六矣。猶敎諸孫、亹亹不已。而炳・煒最早被誨育、故以（原作「以故」。今乙正）同年登第。炳任左中大夫・知瓊州軍州事、煒任右中大夫・知汾州軍州事。炤・熡・燦・爟皆擧進士。炬、右廸功郎・池州青陽縣主簿。曾孫道、右承議郎・知化州軍州事。造、右朝請大夫・知泉州軍州事。苯、文林郎・撫州司士曹事。芋（浙本作「芊」）、右從事郎・眞州六合主簿。萃、右承直郎・監杭州軍資庫・兩浙東路安撫准備差使。庠、右廸功郎・建州松溪縣尉。蓁、右從事郎・監潭州南岳廟。玄孫彭、右從事郎・黃州軍州事判官。彤・彰之美、並右廸功郎、其餘擧進士者、又二十餘人。

〈訓読〉

孺人性剛にして、動もすれば法度有り、宗族郷里に接するに和孝を以て聞え、飭身倹約するに妄りならず。孀居すること五十余年、未だ嘗て閨閤を出でず、而して家事は悉く自ら之を主り、以て其子を累《わずらわ》せず、志を学に悉くすを得しむ。少師登第するに洎び、孺人年五十六なり。猶お諸孫を教え、亹亹として已まず。炳・煒は最も早に誨育を被り、故に同年を以て登第す。炳は左中大夫・知瓊州軍州事に任じ、煒は右中大夫・知汾州軍州事に任ず。炤・熌・燦・燿は皆な進士に挙げらる。炬は、右廸功郎・池州青陽県主簿、曽孫道は、右承議郎・知化州軍州事、造は、右朝請大夫・知泉州軍州事、苯は、文林郎・撫州司士曹事、芧は、右従事郎・真州六合主簿、萃は、右承直郎・監杭州軍資庫・両浙東路安撫准備差使、庳は、右廸功郎・建州松渓県尉、蓁は、右従事郎・監潭州南岳廟、玄孫の彭は、右従事郎・黄州軍州事判官、彤・彰之美（「之美」不明）、並びに右廸功郎たり。其の余進士に挙ぐる者、又た二十余人。

〈現代語訳〉

施氏は性格が剛直で、つねに規範を持ち、宗族や郷里との付き合いには淑和孝順であったと言われ、身を戒め倹約に嘘偽りがなかった。五十年あまりの寡婦暮らしの中で、婦人の寝屋を出ることはなかったが、家事はすべて自分で取り仕切り、子どもにさせず、学業に専念させた。周弁が及第した時、施氏は五十六歳であった。依然、孫たちを已むことなく熱心に教育した。周炳・周煒は最も早く祖母施氏の教育を受けたので、同じ年に及第した。周炳は左中大夫・知瓊州軍州事を勤め、煒は右中大夫・知汾州軍州事を勤めた。炤・熌・燦・燿はみんな進士となった。周炬は、右廸功郎・池州青陽県主簿となった。曽孫の周道は、右承議郎・知化州軍州事となった。周造は、右朝請大夫・知泉州軍州事となった。周苯は、文林郎・撫州司士曹事となった。周芧は、右従事郎・真州六合主簿となった。周萃は、右承直郎・監杭州軍資庫・両浙東路安撫准備差使となった。周庳は、右廸功郎・建州松渓県尉となった。周蓁は、右従事郎・監潭州南岳廟となった。玄孫の彭は、右従事郎・黄州軍州事判官となった。彤・彰はともに右廸功郎となり、そのほか進士になった者はさらに二十人あまりに上った。

段落⑥

〈原文〉

源深流遠、子孫詵詵、久而益盛、實繇孺人。起艱難守節義、慨然保育其孤、以致今日昇哉。孺人生有偉節、沒有榮聞、刊之琬琰、垂之簡册、可以勸慈母、而勵節婦矣。然不得鴻儒大筆、表千載殊特之遇、則埋光泉壤、何以詔天下後世。是用備述孺人顯著之迹、與夫宗族之景所稱道者、以俟異時史氏之所採擇。

　慶元二年春三月甲子。

〈訓読〉

源は深く流れは遠し、子孫詵詵とし、久くして益ます盛んなるは、実に孺人に繇る。艱難より起りて節義を守り、慨然として其の孤を保育し、以て今日の昇を致す。孺人生まれながらにして偉節有るも、栄聞有る没し、之を琬琰に刊し、之を簡冊に垂れ、以て慈母に勧め、節婦を励ますべし。然れども鴻儒大筆を得て、千載殊特の遇を表さざれば、則ち光を泉壌に埋む、何を以て天下後世に詔《あきら》かにせんや。是を用て備さに孺人顕著の迹と、かの宗族の景《あと》の道に称う所の者とを述べ、以て異時史氏の採択する所を俟たん。

慶元二年春三月甲子。

〈現代語訳〉

その源は深くその流れは遠く及び、子孫は多く集い、時間が経つにつれ益々繁栄したが、それはまことに施氏から始まった。困難から身を起して節義を守り、気力をふるって自らの子を育て、こんにちの偉業を成し遂げたのである。施氏は生まれながら優れた節操を持ちつつも、栄誉が与えられなかった。施氏を玉で作った碑石に書き記し、書物に残すならば、慈母を奨励し節婦を励ますことができよう。しかし大学者の名文でもって、千年にわたる格別の恩遇を表現しなければ、栄光は地下に埋もれてしまい、天下後世に明らかになろうか。そこで施氏の顕著な事跡と、その宗族の栄光のうち、道理にかなったことをすべて書きあげ、後の歴史家が採択するのを待つとする。

慶元二年（一一九六）春三月甲子。

第二節　海商周良史と妻施氏

(a) 夫周良史、妻施氏

まず、本碑文の主人公である施氏から見ておこう。段落①冒頭に「孺人施氏は、四明の人なり。……施氏、四明において望族たり」とあるように、施氏は明州名望の一族出身であった。元豊二年（一〇七九）七月五日に七十四歳で亡くなっているので（段落③）、逆算すると生年は景徳三年（一〇〇六）となる。また息子の周弁は施氏が亡くなってから十三年後（一〇九二）に七十三歳で亡くなっており（段落③）、周弁の誕生年は天禧四年（一〇二〇）となるから、段落①より周弁誕生の一年前、つまり天禧三年（一〇一九）に周良史と結婚したことになる。時に施氏は十四歳であった。

ところが段落①によると、結婚して一年、周弁が生まれた年（一〇二〇）に、夫である周良史は、父に従って日本へと貿易に出かけて行ってしまった。その七年後の天聖五年（一〇二七）に、周良史が亡くなったという訃報が伝えられ、周良史と周弁親子は顔を合わせることがついぞなかったという。施氏は二十二歳で寡婦となった。

夫である周良史一族は、台州寧海県の東四十里の嶴（現在の寧海県官塘周村付近）(9)に居を構えていた。父は海商であった周文裔であり、当時すでに日本を往復する貿易活動を行っていた。周良史の母は日本女性であったことが『左經記』万寿三年七月十七日「母則當朝臣女也」とあることから分かるが、従来の研究では、博多あたりに周文裔が居住して日本女を娶り、周良史を産んだとされる。しかしながら、次に見るように、周良史は幼少期を寧海県で過ごしていたことをうかがわせる文面があり、とすれば日本女性の母はどこで周良史を生み、周良史が育ったのがどこなのか疑問が残り、現段階では後考を俟つほかない。

周良史は「時に府君官学を事とせずと雖も、而ども能文を以て称さる。郷に居りて慷慨、器度有りて、賙給を喜ぶ」（段落①）とあるように、台州で仕官のための学問をせず、地元では恬淡であったと伝えているが、実際には人々への振舞いを好んだとあるように、海商一家として裕福であったことがうかがえる。よって周一族は台州寧海県で力を持った富商であったと見られる。

そして両家は婚姻関係を結ぶこととなった（段落①「人頗る長老に推す、故に施氏以て之に帰《とつ》ぐ」）。台州出身の周良史と、明州出身の施氏の婚姻をおこなう接点は、やはり海上交易の拠点としての明州という地にあった。十一世紀の当時において、日本との貿易に際しては、明州に設置された市舶司を通じて渡海証明書である公憑の発給手続を行う必要があった。そして貿易を終えて帰国する場合には、再び明州に戻り市舶司で抽解・博買（課税・先行買付）の手続きを経る必要もあった。(10) また宋代の明州は、イスラーム商人街らしき区画が見られるなど国際交易港として繁栄し、日本・高麗など東アジア海域への玄関口でもあった。ゆえにこの結婚は、地方の海商が貿易港であった明州の名族と婚姻することによって、明州に海上交易の活動拠点を確保し、さらなる資金調達をねらった戦略的結婚であったと見なすことができる。

こうして両家の婚姻関係が始まったが、にもかかわらず翌年には周良史が父周文裔に従って日本へと貿易に出かけてしまい、以後一度も妻子のいる寧海県には帰らなかった。

その後、周良史は日本の史料に顔を出している。つまり周良史は一〇二六年（天聖四、万寿三）に名籍を関白藤原頼通に奉じ、桑糸三〇〇疋を献上して栄爵を申請した。そしてもし献上品が受け入れられない場合には、本国（宋朝）に帰って二年後の夏に錦・綾・香薬等を持ち来たって献じることを約束している。しかしながら六月二十四日、名籍は受け入れられたものの、栄爵（五位）の授与は却下され、砂金三十両を下賜された（『小右記』万寿三年六月二十六日、『左經記』万寿三年七月十七日、『宇槐記抄』仁平元年［一一五一］九月二十四日）。やはり不服であったのか、すぐさま同年十月に周良史は、藤原頼通への新たな献上品を求めて明州へと帰還している。『宋會要輯稿』職官四四―四、天聖四年十月に、

明州言えらく、市舶司牒すらく、日本國太宰府進奉使周良史狀もて本府都督の命を奉じ、土産物色を将て進奉すと。本州看詳するに、卽ち本處の章表無し、未だ敢えて上京に發遣せず。明州をして只だ本州の意度を作さしめ、周良史に諭すに、本國の表章無きに緣り、以て朝廷に申奏し難し、進奉する所の物色、如し留下を肯ぜば、卽ちに價例を約度して迴答し、如し留下を肯ぜざれば、卽ちに却けて給付し、曉示して迴らしめんと欲す。之に從う。(11)

とある。周良史は大宰府の長官であった少弐藤原惟憲とも結託していたので、[12]貿易を円滑に進めるために進奉使とかたったようだが、入京は許可されなかった。とはいえ結果として、周良史の件は明州で処理を進め、貿易を行う場合には、その査定と回答を明州で行うこととなった。結局、周良史は、明州で貿易を進めることができたのである。

関白との約束どおり、周良史は二年後の長元元年（一〇二八）八月十五日に、父周文裔とともに対馬に来着し、文殊・十六羅漢絵像なども将来したが（『小右記』万寿五年七月九日、長元元年十月十日）、この前年は先に見たとおり、施氏に周良史の訃報が届いた年である。つまり、周良史は妻子をすてて日本に永住することを、すでに一〇二六年の段階で決めていたようであり、二年後の一〇二八年に日本へと到来し、その前年に施氏のもとに訃報が届けられていたのであった。

ひとつの可能性として、一〇二八年に日本に到来してすぐに、周良史が亡くなったと考えることもできる。しかし、のちの後朱雀天皇が皇太子時代、一〇三四年（景祐元、長元七）の正月の挨拶での出来事を記した手跡が残っている。そこに周良史は大宋国汝南郡商客良史として登場する（「大宋國汝南郡商客良史、字憲清、平賓客、一見如舊識、良史體皃頗似憲清、平賓客所稱」中野重孝旧蔵『大手鑑』所収「東宮御手跡」[13]）。この史料では、従来の説では周良史が京へとのぼり、東宮と面会しているとされてきた。しかしながら、近年では周良史と東宮とが直接面会したことを示すものではないとされる。[14]とはいえ、この年に周良史がすでに死んでいたことを示す史料でもない。ここでは、面会の事実はなかったとしても、当時に周良史が生存していたとしておきたい。

また、先にみたとおり、周良史は台州寧海県出身であり、汝南郡の出ではない。汝南郡周氏とは、周の文王が国名を氏とし、安平王の次子秀が汝南に封ぜられたことにより発生した望姓[15]であり、周良史と直接的には関係ない。しかしながら、周良史が当時の日本社会において、中国的氏族価値観である名望（名族の姓氏）の汝南周氏をかたっていることは注目される。名望をかたることで、日本社会における自身の地位向上を狙ったものと考えられる。

以上のように、施氏は明州の望族として、海商一家の周良史と婚姻した。しかし周良史は翌年に日本へ名籍を奉じ、以後家族に顔を見せることなく、日本（おそらく博多）に定住したとみられる。そして周良史はのちに関白など貴族に近しい存在として、日本で活躍したのであろう。

（b）母施氏

周良史と〝死に別れた〟施氏は、その後どうなったであろうか。「而して孺人年二十有二にして、孀となり、居家益ます貧し」（段落②）、「是の時に方《あた》り、家惟だ四壁のみ」（同）というように、施氏が寡婦となってますます貧しくなったと伝えている。また施氏がだれの手も借りず一人で息子を養育したと碑文は語っている。しかしながら、本碑文が施氏の節行を顕彰するものであるから、施氏の生活や子育てを美化して描写されている。その碑文には、隠しきれない施氏の経済状態や親族との関係が垣間見えている。いま以下に取り出してみると、

・廼ち遺りて舅家に就き、良き師友を求め、以て之に訓誨せしむ。（段落②）
・学びてより以て仕うるに至まで、装槖は悉く自辦し、諸れを隣里より取らず、衣奩を鬻ぎて以て之に資くるに至る。（同）
・賓客至ること有れば、必ず親ら之が為に爨具を執り、食に少しも倦む無し。（同）

とあって、周弁の身支度はすべて施氏みずから用意し、近所からの助けもいらず、必要であれば衣箱を売って生活し、客人へのもてなしに事欠くことはなかったという。また舅家（周良史の父方の家、つまり周一族）に周弁をあずけ、先生や友人を求めさせたのも、海商の周一族との関係が切れておらず、陰に援助を行っていたことをうかがわせる。また周弁が勉強にでかけ、帰宅すると肉をふるまってもいる（段落②）。碑文は、施氏が貧乏で苦労したことを誇張して書かれているが、その実、施氏は周家を頼りに、子を育てていた。

その後、施氏の努力も実り、周弁は官途の道を進んでゆくが、平坦ではなかった。

　年十八にして郷に薦められ、三薦して進士の第に登る。……嘉祐六年、少師釈褐し、越州会稽の簿を主り、建の松谿、婺の武義、黄の黄陂の三県令に遷る。（段落③）

とあるように、十八歳（一〇三七年、景祐四）で科挙の第一試験である郷試に通過したが、都開封での省試（進士科）合格までに、周弁は三度挑戦してやっと及第した。そして初めて官職についたのは周弁四十一歳（一〇六一年、嘉祐六）の時であった。郷試通過から仕官までに二十三年を費やしている。しかしながら、これによって周一族は海商の家から、初めて周弁が官吏となり、「祿を以て其の親に

及ぶを得ること十有九年」というように、徭役を免除される裕福な「官戸」[16]へと栄進した。

その孫たちには、周弁の恩陰を得て官吏となる者や、科挙に応ずる者が続出している（段落⑤、また周氏家系図を参照）。特に孫の周炳・周煒は同時に科挙及第したので、その居所を「双登堂」と称し、後世まで顕彰された（張美和「雙登堂記」、崇禎『寧海縣志』巻十）。確かに名族出身の施氏の努力が必要であったものの、周家はかくして海商一家から、官吏を輩出する「官戸」へと社会的上昇をなしえたのであった。

周氏家系図

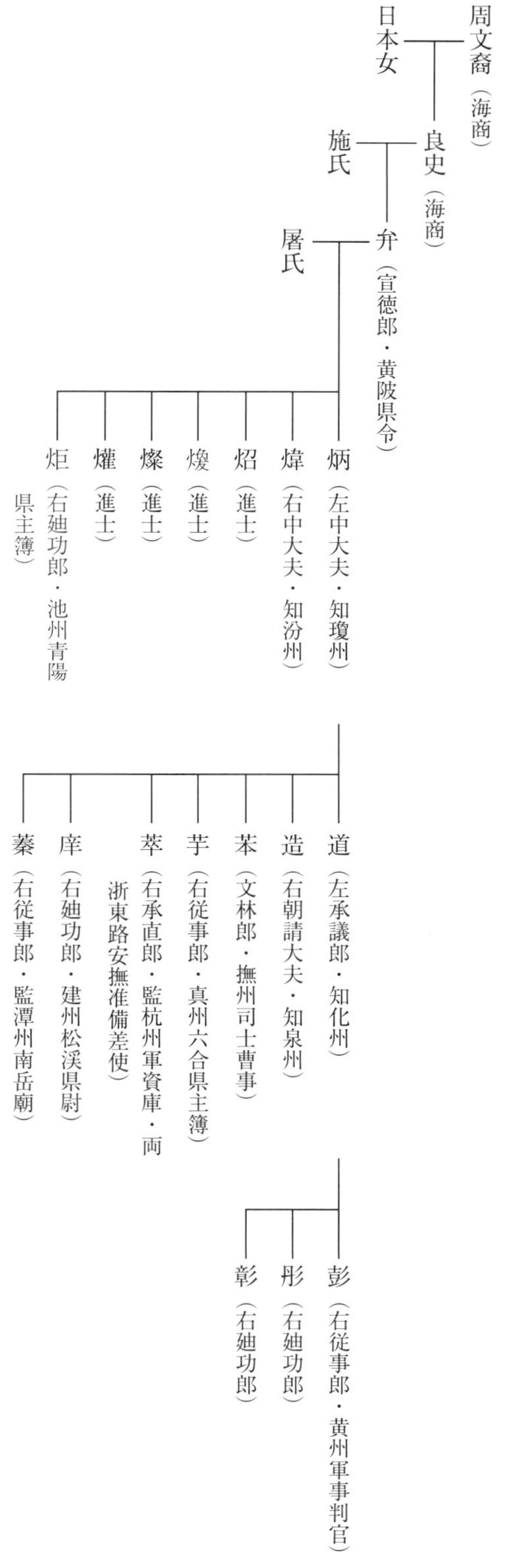

おわりに

十一世紀に、父とともに海商となった周良史は、両浙地域沿海に位置する寧海県瀕海の地を故郷に持ち、明州を拠点に貿易活動を行っていた。周一族は明州の名望施氏と婚姻し、明州での拠点を確かなものとした。周良史その人は、一〇二六年に日本へ名籍を提出し移住の手続をはじめ、おそらく一〇二八年以降、日本に定住した。

この時期、名籍を日本朝廷に提出する海商がまま見られる。一一五〇年には劉文沖（『宇槐記抄』仁平元年九月二十四日）が周良史と同じく名籍を奉じている。また一〇〇三年には上官用銛が「帰化」を望むも送還されているが（『権記』長保五年七月）、同年に温州・洪州（?）人の「帰化」が頻繁であったという（『本朝麗藻』巻下、帝徳部、勘解相公「仲秋釋奠賄万國咸寧」）。一〇五〇年には宋人張守隆の「帰化」が許可されている。[17] 名籍を奉ずることと「帰化」が同義か不明だが、十一世紀には多くの中国海商が日本への居住を願っていたことがうかがえよう。それを裏付けるように、近年の博多遺跡群の発掘によって、十一世紀後半より宋海商の居住跡（「唐坊」）が見つかっている。[18] よって、周良史はみずから波打際貿易から住蕃貿易に転じた海商であったと言いえよう。

いっぽう、周良史のいなくなった周一家は、施氏をたよりに、周弁を官途へと導いた。海商一家であった周一族は、科挙の合格や官職に就くまで時間がかかったものの見事に成し遂げ、子孫にいたるまで官吏を出し続ける「官戸」へと社会的地位を上昇させた。唐宋変革期における、商人の仕官による社会的地位の上昇の一例と見ることができる。

海商としての周一族が海上貿易をおこなうことによって、台州寧海県において港市が発展するわけではなかった。寧海県はやはり一地方の港にとどまった。つまり、海商の利益活動が必ずしも出身地域を経済的に潤さなかった。それは、宋朝による市舶司体制によって、国際貿易港として明州を定位し、海外貿易活動を管理しているために、地方都市（港市）へ利潤が還元されず、その発展が制限されるのである。また、海商であった周一族も、結局は中国内の科挙官僚社会への栄進を目指したのであり、海商の商業活動の社会的結実は、科挙官僚輩出というかたちで地域社会へ還元されたのであった。

周一族よりすると、海商の社会的成功も官吏となることによって成就したのであり、もちろん、そこに明州名望の施氏の力が不可欠であったことは言うまでもない。

注

（1）石井正敏「一〇世紀の国際変動と日宋貿易」（『アジアから見た日本』二、角川書店、一九九二年）、山崎覚士「九世紀における東アジア海域と海商――徐公直と徐公祐――」（『中国五代国家論』思文閣出版、二〇一〇年）。

（2）田島公「大宰府鴻臚館の終焉」（『日本史研究』三八九、一九九五年）。

（3）第三章「貿易と都市――宋代市舶司と明州――」、第四章「宋代両浙地域における市舶司行政」を参照。

（4）大庭康時「博多の都市空間と中国人居住区」（『港町の世界史二　港町のトポグラフィ』青木書店、二〇〇六年）。

（5）亀井明徳「日宋貿易関係の展開」（『岩波講座日本通史』第六巻、一九九五年）。

（6）渡邊誠「年紀制と中国海商」（『平安時代貿易管理制度史の研究』思文閣出版、二〇一二年）などを参照。

（7）森克己「東宮と宋商周良史」（『新編　森克己著作集第二巻　続日宋貿易の研究』勉誠出版、二〇〇九年）、前掲亀井氏・渡邊氏論文、森公章「朱仁聡と周文裔・周良史――来日宋商人の様態と藤原道長の対外政策――」（『東洋大学文学部紀要』史学科篇四〇、二〇一四年）を参考とした。

（8）施氏の死去した年に関して、原文では元豊三年（一〇八〇）としている。ただ段落⑤では、周弁が進士登第した嘉祐六年（一〇六一）に施氏が五十六歳であったとするものの、元豊三年を起点とすると計算上では五十五歳となる。もし死去が元豊二年（一〇七九）であれば、五十六歳となる。本碑文史料上で、「三」と「二」の誤字や相違がまま見られることも考慮して、死去年を元豊二年と改める。こうすると、嘉祐六年（一〇六一）に周弁が進士登第して釈褐し、施氏の死去する元豊二年（一〇七九）まで十九年間となり、「得以祿及其親者十有九年」と符合する。

（9）インターネット版新聞『中国寧波網』二〇〇六年三月十四日付の「探尋寧波〝海上絲路〟有重大発現」による。同記事によれば、寧波市文物局の楊古城氏が周氏の族譜『重修官塘周氏宗譜』を調査し、周文裔・周良史父子の名を確認している。ただし周文徳の名は無いという。『周氏宗譜』には、さらに周文裔は九六二年（建隆三）に生まれ、同じ東嶴村の陳氏を娶ったが、後に日本女性と結婚し周良史（九八六―？）をもうけた、また施氏が明州鄞県黄古林（明州城の西郊外）の望族であったことなどが記載されているらしいが、筆者は未見。

(10) 第四章「宋代両浙地域における市舶司行政」を参照。

(11)『宋會要輯稿』職官四四―四、天聖四年十月「明州言、市舶司牒、日本國太宰府進奉使周良史狀奉本府都督之命、將土產物色進奉。本州看詳、即無本處章表、未敢發遣上京。欲令明州只作本州意度、諭周良史、緣無本國表章、難以申奏朝廷、所進奉物色、如肯留下、即約度價例迴答、如不肯留下、即却給付、曉示令迴。從之」。

(12) 前掲亀井氏論文を参照。

(13) 前掲森克己氏論文を参照。

(14) 田島公「大陸・半島との往来」（『列島の古代史』四、岩波書店、二〇〇五年）。

(15)『元和姓纂』巻五、周姓。

(16) 梅原郁「宋代の形勢と官戸」（『東方学報』六〇、一九八八年）。

(17) 林文理「「博多綱首」関係史料」（『福岡市博物館研究紀要』四、一九九四年）。

(18) 前掲大庭氏論文を参照。

周氏年譜

年月	施氏・周弁
一〇〇六	施氏、誕生
一〇一九	施氏（十四）、周良史（三十五）と婚姻
一〇二〇	周弁、誕生 ［周弁、生後より父の顔を見ず］
一〇二七	周良史の訃報至る。寡婦となる（二十二） ［施氏、貧乏に耐え子を育てる］
一〇三七	周弁（十八）、郷試を通過 ［周弁、なかなか進士に合格せず］
一〇六一	周弁（四十一）、進士及第し、会稽県主簿となる
一〇七九	施氏、卒す（七十四）
一〇九二	周弁、卒す（七十三）

周文裔・周良史

（九六二）周文裔、誕生
（九八六）周良史、誕生。母は日本女
［周良史、台州寧海県で幼少を過ごす］
（一〇一二・五）周文裔、来日。在宋僧寂照の消息を伝える
（一〇二〇）周良史、父文裔に随い日本へ
（一〇二六・六）周良史、名籍を関白藤原頼通に進める
（一〇二六・七）周文裔、帰国
（一〇二六・十）周良史、明州市舶司と朝貢貿易
（一〇二八・八）周良史、対馬に来着
（一〇二八・十二）周文裔、高田牧司を経て、唐物を右大臣実資に贈る

備考

（九八六）周文徳、源信より『往生要集』を託される
（九九〇）周文徳、来日

結言

一

最後に、本書で得た成果をまとめておこう。

唐宋変革期における社会構成の大きな変化として、兵農一致から兵農分離への転換が挙げられる。八世紀半ばにおける募兵への切替えは、中国社会上に農民ではない兵士（「官健」）を構成員として加えた。最大で一〇〇万人にも及ぶ彼らは、その長たる節度使の置かれた州府などに配置された。数千から一万人単位の兵隊が都市に常駐することとなり、その軍事訓練場としてポログランドである毬場が都市内部に設置されることとなった。毬場は、ポロや軍事訓練だけでなく、節度使と兵士の共同意識形成のために、宴会や処刑、また演説の場として利用された。

都市内での、兵士たちの日常的な生活空間は当初、一般都市民との雑居状態であったらしい。(1)『唐會要』巻八六、街巷、大和五年（八三一）七月条に、

左街使奏すらく、伏して見るに諸もろの街鋪、近日多く雜人及び百姓・諸軍・諸使の官健、舍屋を起造し、禁街を侵占するを被る。切に慮るに奸人を停止せんとするも、分別爲し難し。今、先に敕文有りて、百姓及び諸もろの街鋪の守捉官健等の舍屋を除くの外、餘の雜人及び諸軍・諸使官健の舍屋は、並びに除拆せしむ。冀う所は禁街整肅し、以て奸民を絕たん、と。(2)

とあるように、九世紀の長安では諸軍・諸使の兵士が禁街に勝手に家屋を建てて、百姓たちと雑居している様を伝えている。ただこうした雑居状態では問題が多かったためか、唐末より五代にかけて、都市内部に軍営が設置されるようになり、宋代では、禁軍兵士や廂軍兵士がその家族とともに軍営内での生活を送るようになった。

十三世紀初めころの明州城では、十四の軍営を数えた。定員の七割を充足する禁軍営は西北廂にまとまって設置され、また軍事訓練場として教場も置かれていた。一方の疾病・老衰の兵士の軍営や、地方官衙の役使に従事した廂軍営は、繁華な東北廂に設置され、生活上の優遇を受けていた。兵士の数は、当時の明州城都市民六万人のうち、およそ一万二五〇〇人（二一％）を占めた。こうして宋代では、都市に構成員として兵士が常駐し、またその生活空間として、都市内に軍営が置かれることとなった。

いっぽうで、五代頃より、酒麴法上で都市行政と郷村行政を区別するようになっていた。『册府元龜』巻四九四、邦計部、山沢二、広順二年（九五二）九月十八日の勅に、

條流禁私鹽麴法、後ろの如し。……一、郷村人戶請う所の蠶鹽、祇だ將て歸り鹹を裛みて鹽に供するを得、別に將て博易貨賣し、投托して人に與うるを得ず。……一、州城縣鎭郭下の人戶、屋稅に係り合に鹽を請うべき者は、若し是れ州府なれば、並びに城内に於いて請給し、若し是れ外縣鎭郭下人戶なれば、亦た鹽を將て家に歸り食に供するを許す[3]。

とあり、いわゆる塩の専売に関して、郷村戸で必要とする蚕塩についての規定と、坊郭戸（「州城縣鎭郭下人戶」）で必要とする屋税塩についての規定と区別している。こうした行政上の郷村とは区別される「都市（坊郭）」や「都市民（坊郭戸）」は、宋代初めには職役賦課の役法規定上で登場した。

十一世紀前半までには、戸等制にもとづく職役賦課のための戸籍である五等丁産簿（あるいは丁産等第簿）が作成され、そこでは坊郭と郷村が区別され、坊郭戸・郷村戸それぞれに職役が課されるようになった。坊郭ではやがて十等区分とされた。ただし、坊郭戸として戸籍につけられる人口の範囲は、都市の規模に応じた。比較的大規模な都市では、職役につける人口が多いために、客戸や無産下層民などは坊郭戸に数えられなかった。逆に、比較的小規模な都市では、人口が少ないために、職役につける人口を確保するために、客戸や零細な下層民であっても、坊郭戸に入れられていた。

よって行政上における坊郭戸とは、都市に住む人戸すべてを必ずしも指すわけではなく、あくまで役法上において規定される存在であった。

こうした職役賦課の負担は極めて大きく、多くの人々の破産を招くことになった。また災害などを通じて財産を失う者も多く、そうした人々は都市へと流入し、都市下層民を形成した。

十三世紀初めごろの明州城では、無償のほどこし（「賑済」）を受ける無産下層民が二万人ほど（約三三％）おり、その多くは、月湖近辺の西南廂におり、繁華な東北廂には少なかった。また有償のほどこしをうける零細な商人や職人などの微産下層民は、およそ一万七五〇〇人（約三〇％）であり、多くは城外そばの甬東廂に居住し、最も少なかったのは、軍営や礼教施設の多い西北廂であった。

明州城の場合、下層民は都市民の六割強を占めたが、その対策の一環として、収容施設である居養院や安済坊などが、やはり無産下層民の多くいる西南廂の望京城門付近に置かれた。こうした収容施設が都市内に置かれるようになるのも、宋代都市の特徴である。

なお、両税法上では、郷村・坊郭の区別はなかった。両税賦課にあたって重要なのは、その土地が耕作地（「税地」）であるかどうかであり、都市内の耕作地でない土地に対して、両税はかからなかった。都市内固有の税としては、官有地・家屋を租賃して、その代金として徴収する楼店務銭があった。この楼店務銭は、都市行政の管理・維持費の一部として利用された。

二

九世紀以降、東アジア海域では海上交易が盛んに行われるようになった。その大きな原因は、中国沿海地域出身の漢人海商が参画したことにある。漢人海商は沿海の都市を拠点に海外と貿易を行ったが、宋代になると、その拠点に海外貿易や海外国との外交を管理する機関である市舶司が新たに設置されるようになった。明州城の場合、十世紀後半には市舶司が設置されて、漢人海商の貿易を管理するようになり、海港都市の相貌を備えるようになった。

市舶司では、漢人海商を管理するために、渡海証明書である「公憑」を発給した。貿易を終えた漢人海商や、渡来した外蕃海商たちは、市舶司で税として「抽解」をうけ、また市舶司による「博買」（先行買付け）も行われた。こうした業務がスムーズに行われるように、明州城では、市舶司が繁華な東北廂に位置する東渡門にではなく、その南の霊橋門付近に設置されていた。また、貿易にまつわる不正を防止するための構造も見られた。

ただ、こうした海港都市での貿易において、海商たちは様々な問題を引き起こした。本来公憑は、一回限りのもので、貿易終了後に市舶司に返納しなければならなかったが、返還せずに古いものを使い続けたり、また貿易に出かけて行った海外から帰ってこなくなったり、などである。そこで、明州の市舶司は、他の海港都市の市舶司と文書を通じて問題解決をはかり、また海外国の関係機関（日本の大宰府など）とも、牒状という外交文書を用いて、問題解決のための外交交渉を行っていた。さらに明州では、東南アジアの国々の朝貢の窓口となることもあり、その場合には、国書の翻訳や朝貢の返礼品（「回賜」）の用意などが市舶司によってなされた。

このような問題を抱えつつも、市舶司の置かれた明州城は、海商たちの拠点として魅力的であった。周良史のように、地方の沿海地域出身の海商たちが、明州の名族と婚姻関係を結ぶなどして、明州での地盤を得ようとした者も多かったと想像される。またこうした貿易の盛行は、当然ながら、海運や移送などに必要となる肉体労働者を膨大に必要とした。おそらく無産下層民がその多くを占めていたであろう。

以上見てきたように、宋代の海港都市は、それ以前の都市とは違った新たな局面がいくつも登場した。都市における兵士の存在と、その生活空間である軍営。役法上での都市と都市民の規定。また海外貿易等を所管する市舶司が設置され、貿易や外交を担う都市――海港都市が登場した。

宋代は、中華帝国史上、行政面において都市と郷村を区別して、新たに都市行政を始め、なおかつ海外との貿易・外交を担う機関を新たに設置した海港都市が登場した時代であった。「瀕海之都」明州城は、その代表であった。

注

（1）與座良一「唐代後半期の募兵制に関する一試論――宋代募兵制との比較から――」（『唐宋変革研究通訊』第九輯、二〇一八年三月）

（2）『唐會要』巻八六、街巷、大和五年七月「左街使奏、伏見諸街鋪、近日多被雜人及百姓諸軍諸使官健、起造舍屋、侵占禁街。切慮停止奸人、難爲分別。今除先有敕文、百姓及諸街鋪守捉官健等舍屋外、餘雜人及諸軍諸使官健舍屋、並令除拆。所冀禁街整肅、以絕奸民。」

（3）『册府元龜』巻四九四、邦計部、山沢二、広順二年九月十八日「勑條流禁私鹽麴法如後。……一、鄉村人戶所請蠶鹽、祇得將歸裏𪇊供鹽、不得別將博易貨賣、投托與人。……一、州城縣鎭郭下人戶、係屋稅合請鹽者、若是州府、並於城內請給。若是外縣鎭郭下人戶、亦許將鹽歸家供食。」

後　記

本書のもととなった論稿の初出は、以下のとおりである。

①「宋代明州城の都市空間と楼店務地（上）（下）」（佛教大学『歴史学部論集』三・四、二〇一三年三月・二〇一四年三月）

②「宋代都市の下層民とその分布」（佛教大学『歴史学部論集』五、二〇一五年三月）

③「貿易と都市――宋代市舶司と明州――」（『東方学』一一六、二〇〇八年七月）

④「宋代両浙地域における市舶司行政」（『東洋史研究』六九―一、二〇一〇年六月）

⑤「書簡から見た宋代明州対日外交」（専修大学社会知性開発研究センター『東アジア世界史研究センター年報』三、二〇〇九年十二月）一部内容を修正。

⑥「外交文書より見た宋代東アジア海域世界」（平田茂樹・遠藤隆俊編『東アジア海域叢書七　外交史料から十～十四世紀を探る』汲古書院、二〇一三年）

⑦「宋代都市の税と役」（『唐宋変革研究通訊』四、二〇一三年二月）

⑧「唐五代都市における毬場の社会的機能」（大阪市立大学大学院文学研究科東洋史専修研究室編『中国都市論への挑動』汲古書院、二〇一六年）

⑨「海商とその妻――十一世紀中国の沿海地域と東アジア海域交易――」（佛教大学『歴史学部論集』一、二〇一一年三月）内容を一部修正。

宋代明州に関する研究をおこなうきっかけは、二つの大きなプロジェクトに参画できたことであった。

一つは、大阪市立大学で二〇〇二年冬より始まった二一世紀COEプログラム「都市文化創造のための人文科学的研究」である。筆者は、同大学で博士号取得後に、そのCOE若手研究員として、二〇〇二年十二月より二〇〇七年三月まで、都市研究に携わることとなった。そして二〇〇三年九月より二〇〇四年二月までの六か月間、中国上海市の華東師範大学現代都市研究中心に招聘研究員として滞在した。同大学を拠点に、月に一・二度は杭州市や寧波市（明州）に赴き、歴史的建造物や史跡を朝から晩まで徹底的に踏査した。足を棒にして歩き回ったことによって、都市の規模や、水路や寺廟、城門址などとの距離感が実感できたことが大きな収穫であった。

街中を歩きまわって、その都市を知るという方法は、華東師範大学に同時期に留学していた川邊雄大氏より教わった。そして一緒によく上海の街を歩き回った。また当時、浙江大学に留学していた山口智哉氏とともに、寧波から台州・温州・福州・泉州・厦門と江南沿海都市を南下した経験も大きい。これらの経験が華南の港湾都市の諸特徴をつかむ大きな契機となったことは間違いない。その学恩に感謝したい。

もう一つは、導言でも触れたが、二〇〇五年に採択された科研費の特定領域研究「東アジアの海域交流と日本伝統文化の形成――寧波を焦点とする学際的創生」（通称にんプロ）である。なかでもその一環として、二〇〇五年十二月に寧波市で行われた「寧波〝海上絲綢之路〟学術研討会」に、故岡元司先生と二人で参加した経験は、いまなお鮮明な記憶として残っている。当時の長い道中において、公私にわたる様々な会話や談義を交わしたことは、あの屈託のない笑みとともに、忘れることはない。

また、にんプロに関する国内外の様々なシンポジウムや研究会に参加したり、発表したりすることを通じて、宋代明州に関する研究を進めることができた。その後、文献資料研究部門の官僚制度班に加えていただき、宋代市舶司に関する研究を集中的におこなった。二〇〇九年ににんプロが終了する頃、宋代明州の都市史的研究があまりないことに、ようやく気づき、金賢氏と辻高広氏に協力いただいて、宋代明州城の地名とその場所の指定を行う研究会（勝手に「みんプロ」と称す）を始めた。本書の第一章と第二章は、その賜物である。

二つのプロジェクトに加えて、二〇〇九年より、渡辺信一郎氏を研究代表者とする科研費「天聖令と両『唐書』食貨志による唐宋変革期の社会経済史的研究」に加えていただき、宋代明州城に限らず、宋代都市全般の社会経済史的研究を行うことができた。二〇一二年に終了後も、その研究会は、「唐宋変革研究会」として継続し、年に一度『唐宋変革研究通訊』という学術誌を発刊し、月に二度ほど研究会を続けている。その場で出される多くのアイデアは、まだ多くの研究課題が残っていることを教示してくれる。

また本書刊行にあたり、カバー表紙のイラストを、大学の先輩であり旧知の漫画家、青木朋氏にお願いした。急の依頼であったにもかかわらず、ご快諾いただき、素晴らしいものを画いて頂いた。この場を借りて謝意を示したい。

多くの方々に支えられて、本書は成った。また本書作成にあたり、汲古書院編集部の小林詔子氏に多大なるご尽力を賜った。平成最後の月に出そうというのも、小林氏のご提案である。ここに改めて感謝の意を表したい。

最後に、日々に歓びを与えてくれる娘と、研究する環境を整えてくれる妻に、ありがとうを伝えたい。

なお、本書の出版には、二〇一九年度佛教大学出版助成を受けた。

平成最後の月に　鷹峯にて

山崎覚士

索　引

著者紹介

山崎　覚士（やまざき　さとし）
1973年生れ
大阪市立大学大学院文学研究科後期博士課程単位取得退学
博士（文学）
現　在　佛教大学歴史学部歴史学科教授
著　書　『中国五代国家論』思文閣出版、2010年
「宋朝の朝貢と貿易」（佛教大学『歴史学部論集』７、2017年３月）
「第四章　帝国の中世――中華帝国論のはざま――」渡辺信一郎・西村茂雄編『中国の国家体制をどうみるか――伝統と近代――』汲古書院、2017年
ほか

瀕海之都――宋代海港都市研究
平成三十一年四月二十五日
著　者　山崎覚士
発行者　三井久人
本文整版　日本フィニッシュ
印　刷　富士リプロ株式会社
発　行　汲古書院
〒102-0072　東京都千代田区飯田橋二―五―四
電　話〇三（三二六五）九七六四
FAX〇三（三二二二）一八四五

ISBN978-4-7629-6629-3　C3022

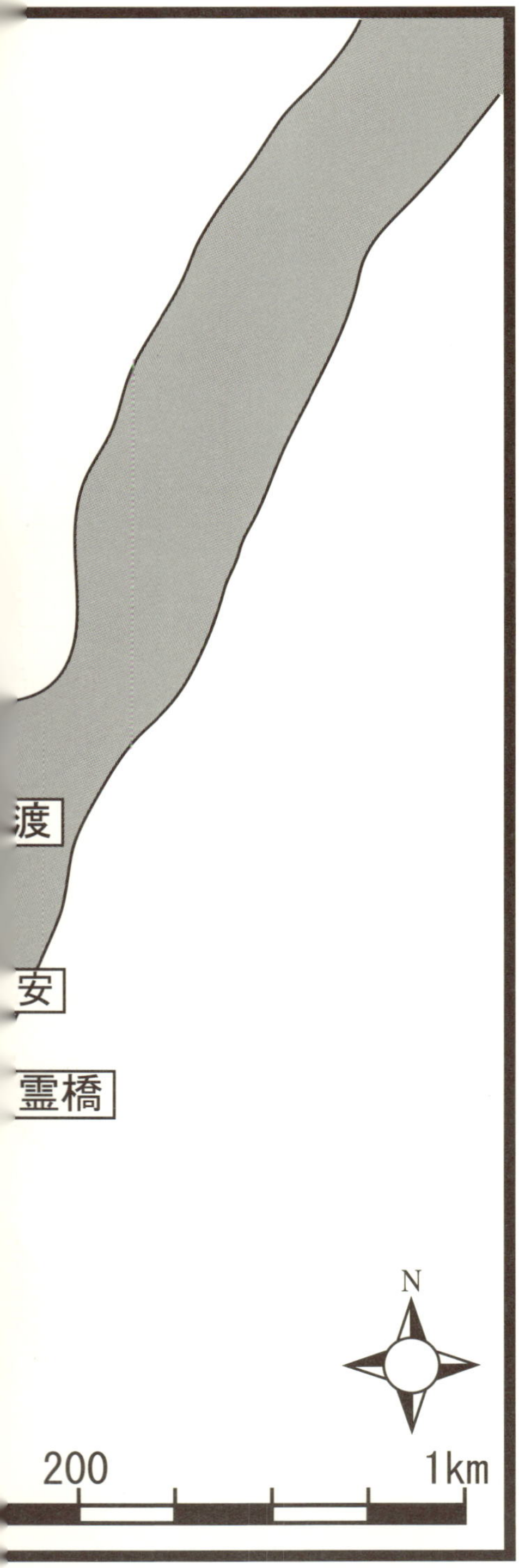

［宋代明州城橋梁図］